吾国之色

于非闇 著
沈宁 编注

北京出版集团
文津出版社

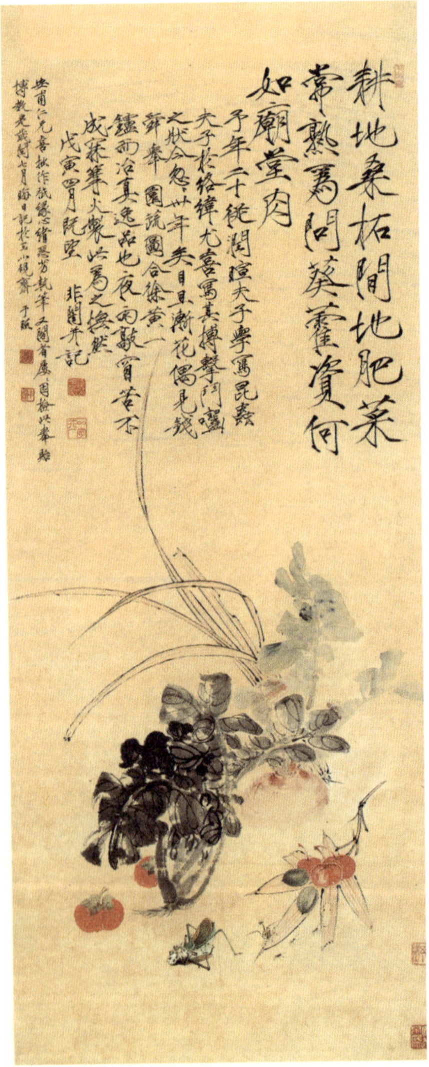

于非闇《园蔬图》（1938 年，北京画院藏）

目录

金石书画

负暄续录

颜料淘治

于非闇作画时留影（1956 年，新华社牛畏予摄）

于非闇《梅鹊图》（仿宋缂丝，1938 年，北京画院藏）

金石书画

非厂谈印

印之制，始于商周。秦汉变为符玺章印，方圆屈曲，蔚然之盛。唐宋而后，随意屈折，古制大坏。元明诸子，摹拟古法，刀法以传，寿丞、雪渔之徒，遂继松雪、吾衍而膺开继之功矣。乾嘉之际，承平日久，物力丰盈，非特经术文章，凌轹[1]前代，即摹印之技，亦已直窥秦汉，蔚为大观。考古之学盛，于是乎发见多，辨析摹拟，自精博也。闲尝考之载籍，图谱之制，创自赵宋，曰图，曰谱，曰集，曰举……以吾所见，已不下百十种：或考形制，或详规格，或传印人，或举所集，精审赅博，直与金石碑碣、龟契陶范之属，并为世重，吾人何幸而丁兹盛世耶！有清一代，摹印最精者，以吾所知，乃有百五十人，吾囿于所见者寡，已觉超越前代，约而举之，概分三派：黄凤六、汪秀

---

[1] 凌轹（líng lì）：压倒。

峰、汪汉臣辈，上承文（寿丞）何（雪渔），力排纤巧，邓完白实集其大成，慎伯、让之诸贤继之，银钩铁画，古趣盎然，谥之曰“徽派”。钱塘钝丁（丁敬），以古朴雄强之资，苍劲峭折，于秦汉诸家，不当在弟子之列。黄秋盦、陈曼生、陈秋堂、奚铁生、赵次闲、蒋山堂、钱叔盖继承其学，各有专□，取法益严，制作愈密，号称八家，蔚为“浙派”。宋比玉以汉分入印，格制独开，赵悲庵以秦诏取神，古茂特著，世以“莆田派”称之。迨及光宣，闻人辈出，规秦抚汉，要无脱三派藩篱。而安吉缶老（吴昌硕），博采兼收，巍然为举世领袖焉。非厂不敏，深愧非泥古者，且所晋接于闻人学士者至寡，吾原不敢援古以证今，尤不敢以吾所知之陋，以厚诬当代闻人。惟就吾之所见一二家皆世所称为名手，为精制者，其章制之杂糅，格律之粗犷，为识乃绝类唐宋诸制，匪第莫可派别，即姓、名、斋、馆、官、私、回文，亦茫然莫详其制。辄自曰：“吾规抚秦汉也，吾西泠制也，吴缶庐曾有此。”设诘之，不曰“李邺侯曾有此”，即曰“汉之张幼君实为之”，此正如摹八大、石溪者，粗犷盈幅，而写生较细者，辄自拟于徐熙、南田也。董思翁云：“临帖如遇异人，不必相其耳目手足头面，当观其举止笑语精神流露处。”吾人丁兹印刷大兴之世，取材既宏，研求自易。设肯出其天才，力事探讨，由博反约，取精法严，于琳琅错综中，不规规于一家一派，则其凌驾前贤，别树一帜，自较昔贤事半而功倍。若徒事于貌之偶合，宁不可惜。此又非厂于谈印之外，而自为迂说者也。

1927 年 3 月 20 日
《晨报·星期画报》第 2 卷第 76 期
署名非厂

印篆之学

印篆之学，至清为极，吾于《谈印》一文中，已约略言之。惟刀法如笔法，运刀一如运笔，故古人第刀法为神、妙、能、逸四品，以有刀锋而似锯牙痈股者为外道，以无刀锋而似铁线墨猪者为庸工，刀法之于摹印，犹书家之于绘画也。第世间所传刀法，讹误穿凿，徒供鉴赏者之一名词，即西泠所传，亦惟正刀平刀等法耳。吾于摹印，初无所知，刀笔之技，亦非所习，只以闻之师友，见之载籍者，约为下之各法，愧不能详也。“整刀”：刀行严整，不倚不摇，惟意所之，不稍假借。又谓之正刀，谓以平刃之刀，直入正取也。“切刀”：来势若剖瓜，若断玉，直下疾缩，纯任自然。“流云刀”：运到轻细，一笔而成，若添入一刀半刀，即失行云流走之妙。“拍浪刀”：行刀摇动以取势，若浪之起伏。“骤风刀”：运刀如风，率然而成，绝不假半点雕琢。“软刀”：握刀欹侧以取势，随意倾倚，自成妙文。“浮沉刀”：运刀载迟载疾，亦浅亦深，于浮沉荡漾中以取神理。“卓刀”：下刀坚实，不用浮力，取其沉凝之致。“涩刀”：刀行顾盼，不骋锋露刃，力求沉着，不事浮滑。“埋刀”：停锋少埋，力求深稳，借免尖削。“卧刀”：偃以取势，借避锋棱。“平刀”：势取藏锋，深厚平稳，划然刀下，不须复刀，是为单平刀。如一笔而下，稍形单弱，则顺转刀锋，随其势而齐之，是为双正刀。其转折处，刀口内向，随以取势，俾无斧凿痕者，谓之“内旋刀”。转折处，刀口外向以取势者，谓之“外旋刀”。以上所举，除双正刀外，概为一刀而下，无须添救。其须添救者，亦止于一次，忌频数也。昔人云“执刀须拔山扛鼎之力，运刀若风雷雨之神”，非熟于刀法，曷克臻此。

1927 年 7 月 31 日
《晨报·非厂漫墨·四五》
署名非厂

治印余谈

序言

吾家爨藏玺符鉨印之文，都两巨册，上起姬周，下迨嘉道，为都下某闻人物，庚子兵燹，先大父得自市贩者。大父嗜古，得宋明以来印复至夥，吾与弟心厂遂得纵观，粗识涯略。戊申岁，家物遭散失，两册及诸印，乃不得不随之去，吾与弟仍力治之，期与古合，今已十年矣。吾之拙，乃不能自秘，辄书其治印之繇[1]，而以治印之余，中心有所不能隐者，拉杂书之，用补余白；倘亦读吾报者所不深恶乎？

△吾国书法，自唐人重结构，宋人尚意态，书道一变，遂不复古。惟印亦然：元明诸子，虽欲矫之，实嫌力薄。敝极而返，遂生浙派，

[1] 繇，通“由”。经过。

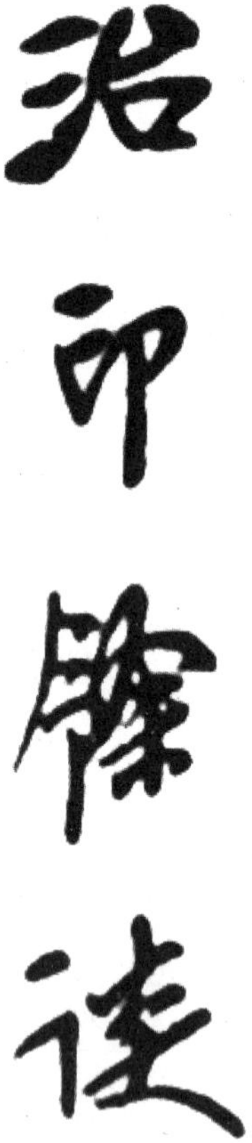

于非闇《治印余谈》题端

以迄于今，其道弗哀。

△宋元诸家最重刀法，骤风拍浪，流云凝烟……竞相创制，而纤巧柔曼之弊，未必非刀法误之也。吾人读《学古编》《印举》等书，只宜略观大意；仍须于秦汉官私各印之精神透露处求之，不必习刀法，刀之法自生腕底也。

△诸家印谱印存，皆死物也；宜取其由古变化之迹，与精神之所托。若徒规抚一二印文，在初学犹且不可。小儿以修指甲小刀，剜刻砚石，往往奇趣横生，此天籁也，治印首宜本此。

△精研金石碑刻，则治印之基以立。钟鼎花纹，武梁画像，以及埃及古刻，在在均为我法。惟世间流行，人人说好，如某铁笔者，直可掩鼻而过，若将浼焉。

△昔人第印品为神、妙、能，谓轻重有法中之法，屈伸得神外之神，笔未到而意到，形未存而神存，印之神品也。宛转得情趣，疏密无拘束，增减合六义，挪让有依顾，不加雕琢，印之妙品也。长短大小中规矩方圆之制，繁简去存无懒散局促之失，清雅平正，印之能品也。此论最妙，若告人以次第者。

△回文始于汉私印，官印中无此制。古人于双字名，最忌分离，若姓在前，顺写则名必两截，一居下，一居上，故用回文，所以取二字相连之意。若单名，若复姓，若字，若斋、馆等，则向不回文。读之之法，亦当回环，不宜读姓印某某。

△太初元年更印章为五字，张晏云："汉濛土德，土数五，故用五字为印文。""印章"二字连用自此始，如"左司马"，则加"之印"或"印章"足之，"丞相"则加"之印章"三字足之，殊无谓也。

△斋馆印始于唐，李邺侯有"瑞居室"白文印，然黄小松得"木

若亭”三字白文印，谓是晋人物，陈曼生亦主黄说，则斋馆当自晋时始。

△昔人治印，有不作者四，不可刻者四，不能刻者四：篆不配，器不利，义不佳，几不净而窗不明，此四不作也；不通文义，不精篆学，笔不信心，刀不信笔，此四不可刻也；非文人墨士，店名市语，粗粝腐石，冒名注骗，此四不能刻也。其珍重如此。

△在初学治印，往往先趋怪丑，几若驾三代彝鼎而上之，此过程也，非病也。精研彻悟，自归平正。若能寓奇于正，寓奇于平，自是一大进境。

△半寸之印，有治五绝一首，以炫细巧者，吾深愧不能，即能，亦不敢奏刀。良以印尚浑穆，尚拙朴，细巧终属下驷。

△世人侈谈秦玺，秦玺之文，颇不能佳；正如乾嘉诸老，盛推华山碑，至谓为中郎遗迹，就书法论，亦仅备一体耳。

△吾生今世，好申腐论，在吾之一知半解，原不足以供识者一笑；顾吾乃不能已于言。吾尝谓近日之习图画者，其天资，鉴赏，与夫作画之纯，精研之密，在在均可超越前贤，蔚成大观。乃研习十年或十数年之后，翻日趋浮滑甜熟，正如秋后之花，日就枯谢。昔人云“破万卷书，行万里路”，习画者，正不能破不能行耳。治印者，日惟埋首于印谱、印举、印存等，究与匠人何异?

△古人无此，今即不得有此，天下不通之事，孰有过于此！故治印必有创作之精神与能力。然吾国治印，曰铸曰□，其制至严，其法至密。后人变之，代以花乳，究不失刀笔也。若昧于制，而以粗犷、怪丑、鲁莽、灭裂出之，是古人所不屑为者，反拾之以当创作，岂不反为古人所笑。

△杨长倩论印病云：“立志不虚，则见闻必寡；赏鉴不博，则杜撰

必多，纵能独创一家，终堕野狐下乘，是以有志之士。”此言颇可玩味。

△昔人论篆法云：“点不变谓之布棋，画不变谓之布算。方不变谓之斗，圆不变谓之环。”[1]治印者于章法格局分布错综之外，尤须注意一点一拂处，此之谓珍重，此之谓不苟。

△六朝人印往往杂糅百出，方圆失矩，然颇多奇趣，至足以表征一时代之篆刻，丁龙泓、邓完白多喜规抚，正取其善变也。至所传朱文玉箸等印，宋元人诧为神奇者，窃谓是六朝人病痛处，聊备一格可耳。

△吾友宋松坡，雅好集印，自影印术兴，购置市肆印谱等数十部，辟小斋，日处其中，见佳者即剔之出，粘于册，渐集，析册为四，其先后次第，则初所赏者居于前，以日月系之，不少紊也。松坡本精镌刻，又浸淫于周秦以来诸印篆，学日进，技日精，所鉴赏亦日审。吾观所集，则前二册多奇瑰之制，三册而下，日趋平正，而以险绝诸鈢殿焉，是足证功力之过程。

△上古用竹册，封以紫泥或蜡，用白文印于泥蜡之上，字特凸起，谓之阳文；朱文印，泥蜡凹下，谓之阴。后世用印色，白文者，字虚白，谓之阴；朱文者，字痕朱，谓之阳，此阴阳文之不同也。乃竟有缀千余言以辨之者，真乃多事。

△文寿承[2]谓：“刻朱文须流利，如春花舞风；刻白文须沉凝，如寒山积雪；落手处要大胆，如壮士舞剑；收拾处要小心，如美女拈针。”吾特喜其妙文，窃谓此正成其为文氏刻也。

△古印中有以龙、麟、龟、凤作边而环于名者，名以质信，意若

[1] 见宋代朱长文《墨池编·李阳冰笔法》。

[2] 文彭（1497—1573），字寿承，号三桥。长洲（今江苏苏州）人。文徵明长子。明代篆刻家、书画家。

质诸四灵。螭与虎等，犹是古人质信之义，不仅符也。绘法精妙异常，直与鼎彝花纹，同为吾国最古之图案。吴愙斋昔得一古铜印，边文作嘉禾回环，中刻一“莽”字，谓是新莽私印，居摄时所用者，不审何所据而云然？此正如端匋斋得张子房五字印，视为奇瑞，而不知汉印自武帝后，始更印文为五字也。吾尝谓吾人治印读印，当取其佳者为法，不必详考其真伪，亦不必信古过专，要以得天趣为佳耳。

△论者谓：白文宜摹汉官印，朱文宜取法秦鉢，此论似是而实非。汉白文非尽佳，朱文非尽不佳；秦朱文固非尽佳，而白文亦非尽不佳。要在勿为秦汉所囿，须善取其精英耳。

△摹印之学，与画理通，字之体势、方圆、屈折，既须斟酌匀停，若天衣而无缝；而分行布白，计白当黑，宜侵宜让，或拒或迎，尤须妥为经营，务得天趣。至边之宽仄、断联，以及龙螭龟虎等文，均须与印文相发，蔚成一体，始得谓之佳制。故一印之妙，宜观其全体，不宜仅取其字形或刀法也。

△印而曰治，其义特长，可视为全体之事，非仅有一字形一刀法之长，即可谓合于治也。浅视之，若制图案然，进求之，如治国家然，不可苟焉而已。

△散盘颂鼎，分布险绝，所谓寓奇于正，非仅字势雄奇也。炎汉瓦当，两晋砖符，布置揖让，浑沦朴茂，所谓不可增减也。取其势以治印，自祛宋元纤巧之弊。

△治印贵有新意，观秦汉诸玺印，何尝有所因依？吾人幸生数千载后，得就古人遗迹，取为楷模，自易蔚成佳作；顾童而习之，老死乃不能脱前人窠臼，岂印之变，已至极耶？

△昔人谓：不通六书，不善篆籀，不谙刀笔，不可以言治印，故

治印又谓之篆刻。然仅通六书，善篆籀，谙刀笔，即足以尽治印之能事乎？是仍浅之乎视篆刻也。

△吾于书尝求唐宋以来所以重视《兰亭》之故，吾所见《兰亭》，合影写本，约百种，其精神流露处，在精刻精拓之本，乃无一相同，固不仅肥瘦摹抚也，是之谓神来之笔。秦汉人印，近世所传，真赝杂出，穷于辨识。然苟细审其精神流露处，则鱼目又岂能混珠耶？

△汉印之白文白边而界画各字者多属名印，最为重视，官印无此制也。其朱文界以朱丝格者，则多属字印，且有冠以籍贯者。如“益州处士子风”等（见《印举》），不恒见也。封完印则为私印，且有不书姓名，仅刻“宜身置前，迫事无闲，愿君自发，封完印信”十六字，白文，所以取信也。

△昔人论治印云：“笔底虽贵劲挺，又最忌怒笔。要知银钩铁画，实从虚和中得来，非狂怪怒张也。”[1]此言最宜玩味。

△结体因时变迁，运笔千古不易，审其变而贯通之，推其极而运用之，作书然，治印亦何独不然。笔即刀，刀即笔，无二理，莫可分也。神于刀，则意未到而刀亦到。刀之所至，有非笔所能者。此古人所以谓运刀神于运笔也。

△昔人论刀法云：“汉人用刀如执笔，其流走运动，全仗腕力，亦有法焉。有平正刀，出入刀，轻重刀，飞走刀，旋切刀，抢上沕下刀，藏锋露锋刀，并辗凿二法，皆秦汉印谱不传之秘，惟何雪渔悉其法。”[2]明清人盛推雪渔，谓刀法直追秦汉，要知秦汉诸印，无所谓刀法也。

---

[1] 文见清代陈炼《印说》。

[2] 文见李渔《芥子园图章会纂》。

一印之中，众妙咸备，观之第觉美妙。宋明以来，强折刀法，其名称使转，吾曾于吾《漫墨》中约略言之，视此尤详。治印者当其治印之始，曰我执刀也，此宜某刀法也，已是下乘。要在能忘其为刀为笔耳。秦汉之秘，乃在此而不在彼。

△古今来以治印名者，指不胜屈，以吾所见印谱等，尚不下数百种，且皆有可观。吾尝与秦汉诸印较，区分至显，一望而知。惟丁龙泓古拙较近，于以知治印之难也。

△秦人诏版权量等，一器之中，特具章法，一字之中，各具情态，取以治印，自能免俗。

△元吾衍（一作吾丘衍[1]）《印举》云："汉晋印章，皆用白文，大不过寸许。朝爵印文皆铸，盖择日封拜，可缓者也。军中印文多凿，盖急于行令，不可缓者也。古无押字，以印章为官职信令，故如此耳。……"吾安得起贞白先生而问之，果何所据耶？又谓自"唐用朱文，古法渐废，至宋南渡，绝无知此者，故后宋印文皆大谬。……"元季治印，纤巧甚于北宋，先生独能辟之，可谓特识。《印举》一书，理精法密，惟证以秦汉诸印，尚多谬误。

△印篆之学，渊源甚古，鉨玺之制，三代已蔚成大观。吾人治印，当从古人精神流露处求之，不当拘于一家，泥于一派，即鉨玺诸文，亦非尽是楷则也。

△年来治印，士夫率以粗犷为高，直欲凌秦迈汉，俯视魏晋，贤如吴缶老，亦不能免此结习。吾恨无学识，良不敢谓然，或吾为夏虫

---

[1] 吾丘衍（1272—1311），字子行，号竹房、竹素，亦称贞白，钱塘（今杭州）人。元代金石学家、印学奠基人。

而不足以语冰也。

△郑文宝所刻《峄山碑》，结体方正圆融，与斯翁他刻，其精神透露处迥殊。吾家曩所藏秦人印，则多与之神合，丁龙泓朱文印，其茂密处实得力于此。

△“日利”“长寿”“万岁”“欢喜”“子孙永昌”……各印，以吾所见两京遗物，罔不精彩，皆汉印之极轨也，惟甚难得耳。

△咸同之间，京士大夫多以搜求古印为尚，蔚成风气，以故废铜烂铁，贾人争相购求。有张某者，以善赝造名，出其制可以乱真，精鉴若吴愙斋、刘铁云，往往为所欺而不悟。盖张之尊人，为某闻人家臣，得秦汉印一册，张遂得以肆其力摹仿焉，惟不能自治一印耳。

△龙麟龟凤螭虎等印，汉制最严，私人印若环以两螭，或一虎，或龙麟龟凤，则其空处仅治名，单名者一字，二名者两字，不具姓，不刻“章”“印”“之印”“私印”“长寿”“日利”等字，亦从无以字入此等印者。

△印之制所以征信，故有官私之分。唐以后，“鉴赏”“收藏”“斋”“馆”“亭”“园”，以及“眼福”“寓目”等印，踵事增华，印之用遂日广，然仍为尽失印之本义也。以印而刻以诗、古文辞，用为赏玩之具，此丁龙泓所以大不谓然也。

△自以玉箸法入印，唐宋朱文，遂不复古，松雪、雪渔小变之，去古愈远。终清之世，大都以玉箸曳脚为法，贤如让之，精如小松，犹据缪篆之意，一意纠缠，辄自诩为婉而通，为随体屈曲。秦汉诸印，岂尽如是。

△吴天发纪功碑，奇诡精妙，取以入印，原无不可。惟一点一画处，过事圭角，往往有画虎之讥，求能妙造自然者，古今来正不多觏。

△汉白文印，字多逼边，贞白先生谓非此即不古。以吾所见汉印中之左上逼边，右下故留空缺，或三面逼边，下方留置空缺者，愈见朱白分明，浑穆高古，因以知汉人封泥之妙，与格局之精也。

△汉白文印，以笔画论，有极肥者，有至瘦者。如“石工司马”，笔画既简，肥乃愈密。又如“部曲将印”，屈曲成文，瘦自高古。然吾所见如“木工司马”“军司马印”“大司马印章”，笔画至简，细若游丝，汉人治印，奇妙诚不可测也。

△治印之道，易学而难工，握刀划石，不得谓非治印；而兀兀毕生，有不能入秦汉之林者，又安得以雕虫小之哉！西泠八家之外，咸同间盛推赵仲穆（即本报治红楼、西厢印玩者），而王冰铁（大炘）、吴缶庐又皆以治印名，吾均获观其所作。吾以为自雪渔而后，四百年来，仅丁（敬）黄（易）王（大炘）吴（俊卿）独与古会耳。然王氏治印，小乃愈佳；小松拘于古法，甚少变化，论者犹复病之，于以知治印之匪易也。

△朱文之边，宽仄断连，胥关全局。秦人诸印，边与字发，字与格应，差以毫厘，谬遂千里。安吉缶老，乃独善此；龙泓之边，犹嫌拘束也。——或谓缶老治边，过事造作，形制虽古，已失雕镌，吾乃不敢谓然。盖起宽仄崩剥，足与文字相发也。（本报一一二期“虚素”印即其例）

△吾人观古鉨印，于文字外，注意其边之宽、仄、断、续、单、复、龙、虎之形，一印之格乃定。字善而边不称，匪佳也；边善而字不足以发之，亦匪佳也。贞白先生著《印举》，创论刀法，夫刀法可以学而能，边与文字相发，蔚成一个佳印，则须养而至也。是犹画师之于画，一点一拂无不精，而通幅视之，顿呈匠气，董思翁所谓贵有士

气者，岂画师辈所能梦见耶！

△汉人印中，如同为“部曲将印”，同为“别部司马”，罔不各具情态，边与字足以相发。昔人谓“秦人转折圆，汉人转折方”，以方圆定秦汉，正是门外语，盖不识相发之意也。

△古鉢多圆笔，字之大小，局之奇正，得无法之法，古拙朴茂之致，为治印家所不能捉摸。汉人变之，制严法密，已稍失其趣矣。然仍能蔚为大观，极错综变化之妙，则以雄强古朴，所去未远也。

△吾尝谓秦以前诸鉢玺，如三代款识，可望而不可即。东汉以前，如秦人刻辞，已渐趋整穆。新莽一变，光武又变，正如五凤熹平，直迄元魏。其间钟、王、崔、杜，变化各臻其妙，而犹是一脉相承也。

△宋以前无印谱，惟王氏《集古录》[1]中载古印数十纽，印篆始为人所重，兼以考订金石，故王氏之功，为不可没。

△《尚书故实》云：“必好于篆隶者而后能刻石。”又：“受禅表为钟繇所刻。”可见刻石之术，非精于书者莫办也；治印亦何独不然。

△治印之技，人多以为文房玩戏，浅焉视之。然往往童而习之，老死莫能得其奥窍，非游刃之难，所以蔚成游刃之匪易也。昔人谓：“不通金石碑版，不审书法变迁，不谙画理，不事学问，不足以言治印。”世固有朝习奏刀，暮即以印人自命者，又稍稍涉猎一二印谱，即以浙派健将自居者，吾未尝不深服其勇气也。

△吾尝谓天才学力，两济其美，世间事真乃易易。有其才而无学以成之，则其才不显；无其才而有学以养之，则其才以发。世固有得天独厚者，乃弗求所以养之，古今来役役于治印，而卒莫之能成，吾

---

[1] 应指宋代王俅撰《啸堂集古录》。

是以深服龙泓先生之所谓务求学问也。

△摹拟三代款识之文入印，以吾所见，以吴窓斋、陈簠斋诸印为佳，然过泥于古，绝少变化。以言格律，犹嫌生硬（见《甄古斋印谱》）。盖鼎彝之文，未尝不可入印，惟不宜过事拘牵，东摘西凑，若鹑衣百结，致全局不能相发耳。

△《筠清馆金石》云："汉印埕，即汉印埕子也。以泥杂胶为之，其质甚坚。道光二年，蜀人掘土得百数枚，赍[1]至京师，诸城刘燕庭，仁和龚定庵，叹为奇宝。"是即古封泥也。吴子苾、陈簠斋，辑为考略，封泥摹印，遂煊于世。

△自三代古鉥传世以来，藏印家遂争相购求，齐鲁间之作伪者，无不利市。然而真赝之辨，古朴愚骙[2]，正自不同也。

△集三代金文入印，须能不着痕迹，蔚成一片，而刀锋石迹，尤忌纤巧也。

△世人谓篆刻为斯冰学，人第知斯翁篆书之妙，而琅琊台碑，乃斯翁所手刻，此见之《水经注》引《北征记》者。至阳冰之《论印》曰："刻印之法四：曰神，曰奇，曰工，曰巧，得一于是，无不名家。"吾适见其为唐人印耳。唐人治印，又何尝能神奇耶！

△治印之学，忌熟忌生，熟则滑，生则涩，宁失之涩，无流于滑，滑则甜俗也。宁有稚气，勿流匠气；宁有怪气，勿入腐气。纵不能别开生面，要不得人云亦云耳。

△吾人生秦汉人之后，其足为吾治印之助者，较古人至便。乃童

[1] 赍（jī）：〈动〉携带。

[2] 骙（ái）：〈形〉痴。

而习之，老死不能脱前人窠臼者，岂真变之不善耶？大块假我以文章，惜吾仅识其糟粕耳。

△切金断玉，试叩治印家，以金何须切，玉何须断，则莫不踟躇至再，诺诺而莫能答者。要知“切断”二字，正治印之秘诀也。

△汉人有子母印，有六面印，皆即其用而制之。有吉语印，有颂祝印，皆所以为佩者。昔人谓子母印为名字印，六面印则各即其面而治之，吉语颂祝，有类于元季之花押，吾乃不敢苟同此说。

△自来擅长书画者，虽不必皆能治印，而未有不谙书画而能治印者。故印篆之学，与书道通，亦与画理合。

△自来治印家，所治印无论数千百纽，其当意者，必居少数，其不当意者，又往往失之不相称。此无他，结撰难工也。吾曩尝集石谷画，无论其为真迹，为赝鼎，为影摄，为钩稿，凡所谓精品，乃全在结撰；读古人文亦然。然后知仅在笔墨中求之，仍失之隘也。

△吾好韩退之文，吾尤喜其所上书。韩之书，立意无不奇，亦无不故常，盖绝无光怪陆离者。吾于治印，所以独主寓奇于正，深以流入怪丑为戒也。

△吾不幸不生于江浙，不得托其籍于吴会；吾又幸而生于北方，得以自摈于派别之外。吾所见纵至狭极陋，然吾年犹少壮，吾尚可以于古鉨符印中讨数十年之生活，吾将来故未尝不以西泠诸家之功臣自励也。

△治印而不由古人中讨生机，以自表见，翻戋戋焉曰我摹某也，我师某也，我由某来也。纵极肖，究何以脱藩篱？吾学书，初临黄庭，及见汉魏碑而好之，见刘文清，而喜其圆浑，见康南海，而喜其古拙，吾皆一一效之，迄于今，非牛非马，即吾亦不识其如何是好。故吾于

印，独直取三代秦汉，惧其杂也。

△昔人谓：“取秦汉之精英，参三代之神髓。”二语最为精到。盖秦汉诸印，不尽可法；三代款识，容挹糟粕也。

△吾于治印，特主两期：初学者，宜求平正；有进者，力追险绝。过平正，每失之板；过险绝，则流于怪，均不可也。

△吾于友人处，见日本人某所治印，都余百纽，犹不失唐宋以来遗意，然古朴之致，百无一二焉。

△某印社所处各家印谱，都数十种，吾皆幸饱眼福，真极印人之能事也。吾特敬谨庋藏之，自为封识，十年后，吾再启之，当更有所悟。

△作画，有文人画、画师画、画匠画之分，惟印亦然。千篇一律，无少变化，若坊肆之以刻字为业者，此印匠也。循规蹈矩，师弟相承，或远宗一家，或死守一派，拘谨若假道学，放纵不出三桥、雪渔窠臼，而辄号于众，标于门，曰铁笔，曰刻印家，观其作，无疵累，亦无佳处，即善鉴者，亦无可以臧否焉，是曰印师。治学之余，神与古会，金石书画蕴乎中，印玺封泥博其趣，兴来奏刀，其所作，即足以见其所学，而高古朴茂之致，一望而知其所养者独厚也，吾特名之曰文人印。

△嘉道以还，鼎彝重器及古鉩、古封泥，出世愈多，士大夫争相研讨，其有助于印学者，决非乾隆以前人所能梦见，遑论明季诸子乎？降及近年，出土愈多，向之聚数千百年珍宝重器于一人一家者，近亦散出民间，远播世界。吾人幸生此际，其予吾人以治学之机者，至宏且遍；乃独取一人一家之印谱印存等而研讨之，何耶？

△向者吾家藏甲骨文字一册，河南王小伯所赠者，先大父颇宝爱

于非闇刻“治印余谈”（白文）

之。吾曾集治两印，先大父谓“依样葫芦”，殊无谓也；吾于今益思先人言。

△吾去年曾治数朱文印，曰“花萼楼”，曰“烟云气象”（均见《星画》[1]），曰“听雨楼”，曰“百砚草堂”……数印均连边式，论者谓“古无此制，似不可”，吾颇喜其言之可味也。

△昔人谓不通六书，不足以治印；但所谓六书者，古今之释解不同，发见各异。即以象形而言，一印之中，若三字象形，一字会意，或两象形，两象肖形，在章法上究觉不适（指古籀言）。吾不敏，于六书愧不能精，吾非遇文之妙造自然者，从不轻取籀文也。

△古印中有三朱一白，三白一朱，二朱二白者，皆就文义之姓、名、虚（之）、实（印），与字之画之繁、简、疏、密为之，非无所取义也；三字印亦然（《星画》五八期“史少翁”，七三期“朱武都”等是）。

---

[1] 《星画》即指《星期画报》。

△自来言治印者，无不重视刀法，谓“刀法如笔法，刀法之善否，即其印之善否”。自元明来印人莫不如是，甚有终身未能尽刀法之美者。吾于学愧浅，吾于印愧见之寡，吾以为印而曰治，则刀法仅能构成此一印，刀法之外，尚有所以构成此一印者，盖刀法其皮，所以构成此印者其骨也。遗其骨，日即其皮而求之，此元明以来印人所以多流于纤巧俗浅也。

△印而曰式，谓构成一印之式也。精粗美恶，高古俗浅，胥关于式，犹书法之格局，画法之结撰，是即所以构成一印者之一。疏可立马，密不容针，揖让挪借，布白分行，繁简巨细，妙造自然……皆所谓式。

△桂未谷《续三十五举》[1]，只可为习篆者当指导之任，《缪篆分韵》《六书通》等书，亦只足供匠人篆刻，用为检查，以言治印，此等书均在屏除之列。盖治印者须先治小学，六书既通，犹贵神而化之，印篆与六书，宜尽其变，固不必拘拘也。

△昔人谓：“通习篆籀之法，神明铸凿之术，运腕奏刀，自合神理。”是仍浅之乎视治印。然曰通习，曰神明，自具一番熟悉揣摩功夫，吾深以未见其人为恨也。

△汉魏六面印，制作多奇，赝品亦多，以章法气韵论，只足以备一格，不足为法，吉语印则多佳构。

△陈簠斋所藏古玉印，制作奇古，决非后人所能赝造者。以言格局，则终嫌生硬。

---

[1] 桂馥（1736—1805），字冬卉，号未谷，山东曲阜人。精研六书，擅篆刻，富收藏。清文字训诂学家。《续三十五举》取吾丘衍《三十五举》体例，著成续篇。

△吾最喜汉官印，吾尝集官印中如“军假司马”，如“部曲将印”……每种数十百方，比合而观之，无论真赝，无分剥整，觉依样葫芦中，各具情态，吾深叹汉人制作之妙。

△吾尝读《封泥考略》[1]一书，比合而观其所列各封泥，直如入山阴道接应不暇，可谓尽朱文之极轨也。然总括言之，格局神韵，妙造自然，边文相发，蔚成一片耳。

△自古鉨、古封泥出土愈多，治印家更不必拘束于徽浙两宗。然而学吴让之、赵次闲者，竞竞焉深以不获登堂入室为惧何耶?

△吴子苾（式芬）所辑《双虞壶斋印谱》，最为精审，与所辑《封泥考略》，可称双璧，治印家当人手一编也。

△澂秋馆藏印，多为关中出土，群推“冀州刺史”一印，为艺林鸿宝。吾所见“冀州刺史”印尚有一方，反文，为河南某君所藏。

△罗雪堂有《罄室所藏玺印》《赫连泉馆古印存》《续存》，皆精审。君复合刘铁云、郭闻庭及自藏，为《齐鲁封泥集存》，尤足补吴氏《考略》之阙。是皆有功于印人者也。

△古官印，俱不冠代，惟蛮夷君长各印，则冠以“汉”“新”“魏”“晋”，为例自有别也。

△或谓西汉各印，庄雅谨严；降及东汉，凿法大行，去古遂远。其间惟新莽官印，无不美妙，堪集大成。此论吾殊不敢赞同。吾尝谓西汉各印，凝重若端士，东汉则朴野若逸民。莽新各印，为格律所拘，排比错让，已开元明廉利之习矣（《星画》所载，如“敦德步广曲

[1]《封泥考略》：清代金石学著作，最早编集的封泥资料专书。吴式芬、陈介祺合撰。十卷。光绪三十年（1904）刊行。

侯”“校尉司马丞”“军曲侯之印”等皆新室印）。

△道咸以还，鼎彝碑碣，砖瓦鉥印，出土愈多，考证鉴别亦愈密，遂使治印之学后来居上，要惟人之善取耳。昔赵㧑叔曾云：“取法在秦诏汉镫之间，为六百年来摹印家立一门户。”语虽自负，使㧑叔生今日，其所取更当何如？

△吾非以吾为北人，不敢托于浙徽二派旗帜之下；吾亦非有过人之才智，欲自辟蹊径。吾特以幸生此时，三代以来，遗我之楷模，固可俯拾即是。又何必伈伈伣伣，曰“略似吴让老”，曰“差近丁敬翁”耶！吾近来颇学写山水，人谓吾画极近“瞎尊者”，吾乃大恶，以吾目固未瞎也，何便似人！

△今世出土各印，如晚周，如战国，其篆法制作，多与秦印异，而文字奇古，章法朴茂，皆足以代表一时代之作品。

△吾尝第古印为五级：三代古鉥，一也。晚周战国，二也。嬴秦，三也。西汉，四也。东汉莽新，五也。魏晋而后，浸失古意，隋唐以下，吾不欲观之矣。

△印至两汉，可谓至极，上以溯诸秦，而战国，而晚周，而三代，则汉印之敝，遂开魏晋之拘牵，岂所谓盛极必衰耶？

△汉镜，汉砖瓦，文字均佳，分行布白，伸屈疏密，各有法度，决非出自匠人之手，取以入印，自免局蹐不宁之弊。

△近代出土之甲骨文字，均用刀笔刻于龟甲兽骨。三代古鉥，古金范及石鼓文，秦权量诏版，亦皆用刀刻。然则雕虫之技，乌得而小之！

△莽新泉布，文字特妙。量铭亦瘦削可喜，惟曳脚过长，开明人朱文之恶道耳。

△秦以前印文，无论已，汉人有一二字特长者，如官印中之“章”字，“印”字，私印中之姓氏等，然从无全文故曳脚者。以字形论，方而稍扁，取境在古拙，所以致奇肆也。

△元人王冕，号煮石山农，始以花乳石治印，石章自此始。清康熙间，陈越山赍粮经芙蓉峰，采石于寿山（寿山在福州芙蓉峰下，距城六十余里），寿山石之名始大著。高兆作《观石录》，毛奇龄作《后录》，皆石状之美者。

△石章边款，始于明人。文三桥、何雪渔辈，往往四周刻之，若镌碑帖然，无所谓刀法，更无所谓刀笔也。用刀如用笔，一刀而下，不剜剔，不修补，点画自然，古朴有致，则自清人始，而西泠八家，尤以黄小松、陈曼生为独妙焉。

△丁龙泓刻边款，已臻上乘，惟分行布白，尚失之疏。黄小松、陈曼生，匪特划然而下，不事雕琢，而分布茂密，蔚然深秀，方寸之地，竟作细楷至三十余字，无一笔不精，无一笔或苟，真所谓青出于蓝也。

△吾于治印，最不取元明人所造出各种刀法，以为徒乱人意，无当于治印也。运刀如运笔，吾曾数数言之，吾所谓刀之法，即在于是，吾于边款，尤主吾之说。吾非好为武断，吾亦非敢向壁虚构，明以前人之以剔、刓、剜、剥、刻印，复以其法刻边款，初无所谓刀之法，求能一笔画，一刀痕，分布停匀，崩坼浑穆者，吾诚愧吾见之不广焉。

△吾于印篆，愧未能通，独吾所见，窃幸尚不至过寡。即以边款而论，远之若文、何[1]，近之若王、吴，吾皆一一依就其一点一拂处，

[1] 何震（约1530—1604），字主臣，又字长卿，号雪渔。徽州婺源（今江西婺源）人。明篆刻家。与文彭并称“文何”。早期何震印风受到文彭影响。

而求其理，吾不得不深佩秋盦、曼生为独绝。若蒋山堂，若赵次闲，若赵㧑叔，若吴让之辈，举不能脱其藩篱。王君冰铁，吴君昌硕，仍是一派衣钵，无少发见。

△吾家有两印，皆丁龙泓所治，旁有秋盦、曼生两跋，字小仅半分，都百余言，均精妙，足证一脉相传之妙。又赵㧑叔两印，边款法三公山，一笔而下，不事琢磨，而圆融特妙，盖以刀笔作篆，其折转处不为刀锋所蚀，至不易也。

△丁龙泓刻边款，运刀如风，不可一世，本已登峰造极。惟朴野有余，浑穆不足；昌硕差近之（指六十岁以前所刻，后此多为弟子所代）；吴让之边款深秀，其失在媚，冰铁力摹之。㧑叔以汉魏法刻款，尽态极妍，每多逸趣，然非精构，则散漫足为印累。次闲、山堂仅以能刻为已足，故无多发见。惟黄小松、陈曼生师法龙泓，不为所囿，故朴茂浑融，独臻妙境。

△吾见小松所刻砚铭，都三百言，一横一竖，一点一撇，均以一刀取之，无剜剔复刻之弊，运刀运笔，浑然都已忘却，可谓前无古人，后无来者。

△边款有仅记岁月者，有发明印文者，有识因缘者，有镌歌咏者，其为用，类于题识跋尾，文贵简而凝，义尚真而切，无谓之语，毋宁仅志岁月为当。

△赵㧑叔有二印，皆用凿印法治边款，亦朴厚，亦奇肆。吴缶庐曾效之，谓治玉宜如此，则未免过拘也。

△治边款运刀之法，有刀锋向外，向里，向左，向右，及平、侧、直、斜之分。如写横则刀锋向前，写竖则刀锋贵侧……此专为初学说法也。习之久，自得无法之法，其妙乃见。

△镌刻边款，当就石之隙地为之，字之疏密、大小、多寡，动关全局，非可苟也。赵㧑叔有仅镌岁月于石文脉理之隙者，于全章生色不少。

△陈秋唐刻边款，运刀特妙，足与笔致相发。惟喜用崩弛，未免做作。

△吾尝谓刻边款，能合龙泓之朴厚，小松之茂密，已是上乘。正如知朱文者，冶秦鉥汉封泥为一炉，即可成家；固不必旁搜别取也。

△古鉥印之纽，向有定制。自石章兴，制纽之术，遂日精巧。元明石章，有仅随石形，范为方圆，或雕覆瓦者。文、何而后，始见雕镂，然亦不精。

△乾嘉以还，寿山石纽，精制特出。若狮若螭，若山水，若鱼介，若十二肖生，若十八学士……皆能就石文色彩，雕琢天成，王毓东、陈石叟，其最著者也。

△吾见石叟所制纽，其为术绝类西洋雕镌石像，吾家向有所制八仙纽，皆就石之色彩为衣冠带履，其为状，各具情态，无刀痕之可寻。各于其隙，刻“石叟”两字，细小若不可辨。毓东制仅见两方，一就石理为两螭纠缠，各异其色。一镌两梅，一红一白，皆就石色分之，浑若天成。

△王、陈而后，能者辈出，以吾所见，有王东风、吴异、石田、小川、王仲亨，均以精巧妙肖著，惜吾不能详考其人焉。

△垢道人有自治田黄纽，吾见于听雨楼。奚铁生有自刻山居图印，邓完白有自治龟螭纽，吾均见于日本人处。吾家曩藏陈曼生手拓印，有夔文及柳庄图，均自刻。赵㧑叔自刻肖生及仕研图印章，向亦藏吾家。由是知治印之为术至博也。

△吾尝遍诣售印材者，询其精制，百不一二得。匪特制佳纽者难觏，固稍佳之材，亦皆为东邻购去也。光绪末，京师有善制纽者，无论晶玉金石，其所制罔不精妙，无一些斧斫痕。民国初，竟南去，吾所藏印，尚有其制。惜未得识其人，仅闻其操闽音，喜吟小诗耳。

△往岁得赵次闲两印：一刻“忠肃之裔”，一刻“青斋”，均寿山冻。纽作两狻猊，狞狰可怖。款谓“青斋获佳石，余既剖而刻之，复为作纽，不审他日见堂视之，当较潜老所作为如何也”。潜老不悉为何如人。

△制纽之术，工细易，生动难。能生动，而又能妙合石理，是非名手莫办。至如世人所尚，纤细若发，号称毛雕者，非吾之所敢知也。

△以诗古文辞入印，而能妙造自然，无一些牵强者，所见盖罕。丁敬叟平生懒作此，良由既失古制，复难结构也。

△汉吉语印，以“日利”“长乐”为最多。合姓名之后者，有“王子游大吉利”“刘铭善乐未央”……至如“长乐永康”“大年日休”等四字印，亦颇罕见。

△汉封完印，文字有多至二十者，如“某某之印，宜身置前，迫事无闲，愿君自发，封完印信”，亦有仅有“某姓某名封完印信”者。印之为用，与印文之不苟如是。

△梁退庵有印曰：“二十举乡，三十登第，四十还朝，五十出守，六十开府，七十归田。”郑板桥有印曰：“康熙秀才，雍正举人，乾隆进士。”翁覃溪有印曰：“内阁学士，内阁侍读学士，翰林侍读学士。”此与康南海之出亡若干年，行路若干里，游历若干国……一印，同一无甚意味。

△肖生印，年岁印，可借以考订其所作，为用颇宏。昔文衡山有

印曰“惟庚寅吾以降”，用成语，妙合无间。赵㧑叔有印曰“三十三岁作”，亦可以考订其所作。

△古印有妾字者，昔人误以为姓，盖妇人印也。如“妾班”“妾宝容”……又有冠其品秩者，如“倢伃妾赵”……汉印中有两姓者，疑亦妇人印。如“孙周”“刘司马”等。至管仲姬之印曰“赵管”，则不足为例也。

△印文关于章局，吾前已数数言之。秦汉以后，人事日繁，文字孳乳乃愈多。此自然之势，一部《说文》，又岂能赅？吾尝读印篆诸书，如《三十五举》，如《续举》，如《再续》等，殆皆异口同声曰：“不通《说文》，不足以治印。”然则《说文》之学，惟通之一字为难耳。《说文》无“刘”字，即不当姓刘乎？《说文》无“志”字，即不当名志乎？故曰惟通为难，而治印又不必墨守也。

△印文之姓名虚实各字，其为义为形，则不可不讲，所谓宜治小学也。近阅某印篆家所治印，辄用某父某氏。姓与氏，为义有别，本不宜混，借姓为氏，尚无不可，而父之义则万不可假。由字形言，则为手（）拄杖（），其为义则谓男子之美称（尊词），故于吕尚，则曰“师”曰“尚”曰“父”，于毛公厝则曰“父厝”，今用以自称，殊失本义，且亦有何意味？父与甫通，亦不宜假。

△古鉥有用“计鉥”二字者，此即周礼“货贿用玺节”之义，通货所用也。吾尝见某画家钤记，有“某氏计鉥”“某某计鉥”，未免可笑。

△吾见近人一印，印文多至数十字，为海上某印人所治，骤观之，几类清时之官衔牌，只少“一品荫生”“紫禁城骑马”“赏戴双眼花翎”……数条耳。不审此印文，究钤于何处为宜？

△乾隆九玺，人以得钤记书画为宝，殊不知动侵画局，于义无取。此直与项墨林之“天籁阁”等印，同一无味。

△吾囊有一印曰“蓬莱于氏家藏”，辄钤诸吾家所有。既散佚，徒留此迹，究不若“得者保之”“曾藏某某”较为豁达也。

△年岁印有二：一关乎出处者，如某闻人有印曰“辛亥后作”。一则可以考订其所作者，如“某干支作”，均不失印之本义。

△汉魏朱文长脚印，有“巨某氏万年”，亦如“日利”“长寿”等吉语耳。

△近吾于某邸，得文、何诸印，诗文词句，触目皆是，人之视印篆为雕虫，为玩具，皆此辈不讲印文之所致也。

△花押印始于元，尚不失信之意。惟千篇一律，依样葫芦，殊少雅趣。

心厂刻“治印余谈三十六”（白文）

△印文之不可不讲，已略具于前，至如诗文词句摘以入印，丁龙泓所谓“徒费笔墨”者，偶一为之可耳。

△治印用刀，为制绝古，三代陶范，殷墟贞卜，皆为雕镌发明最古之证。自秦季有所谓“刀笔”者，后人附会，遂谓刀形若笔。而治印家手铁锥以穿凿印石者，遂人争以其合于古刀笔而贵之。吾读《印人传》，吾见诸家印谱，皆以此特为人称，而安吉缶老，人亦谓其刀状若笔，岂不可笑。

1927年9月25日—1928年6月3日
《晨报·星期画报》第3卷第101—136期
署名非厂

花萼楼论印

第一，论古鉢

（续第三期）[1]依样葫芦，未免鹑衣百结，失自然之妙也。——钟鼎文字之故为变化，为例正多，即王羲之写《兰亭》，所书“之”字，亦均有变化。

△古鉢文字，有地名，有人名，有官职，有吉语，有标记。其为文有阴有阳，有界画，有花边。其制，多台纽，而驼纽、瓦纽、长柄纽者，制颇不一。以吾所见，就其锈色而定之（古玉除外），以战国即先秦统一前为最多，夏商鉢，就锈色论，愧未见也。自来印家于古鉢有二误：（1）误为秦印；（2）概称为三代古鉢。

---

[1] 续前部分暂未查见。

【印文】花萼楼。

【边款】甫田，辛酉三月，心厂治。

△用折刀法，分布尚合神理。非厂

心厂篆刻“花萼楼”（非闇点评）

△古印家如丁（敬）、黄（易）、邓（顽伯）、赵（之谦）辈，于古鉨多不识。博识如二吴（大澂、昌石），亦以其文字奇诡，辄定为三代之器。文字至战国，可谓极变，观陶金之文，奇诡变化，初无实则。古鉨于此，遂蔚成大观，直与夏商文字，同其诡变。考古者，以其文字之难识或不尽识，辄与析子孙、丁甲、父乙诸文同观。殊不知周礼玺印之义，在夏商质朴，或不必然。即以文字论，尤不类也。

△观殷墟甲骨文字，知吾国镌刻之术，殷时已甚美备。而拙朴之致，取与古鉨对勘，自有其时代性之不同；取金文亦可证吾说，惟金文少直接刀刻者，故以甲骨为证。周初、西周、东周、晚周，文字之传于世者，亦各因其时代，而有显著之各异，故论古鉨，而多归晚周，以所见者均此时代物也。见于印谱者，如《万印楼印谱》《匋斋藏印》《双虞壶斋印存》……以及近人罗君振玉、陈君汉第等，仅十数方周初鉨也。

△古鉨最大者，首推端午樵所藏四鉨，而"单父"七字长鉨、"陈嘉□"鉨、"右军之鉨"、"首止□□□□鉨"……形制尤异。陈介祺所藏"王武"……四玉鉨，刀痕深入，想见昆吾制玉之工，绝非后世刀镌所可及。匋斋四鉨，寿卿四玉，闻均入日本人之手。

△治印家仿古鉨，文字以妙造自然为佳。取籀文，则均须籀文，取金文，则均须金文。不可取诸《六书通》《六书正韵》诸书，因是书误释多，讹谬百出也。吾曾作"是光"二字鉨，即取毛公鼎"是光"二字入印，自觉凑合。仿古者，虽不必如是拘牵，要不可东拉西凑，非篆非隶也。

第二，论秦印

△秦人印多朱文，瘦劲朴峭，足为一代制作，与汉印有别，与古鉨亦有别也。章制小有三分，大不六分。朱文多宽边，白文亦多加边。其为形，有方者，有圆者，有长方者，有梅花式者，有亚形者。纽有台，有瓦，有长柄。为质或铜，或铁，或银，或美玉，与古鉨略同。

△秦玺，为秦印中之最大者，所谓和氏璧，李斯书，昆吾刀镌者也。文字一为鸟虫书，一为殳书，与所传秦人各玺印不类，置之宋人所为籀文或古文，如出一手。岂好事者为之欤?

△昔人得“李斯”印，道州何蝯叟（绍基）曾为诗咏之。“李斯”印，与小篆不类，与秦权量，秦刻石，笔画亦不同，而廉利朴峭，与所传秦人印则不异。

△论秦人印，当分为二期：秦始皇未统一前为一期，自统一至二世末又为一期。前者，每易与晚周鉨印混，而细辨亦有区别。盖晚周各鉨，多白文，秦则用朱。晚周间有止具姓名，秦则鲜用“鉨”字足之者。后者以私印为多，官印殊不多见。《桐花馆印谱》载有“御史大夫”朱文印，文字与秦刻石如出一手。章制大小，极齐一，文字与古籀、金文不合，与秦篆亦略异，然已渐趋整齐矣。

△自来印篆家，每以古鉨为秦印，自出土愈多，考订渐密，知古鉨之于秦印，其区别乃至显。向所谓秦汉印谱者，汉印亦并魏、晋、新莽各印，不复区别，吾将于后说详之。秦之印，尚有古鉨也。

△秦印之属于前期者，吾特名之曰“秦鉨”。属于后期者，谓之“秦印”。吾惟求论述之便，不计当否也。

△秦鉨白文者，篆法与晚周各鉨略异，结体颇类石鼓文（石鼓为

秦碣，详见拙著《治印余谈》中），而奇诡过之，瘦峭已失古拙之致，岂秦囿于西陲，蔚成一代作风耶？朱文篆法亦然。

△吾友得一银印，台纽，朱文曰“徒父”，径三分，丰边，篆法与晚周鉩同其奇诡。按《左传》僖公十五年“……卜徒父筮之……”杜注：“徒父，秦之掌龟卜者……”则此为秦穆时鉩也。又见一秦鉩，朱文视恒制略大。

△秦始皇玉玺，所传有二：一曰“受天之命，皇帝寿昌”；一曰“受命于天，既寿永昌”。前者为虫文，后者为鸟文，所谓鸟头云脚，斯高并擅其长者也。历代传国玺，即是后者，据此以言治印，盖无印法也。

△吾尝谓不通六书，不足以言治印。而点画增减屈伸，不可为六书所拘，尤不可背于六书之义。故变化错综，不得徒以意为之也。秦始皇虫文玺，除“之”“皇”二字外，皆不合六书，与秦人碑版器铭亦异，以“受天”二字为尤奇。鸟文玺则随意作图案，尤无意义。古人所谓“玄妙淳古，龙飞凤翥”者，特凑集成虫鸟之文，初无于字义及篆法也。说者谓前者为龙文，后者为凤篆，最为庄严灿烂。吾以为特历史上有价值之品，不足为法。

△秦人小印，传世多精品，点画愈细愈奇古。吾见一印，径仅三分，中镌四字，细若蚊足，宽松有余，真奇制也。

△秦吉语有仅一字者，曰“昌”，曰“乐”，曰“利”，曰“寿”……外环方栏，或椭圆回栏，间有作梅花式，当心镌“昌”“寿”等字者。

△印章至汉，可谓极变，上以承周秦之遗，下以开魏晋之制，制作既美，为法亦备。故世之言摹印者，举以汉法为圭臬焉。

△秦人印，字法精妙；汉人印，位置谨严，二者显有短长。然汉印之精者，又非秦人所可及。此所谓一代有一代之制作也。

第三，论汉印

△汉印方印、长印有定式。“军曲”印间有椭圆形者，有内圆外方，外圆内方者，有中画格栏者，有两印相连作长形者，又有方印截角者，有旁为龙凤龟虎及螭麟者，有十二肖生者，有作琵琶状者，有两面、三面、四面、六面者，有太极形梅花式者，有函三为一、函二为一者。惟官印皆正方，仅以其爵秩定方之大小，与纽之状，质之金银铜铁而已。

△泉有泉范，镜有镜范，惟印亦然。昔会稽赵撝叔（之谦）误以封泥为印（见赵著《寰宇访碑录》），盖印范传世最晚，且为质皆铅锡，易损毁。吾所见汉官印范，在吾乡陈竹濑家。而潍县陈簠斋（介祺）万印楼中亦有十一品，陈氏特谓之两面印，盖范皆两面也。范大小不一，而厚仅今三分许，刀刻，所见皆同，印范皆阴刻反文，印于泥（铸铜用之范），则阳文而正。冶铜入范，则又为阴刻反文，而印成矣。此与封泥迥别，吾论汉印，特及此，且并详封泥，以封泥亦多汉物也。

△《吕氏春秋·离俗览》：“故民之于上也，若玺之于涂也，抑之以方则方，抑之以圆则圆。”是古人玺印，皆施于涂。而封禅玉检，用水银和金为泥。天子诏书，用紫色，常人或用青泥。涂之于泥，盖一物也。《后汉书·百官志》本注：“少府官属有守宫令，主御纸笔墨及尚书财用诸物及封泥。”“封泥”二字始见于此，亦即《吕氏春秋》所谓涂，盖如今日所用之火漆也。道光时，封泥出巴蜀及关中临淄。其泥坚硬如砥，阳文正字，且有质若澄泥者。以之封识胶而柔，以印印之，文特凸起（阴文印）。四旁边沿，且有为印所压，特为突出，及印压稍偏，文特不具者。吾家曾有十数方，吾幼年辄以纸椎拓为戏，初不能损，想

见古代制作之精。集拓传世者，当以吴式芬、陈介祺之《封泥考略》及罗振玉之《齐鲁封泥集存》二书为最备，考订亦精善。

△近有建德周氏《续封泥考略》[1]印售者，吾吝于资，未暇买焉。又闽县陈弢庵（宝琛）太傅之尊人子良先生，与吴式芬同官关中，所得封泥亦夥，拓为《澂秋馆封泥》，亦精。吾尝谓治朱文印，取法秦鉥印及汉封泥，魏晋以后，可不必学（详见拙著《治印余谈》中）。盖二者同为朱文矩矱，绝非唐宋以来，文、何及西泠诸家所能仿佛也。

△汉官印，括两汉、莽新及蛮夷印而言。其制作多铸，军事印则有凿者，所谓“待用孔亟，急就成章”也。铸者谨严，凿者奇肆，各极其妙。

△西汉官印，古拙朴茂，东汉则婉妙纵肆，开魏晋板滞之局。莽新力追先秦，篆刻章制，并皆佳妙，所谓上承西京，下启东都，极一代之精也。蛮夷君长各印，章制篆刻，别为一体，严谨有余，拙朴不足。

△传世官印，西汉较少，东汉特多，莽新各印，收藏赏鉴各家，每诩珍异，此谱录所收之大较也。至“军曲侯印”“军假司马”“骑部曲督”……传世极多，各谱所收，亦占大部，比合而观之，固多变化也。

△汉人玉印，吾所见颇有官印，论其刻法，则迥非后世所及。

△吾尝谓不通六书，不足以言治印，盖所谓通者，不仅深明六书之理，尤须通六书之变也。“马头人为长，人持十为斗……”许叔重固已非之。汉官印章制篆刻无不佳，惟过为增减，不合六书，又识者未尝不病之也。莽新各印，则少此弊。

---

[1]《续封泥考略》，六卷。近代周明泰（至辅）辑。北京京华书局排印本，1927年。

△按《后汉书·马援传》，唐章怀太子注引汉刘珍等《东观记》，马援上书云：“臣所假伏波将军印，书‘伏’字，‘犬’外向。成皋令印，‘皋’字为‘白’下‘羊’；丞印‘四’下‘羊’；尉印‘白’下‘人’，‘人’下‘羊’。即一县长吏，印文不同，恐天下不正者多。”据此，则汉人印文之讹误，其时已多非之，不足法也。变化六书，不失字义，自以新室精严。

△汉官印既如上述，其蛮夷君长各印，则皆冠以代名，章制篆法，务趋整齐，且笔画粗细相间，元明人所尚之“梅花篆”，即此印之滥觞。

△西域各官印，吾所见甚少，如“西域都护使丞”，如“焉耆左右将军”“汉鄯善王”，则各赏鉴家已诧为仅见，吾就印篆论，固仍是汉官印也。

△汉女官印，传世较少，迄无以明其制。昔龚定盦得赵飞燕印，曰“婕妤妾赵”，玉质，复归吾乡陈簠斋。簠斋藏古玉印，曰“妾某之印”者，十余方，皆女官印也。后人不明印篆，谓妾为姓，博如吴窓斋，且列入《续百家姓印谱》中，盖失考也。

△明人程兰荪（名益谋，洛阳人），得古印数百方，集为《笑园印谱》，中有两印：一曰“寺人黄浩”，一曰“百官长印”。岂宦寺之官印欤？

△总之，汉新官印皆白文，新印官职尤奇特，借官印以证史，知两《汉书》多缺佚也。

△汉人私印，就各家所集，比合而观，如入山阴道上，大有应接不暇之势。于以知汉人重印信，为独绝也（各家所收，合两汉、新莽、吴、蜀、魏、晋，统称曰汉私印，不复详辨。吾既不获遍见其印，仅

就所拓出者而别之，知收藏谱录家多有误）。

△汉私印大者仅及今尺一寸，小有三四分者，多铜质，台纽或瓦纽，间有玉及银质者。有六面皆铸成文者，俗谓之“六面印”。有两印为一函，或三印为一函者，俗曰“子母印”。其二印为一函，上有穿，俗又谓之“穿带印”。玉印有白色者，有如传世之汉玉状者，有红玉者，有碧玉者，有角质者。铜玉印之锈与沁，视周秦印之“黑漆古”“碧松”“水银沁”“血沁”……稍异。官印亦然。

△汉私印就字法论，可谓奇变。吾尝好集汉碑额，比合而观其变化，颇悟字法，于汉人私印，其奇趣，视碑额乃大过之。吾尝集王姓之印，自先秦、西汉、新莽、东汉、魏、晋，二百余方（就诸家谱录及近世影印各印）比合观之，有单名者，有双名者，有兼字者，有补“印”“之印”“章”“鉥”“之章”“言疏”“印信”及吉语者，夫以“王”字一文，无论如何变化，究不能脱三横画一竖画也，而既观之，则四字成章者，就四字以为“王”字之点画，三字五字或两字成章者，就三字五字两字以为点画，从而字体之丰瘠、短长、方圆、钝峭之状，各就一印以为字，而变化之道出焉，所谓因章以为字各具变化也。

△汉私印之字法，吾尚有说，吾不能拘六书之义，以议汉印；吾尤不能泥于字法，而谓汉私印篆隶羼杂，点画失据，盖时当汉季，印鉥几成人人必需之物，吾人就印人之才艺以论汉私印，固不得马援伏波之印文误于四羊也，因之汉私印有全为隶法者，有半隶半篆者，有合于小篆者，有杂入古籀者，且有体近今体者。而吉语封完等印，且有汉人通假之字，后乃不通者，如迫于事之“迫”为“柏”，万岁万年之“万”为“迈”，而“郑”之为“奠”，“赵”之为“肖”，则又杂以

古文也。故吾人观其变化之迹，颇可想见当时印人谋篇布局之法，且于以知治印之法，匪可拘泥成说，依傍稿本，而不自具意匠也。

△吾人生千有余年之后，仅就古人之遗型，而悬揣其用意之所在，已可自为创局，无事依傍，明人文（彭）何（震），清人浙、徽、吴、赵等派，要无非各以其天才学力而变化之，才与学之力高，其为印亦高，否则为印亦弱，诚审乎是，文、何、浙、徽、吴、赵，弃之可也，用为参证亦可也。

△往者，吾有《治印余谈》之作，吾独不自量，以为诸派不足学，颇亦为一二人所识，吾又谓务于粗犷，不足以赅印之美，人能于汉私印中觅出路已足免俗，已足成家，况古鉥秦印及两汉官印乎？

△就汉私印以求字法，固不如周秦。周秦字皆有法度、意态，绝少迁就。汉私印，则拘牵方形，不甚顾及字法。然其中亦有因方以见意态者，固不可一例论也。汉官印亦然。

△汉私印有围以四灵（龙麟龟凤）及双螭、龙、虎……者，往往遗貌取神，直与武梁画像，同其名贵，其作梅花、亚字等形者，亦能相发成文，各具意态。生肖印有绝佳者，有不成形者，然皆是汉画，均足珍也。其一面镌“日利”“长乐”等字，其一面镌子孙授受形、大狮少狮形，蝎、蜥等形者，均为最好之“图案”，尤足珍也。

△汉人“言疏”“言事”“启事”“自疏”“白记”“白事”“白笺”……各印，为章为字，茂密特佳。而“封完”之印，有多至二十余字者，如“姓某之印。宜身置前，迫（或柏）事勿（或无）闲，愿君自发，封完印信”。又如“姓某之印。宜身置前，柏事勿闲，愿君自发，封完印信，祝君长乐”。大乃不逾寸，而分布置疏密，文字之古朴，真足令人想见当年之游刃也。

△汉吉语印，如“长乐”“日利”“未央”“长年”“千秋万岁”“日利千金”……诸印，皆为恒品，比合而观，亦多奇趣。其叶韵而文与字，章与制绝佳者，以吾所见，则有“建明德，子千亿，保万年，治无极”“大将军，私印利，长生，大富，同心，一意”，皆莽新时印，真奇观也。

△吾以为汉私印虽优劣不一，拘肆各异，以视唐宋以来杂事纤巧者，乃至不同。明人文何，固无得于此，即有清诸家，得其巧而亦遗其拙。吾非敢臧否前贤，试取浙徽诸家谱录，其不由巧以求入者殆鲜。贤如赵撝叔，自谓取境于秦诏汉镫之间，然观其所作，仍不脱巧以入者也，夫治印之道，关乎金石陶铸。必其心目中有所谓秦诏汉镫者，然后以吾之力，融熔而出之，夫然后吾之神乃与古会，而吾之力自不屑施小巧，于是其印始朴茂，始浑拙，始有味可玩。若次闲，若让之辈，其字之形已任笔为之，纵其波磔，惟以姿媚取势，则其为印浑朴者，已失之过肥，瘦峭者，惟见其小巧耳。吾乃不敢学诸派，幸有汉人烂铜印，足为我法。

△吾非如世之所谓摹古者，吾之为说，特就吾一人私见而言之，吾以为合明清以来诸谱录（秦汉印谱），特不过为治印之标，而其本端赖乎为学以养之。其直接关于治印者，曰小学，曰书法，曰金石碑版……通小学，谙书法学之本以立，游心于金石碑版以极其变，而画之理与法，亦关于治印焉。能如是，取秦汉诸玺印，博观而约取之，则所为印，均为吾之印，非摹甲仿乙之印也。夫然后文何诸说，弃之可也，浙徽诸派，不观可也。

△吴缶庐治印，可谓空前。而其所以如是者，在善取秦汉诸印，而一以其书法出之。至其粗犷处，则又不可为贤者讳也。试观缶庐自

用各印，盖无不佳，而谱中所收，则酬应为多，此老好逸，非尽肯经意作焉。吾论汉人印，特及之，缶庐盖深得于汉印者。

△自秦汉印为世所重（道咸时尤甚），而关中，而山东，而归化……遂皆为出印之特区。士商之趋而求之者，乃若群蝇之逐臭。若闽之陈子良、潍之陈寿卿，而吴子苾、吴清卿……辈，皆以得秦汉名人印为至宝。于是李广、张敞、马援诸印，一人而有印五六方，形制且不大异，是皆印商之作伪者也。故论汉人印，其私印中多赝鼎，固不仅杂入魏晋焉。汉官印如“军假司马”“部曲将印”……亦然。

△汉私印有姓名，有姓字，有爵里，有名姓兼字，有名与字兼吉语，有加臣字者，其为制颇不一。昔人谓汉人印无表字者，殊有误。且汉人治印，因字而为制，表字又不仅刻朱文也。

△汉私印有单姓复姓之别，有单名复名之别。因之，姓或朱文，或白文，名或回文，而“印”“之印”“印章”“章”“之章”“印信”……遂亦随其名姓与字画之繁简而有不同。于是一朱二白，二朱一白，一朱三白，三朱一白……在私印中固别饶风味焉。

△私印中有合文者，曰“内合”。以内字之“入”变“人”，而借于合字之“⼝”，作“㕯”形。一说，此为“举”字之古文,《博古图》《西清古鉴》……皆释为“举”。一说，此汉人所用吉语印。一说，此是汉人合文。正如唐人田契,“言明”二字作“詉”之合文（唐人田契，为光绪时敦煌石室所出）。吾读宋人所为《博古图》及《西清古鉴》诸书，于金文多所误释。所谓“举鼎”“举尊”等愧吾太迂，乃不敢信。故此“内合”印，吾特谓之吉语合文，似较安也。

△端匋斋昔得一古铜印，一面作“臣乐”二字，一面作裸女，眉目指趾，至清晰。两乳翘然侧身立，股间书一“子”字，望之若西洋

雕塑然，真绝品也。而其为义亦至长，使人见之，不敢存邪想。于以知汉人视印，固如鼎彝之同其珍重焉。见匋斋藏印初拓本。

△又明人沈铸镛藏古铜印中，有夫妇印一纽，纵今尺七分，横七分有半，白文，曰“刘建，妾赵，夫妇之印章”。共九字，就字法论，殆新莽以后印。惟吾不获见原印，不敢逞臆说也。此谱名《沈氏藏古铜印》，拓于嘉靖二年，共印七十五纽。友人谢建初所藏。

△汉人印，既如上述，其所以别于秦，别于古鉢者，惟其字法，别为二体，即班孟坚、许叔重所谓“缪篆”也。印其为字之缪，故古文、小篆、隶，羼互为用，蔚为一代作风，开后来治印法门。吾论印至汉，以为极治印之极则也。

第四，论魏晋印

△汉人印至美备，蔚为风尚，魏人因之，不稍损益，虽为时甚暂，而三国烽火，致趋简易，已失汉人浑朴矣。

△魏人官印，其因汉制者，一如汉印，不复可别。其特置者，每趋纤利瘦峭。传世之“魏蛮夷印”“大都督印”“水军执法印”“汉中都督”诸印，笔画细峭，字形纤瘦，皆有迫促之势。

△魏人私印（三国私印）舍见诸正史，可以识别为三国时印，余则概与汉私印无别。近人得“诸葛亮”三字印，视为瑰宝，吾见其色泽，类数十年前物，至为得者所笑，此正与端午樵得“上将军之印”，字体类吴《天玺纪功碑》，遂定为东吴官印，同一为赝者所窃笑也。

△吾数年前，在一古钱商人手见一铜印，瓦纽，径六分许，作正

方形，白文曰“虎侯”。古色斑斓，汉魏间物也。年前，读某闻人所为跋识，此印赫然在然。某闻人跋识数百言，考证赅博，竟定为曹操虎将许褚之印。吾震于某闻人金石印篆之学精，且尤长于甲骨文字，故乃盲从而亦是之。盖吾幼年喜读《三国演义》，知曹于许褚曾有是语也。虽然，古印之左姓右名，吾且数见不一见。吾在古钱商处见此印，吾初不以其为许褚印而可爱，吾知汉魏私印，恒有左名右姓者，特视之为“姓侯名虎者”之私印耳。

△晋初各印，一如魏印，无显著之区别。即蛮夷君长各印，舍冠以晋字外，亦与魏印无别。故吾合而论之，不复强为分析。惟东晋元帝退保江东，大好河山，腥膻遍野，印之道遂大变。盖东晋以后，官印皆朱文以迄于今，不复变也。吾以为吾国今日各官印，宜以汉官印（白文）为法，不宜效元帝以来之宽边朱文，曲折数叠。会当另以迂说详之。

△吾论印非如考据家之某印为何朝代，其历史又若何；亦非如古董家之锈若何，沁若何。吾仅以艺术的见地，认某代或某时期之制作文字、特佳，宜为治印法。某代或某时期之制作文字已变，或已失之，盖吾之言，纯就治印上艺术之见地言之，非收藏家、考据家之论印也。吾论印，断自魏晋，自是以下各官印，益无足取，以迄于今。此正如学书必取篆籀分隶，唐以后法，可无取也。

△吾取古鉨秦汉魏晋各印，不自知迂陋，综合而申论之，窃以为此特治印之用，其为体，则金、石、陶、范、书、画、封泥也，人仅就魏晋以前各印而求之，已为舍本而逐末，况即一家一派而兀兀以求其似者耶？

△吾国艺术，在吾之眼孔中，独以为高出世界之上，固不仅治印

为然，若绘画，若彩绣，若金石……无在而不视其学之力以为精粗美恶。论画理者则曰“破万卷书，行万里路”，论绣道者则曰“诗书之所萃，郁而发乎彩”，而制墨以侠称，写经以初著。是知吾国艺术，皆积学术经验蔚而成之，非仅执刀笔、剜木石而可求其貌也。魏晋之间，去汉未远，流风所被，尚能获其仿佛。东晋偏安，中原逐鹿，印法之坏，端在其时，备而论之，以足吾篇，非有所取也。

第五，论六朝印

△六朝人印，传世较少，以吾所见，得以确定者，则私印为多。而吉语诸印，尤六朝人受兵匪异族蹂躏之余，用以祈福祥也。南朝官印，尚用篆书，朱文；北朝则真书为多，间有拓跋文字者，亦皆朱文。北朝官印，有真书界为栏者，有反文者，为质皆紫铜。南朝章制较备，且有仍用晋印者。

△私印除见诸正史者外，篆书尚不失魏晋意。间有用玉用角骨者，用角者，如“出入大利”，如“扶保平安”，如“长年千万”，如“姓某千万”，皆作真书，朱文，有加边栏者，有重边者。吾得一铜印，曰“扶保高位”，其书法若《郑文公碑》，而逋峭过之，朱文，作四栏，栏各一字，回环读之。又南朝印有名与号合为一印者，亦有两面印者，曩见《松亭印谱》中有一印，一面朱文一“郑”字，一面白文“道昭”二字，类郑氏书，岂道昭自书者耶？

第六[1]，论隋唐印

△吾非如世之所谓“泥古不化”者，吾亦非敢谓“好古敏以求之者”。吾论印独取六朝以前，在吾犹多恕辞，若以狭义绳之，魏晋诸印，因袭前代，初无特异之表见，亦宜弃之，遑论乎六朝？隋唐以后，吾更不欲观之矣。盖吾由艺术的见地，认秦汉以前之辟草莱，斩荆棘，一本作者之学识技能，以创为一代之法物，其惨淡经营，损益因革，固非徒事因袭，务求俗媚者，所可同日语。

△隋唐诸印，其见诸卷册法帖者，已变为一体，古朴之致尽失，开后来板滞之习，所谓“官样文章，无复作意”也。吾尝谓吾国书法，自唐人尚结构，务趋整齐，而书法坏，然此特就楷书言之也。其在隶法，传世者虽不多，而讥之者已谥之曰“唐隶”，所以别于汉魏也。若篆书，则李阳冰群推杰出材，李氏亦自谓“斯翁之后直至小生”，以吾观之，李氏书若谦卦，若般若台，若城隍庙诸刻，亦适成其为唐篆耳；谓之古意尽失也可，谓之为李氏玉箸亦无不可。取与斯翁传世之迹相较，岂特有床上下之别，而篆书之敝，端于是矣。唐人书，推其极不能过阳冰，以之入印，遂别为纤利、细削、曳脚、多曲，而边沿特宽，望之仿佛秦人私印，而遗神取貌，印之病，千余年来遂不堪救药矣。

△隋唐官印，因陋就简，无甚作意，可不具论。私印尚未尽失魏晋遗型。唐人私印，亦多佳品，倘谓“礼亡而求之野”乎！

△自来言篆刻者，辄称之曰“斯冰之学”，以为篆刻至李斯、阳

[1] 原作“第七”，因所查刊物缺期，无法断定其中序号，故暂顺延序号。

冰而大成也。吾非敢肆吾意以讥评古贤，独谓篆刻而归其极则于斯冰，吾实不敢苟同。就书法论，斯翁尚不失为创作者，以篆籀之意未失，变化而出之，意味较长也。李氏阳冰，群推为一代作家，折钗玉箸，姿媚以取势，长身曳脚，瘦削以成形，非第古意尽失，即斯翁之传，亦徒具皮肤，取以入印，此赵宋以来，所以每多失态也。往者曾与吴丈缶庐论之，缶庐亦笑吾说之有小获，而以“善取”二字勉吾。吾治印，虽仅十余年，而非礼勿视，非礼勿动，窃自幸不为习俗所染也。

△隋之立国，为时较暂，所传各印，乃不能多，执一二以概其余，要亦推理者所不废也。吾见隋官印，仅两方，私印之有史可征者，亦仅四品，官印皆宽边朱文，视汉魏官印稍大，屈曲回环以成字，去字之原形较远，初无足取也。私印尚不失魏晋以来形制。惟有用角质刀刻者。以视魏晋，若小巫之见大巫焉。

△印章至唐，似当大有发明。顾吾所见唐官印，谓之为一代之作风也可，谓之特有发明则不可。盖唐人误解“缪篆”之义，以为纠缠屈折，于是印文九叠，任意屈曲，务求填补空缺，使之满足。不复顾及字之原形，于是一印之文，盘曲纠结，分布停匀，致不能识。而木板刻画，俪以宽边，望之若匠人之装饰花押焉。此其失一也。自李阳冰辈粗知小篆，妄以己意，改订文字，曳脚锐头诸说，互相标榜，铁线银丝，遂为唐人篆法矣。用其法以入印，纤利之弊，益使唐印之不足观。此其失又一也。自来言治印者，每称曰“斯冰之学”，阳冰之所书，浸失古意，仅可谓之自成一家，若径取其法以入印，所谓愈趋愈下也。宋元以来印，所以日即于纤巧柔靡者，殆取阳冰辈所谓铁线诸法误。

△唐私印不守古法，任意为之。取材则铜银牙角，要以玉印为多。

亭楼斋馆，别号押角诸印，颇亦盛于一时，开后世印章滥用之渐。而名姓之不分，郡邑别字之杂凑，观唐一代书画之钤记，可以知其滥也。虽然，吾于唐私印，在制作一方面言之，不守成法，独辟蹊径，一以己意为之，其妙合者，亦自为印国中之一体。吾所见如魏徵、李林甫诸印，当是一时名手所治。盖不事因袭，自成一体，固自有其独立之精神，惟甚少见耳。

总之，隋唐印章，为印学上一大变化，古鉩印之遗意，一扫而空之，此风以迄清末而不替。虽宋人稍变化之，亦无当也。

△时代递嬗，朝政屡更，恢宏鸿业之具未张，典章文物，遂亦无可称述，此五代印所以不足观也。虽然，五代书画之家，亦颇能竞秀，从而私人印记，斋馆亭园，就传世者以考订之，尚不失唐人矩矱也。

△吾尝谓唐人诸印，非不欲凌秦迈汉，特以其篆法轻佻，失朴茂之致，致入印之文，非俗即弱，而折钗玉箸诸说，遂谬传千古。五代战乱频仍，其重于是要于是者，且不遑举，尚何暇斤斤于一印之美恶，印之具，要惟取其应用耳。往者，吾见《历代古印大观》一书，考订颇详，仅杨凝式数印，尚是五代时物，似摹自阁帖者。友人曩藏《十朝钤记》一书，所谓五代印，亦徒有其形，初非以真印钤红者。桂未谷所集诸印，尚有一两方是五代时物。此外吾惟见写经及卷轴诸钤记耳。故吾迄今，所见五代印，确而不疑者，仅十余方，而枣木印、牛角印、象齿印与焉。

△时至赵宋，享国既久，南北诸帝，又复日观翰墨，故上而君王，下而士庶，书画之余独于印特加之意。故赵宋诸印，虽古法尽汰，要能成为一代之作品，与李唐后先辉映也。宋官印吾见较多，其为质，有木有铜，皆朱文，宽边细画。其篆法一遵唐人，而曲折纠叠，视唐

尤无意趣。其章制似有一定，为方为长，为大为小，随官职而不同，桂未谷所集独多，余则以边尧臣《宋元钤记》为精确。曩年在友人处观古印，得见数方，刻痕极深，篆法皆迁就成文，殊少自然之趣。

△宋人私印，颇有佳者，所谓佳，非真能朴茂入古，特在宋人诸印中，受折钗、玉箸、铁线诸说而尚能婉妙妥帖，无俗子伧夫态耳。此时已有治印专家，若铜，若虬角，若牙，若骨……皆雕镌深入，别具变化。吾所见若理宗，若贾秋壑，若文与何等，皆用虬角印。而徽钦时之煮玉，大中祥符时之治角，则又见诸宋人杂说者。吾就所见宋人印，与夫书画钤红，谓宋承唐后，作风特尚婉妙，开元明柔靡之习，为治印之一大变化，其佳在此，其失亦在此，当不至厚诬古人也。盖以宋人治印之能，未尝不可以规秦抚汉，顾独为唐篆所拘，不复自寻出路，所谓取法未高焉。

1928年9月16日—1929年6月30日
《新晨报副刊·日曜画报》
署名于非厂

花萼楼古印举

叙曰：非厂不自揣，独喁喁以印之说投报末，补报余白，一若此雕虫小技，亦占艺术上重要位置者。古印之于艺术，其贡献究为若何，吾实愧未深悉。吾小民也，以小民而絮絮以谈小技，不正恰如其分耶!？因用吾丘衍《三十五举》之例，而名吾篇曰《花萼楼古印举》，盖明其为一人之私言也。十有八年一月十日于照识。

一举曰“古鉥”

《周礼·货贿用玺节》，“鉥”即“玺”之古文。道光前，且未有识其为三代之遗制者（各家均误为秦印）。《说文》于“壐”或作“壐”，从“土”。而“鉥”之从“金”从“木”，（爾）独未收。吾人观古铜鉥，于以知许氏所收多秦篆也。秦时，天子之玺始用玉，故字从之，而不知古玺用铜，故从金。其从“土”作“坏”者，一说为金之省，一说金出于土。独《说文》谓“玺”为“王者印，所以主土”，诚为千余年来未曾揭破之臆说。且郑注：“玺节者，今之印章也。”以印章注玺节，惜郑氏未见其物，致不能详其用。古坏多“某某计鉨”之文，足征为通货所用。而《周礼》仅举货贿以传其用，亦嫌欠赅备耳。古鉨有官有私，有通货之鉨，为类不一。

古鉨为状至奇傀，方、圆、长、觚，皆能就其形以为字。各字之疏、密、揖、让与夫字画之肥、瘦、曲、直，皆务使其形成一完美之图案。而边纹之单复，栏格之错综，尤足征吾国艺术之发达，固至早且精也。以视汉魏以来官私印，字法务趋整齐，其超逸，诚莫可及。

吾自知吾头脑尚未十分腐旧。吾论印首取古鉨，非如世之“泥古”或“今不如古”者。吾人试取诸家所收三代以来各鉨印，比合而观之，则西子之为美，固有目所共赏也。又何况古鉨之于小学，于考古学，其为用尤巨乎？吾见古鉨有“司红之鉨”，即征“司空”（篆文“红”作宔，后遂误“空”）为“司工”之伪。

《周礼》于玺节，守邦国者用“玉节”，守都鄙者用“角节”。依郑注玺节即印章，是周时已有玉质印、角质印也。《左传》襄公二十九年，“季武子取卞，使公冶问，玺书追而与之”。按《周礼》，季武子为守都鄙，则所用玺，当为角节矣。昔人谓秦始皇用玉为玺，尤足征其误。古鉨传世者，质多铜。间有玉者，而“计鉨”“官鉨”则否，且无角质者。吾于此，颇疑玺与节或为二物，惜尚不足以证迂说也。

班孟坚、许叔重皆谓印篆曰“缪篆”。篆法入印，别成一体，盖自汉始如此。秦以前无所谓“缪篆”也。钟鼎尊彝之铭文，是即三代之书法，故得其只字，即甚名贵。古鉥之文，亦三代之书法，初非如汉以后之另一体，故古鉥文字，直与鼎彝同其名贵。

汉以后印，论书法已成一体，诘诎为形，无甚笔法。古鉥因字成文，笔意呈露。设以画理喻之，汉人印，若宋人院体画；古鉥文，若王维、董巨也。

古鉥有白文朱文，官私初无一定，非若汉时官印皆白文也。吾所得“左军之鉥”为白文，端午樵得“左军之鉥”为朱文，皆台纽，而一方一长。盖并为东周以后之鉥。

二举曰“秦印”

秦始皇以玺之音近死，不祥。各官印，止具名，不用“鉥”“印”“章”等字。相传以赵氏璧制为玺，使李斯书，用昆吾刀镌，即世所传“受天之命，皇帝寿昌”，“受命于天，既寿永昌”二玺也。按《书苑菁华》载韦续《五十六种书》曰：“刻符书，鸟头云脚，李斯、赵高并善之，用题印玺。”又《丹铅总录》引《汉书》注卫宏曰“秦玺题是李斯书”，据此，则秦皇两玉玺，谓之李斯书，可无疑义。然吾观两玺之文，一作鸟篆，一作龙文（传于今者仅其一）。取与秦时各官印相较，无或合者。岂李斯为大皇帝书国宝，故为此体耶？吾论秦印，乃不敢收此两玺，良以其文字不类也。此两玺，在赵宋时，始见著录，拓其字形。宋以前，仅有其文，未具其形。即或此真为秦时玺，真为李斯书，吾迂拘太过，亦不敢取。

秦人小印，其朱文者，多宽边。文字瘦峭硬挺，与金文绝异，而笔致多近于甲骨文，所谓秦人八体，真可谓别具姿态也。惟文字多不可识。岂未统一前，如晚周文字之各自为形乎？白文者，多界画为边栏，文字亦瘦峭。以视朱文，则笔致较博，不如朱文之细若游丝，硬如屈铁。然文字则各具情态，无论两字三字或四五字，皆能与其印形及边栏相发，蔚成一片，即以图案画目之，亦自然有致。非如汉以后之拘牵造作，破觚为圆，以求强合。

秦官私各印，自始皇帝国玺而下，官印则只具其官，不加“鉥”等字。私印则只具姓名，不加鉥印之“印”等字。独与前代异，亦独与后代不同也。且秦印之形制，无论官私，概无定制。以吾所见，官印中有长方形者，有圆形者，但不如方形之多。私印之白文，则长方形较多，朱文多方形，间有圆者。是独与古鉥之制同；鉥之制，盖自汉始变也。

后人治印——尤其是浙徽诸派——其所治，既误于字法之取姿媚，后拘于刀法之“泼风”“拍浪”等虚拟。而动辄曰“吾师秦印也”“吾由秦权诏版来也”，在当时狃于习见，风会所趣，一时称盛，其为艺术，尚可认为一时代之作风或作品。独至于今，古鉥秦印，为制判审，金陶甲骨，考析精详，而仍拘牵于丁、黄、邓、赵……者何耶？艺术应趋诸时代之前，吾举秦人印，不禁为治印者倡迂说也。

吾见两秦印，一曰“御史大夫”，一曰“丞相”，皆在吾乡沈起云家。大仅六分，作正方形，台纽。“丞相”印绝重，以今权权之，得二两九钱四分。“御史”一印，仅重一两八钱。岂“丞相”印为合金乎？印泽若黑漆，在“丞相”二字间，凿为穿，与台孔成正交，不审何意？沈君谓此两印，为其先人得自关中者。潍县陈簠斋曾求之，靳弗予。今沈君日夜佩之，历二十年，色泽不稍损焉。吾于古鉥，初欲详考其制与质，而文献之足为吾征者，殊不能详。吾惟有一面作书囊，一面详考其物耳。沈君尚有一玉印，作碧色，“水银沁”斑斑作奇文。文曰“王口”。朱文，细若蚊足。吾一见即定为秦人印。秦人玉印，吾所见尚有一方，皆刀刻，深入，非如后代之平浅者，于以见秦人刀镌之精。

三举曰“汉官印”

汉承秦制，独于印特创一格，不复因袭，此真难能而可贵也。吾就吾国古鉥印，颇以考见一时代之作风，不相蹈袭，非如后世之以摹仿因袭为能者。古鉥之制作，文字、刀锋、笔意，每一鉥有一鉥之独立性、创作性。即同一时代之物，其治之之法，亦无有小同者。吾尝就古录中之“鉥”“之鉥”“计鉥”等字，比合而观之，即同一“鉥”，或“之鉥”“计鉥”之字，虽集数十字，无一同者；正如吾人书法，各具一体，绝不相似。此古鉥之所以足珍也。迨及嬴秦，号令统一，官中各印，遂渐有划一趋势，不复如古鉥之变化莫测。然亦仅章制上之从同，论文字，仍各自为体，不袭古法，纯然创作也。惜其仅二世而亡，不及发扬光大之，致传世官印独少。刘季据有天下，因秦之制，而力变之，汉之印，遂蔚为大观，继往开来，造成一代法物。论其作风，本可第为“西汉”“莽新”“东汉”，吾求记述之便，合两汉官印言之，而以“莽新”次其后。良以“西汉”官印，传世较少，“莽新”官印，独具作风，不可合也。

秦官印之大小视官爵职；汉官印除诸王外，皆合今尺寸有二三分，至大不逾五分，作正方或二等边之准正方，此其一。秦印皆阳文（朱文），汉官印皆阴文（白文），此其二。秦印文字，皆具姿态，不为方形所拘；汉官印则因方形以制字，纠谬凑合，使字皆形成为方，此其三。秦印官职，即就其官名之字数以为印，汉官印则加“印”“之印”“章”“之章”“之印章”以足之，此其四。秦印多紫铜，纽用台；汉官印则五金咸备，纽随爵职以为别，此为五。秦印无女官（指传世诸印而言）；汉官印则“婕妤”“某国夫人”……咸有，此其六。秦印无爵职兼姓名；汉印则爵职姓名合为一印者，亦不得谓之私印，此其七。秦印皆用国书（指秦篆）；汉印则任意为字，篆隶不分，此其八。秦印皆铸为鉢，冶铜而治之；汉则铸凿兼用，此其九。以吾所见汉凿印，非仅限于军印，知古人所谓“军用急促，急就成章”者，实乃误解。秦人玉印，殊不多见；汉则女官皆用玉，纽且镌为凤，此其十。就上举所，特其显有不同者，于以见一代之制作，其因革损益，固自有其独立性，岂可遽以雕虫之技而小之耶！

两汉官印，绳以所传秦汉以来之“八体”“六体”，皆不甚合，论篆法，亦非“缪篆”所能赅括，知“摹印”之学，汉人特立为专科也。然则汉之印究以刀为笔，抑书而刻之乎？此虽未有记录（有亦不足据），尚可于“印范”求之。“印范”之质为铅，大小与印略同，而厚仅今尺二分余，两面均用刀刻，字形反文。吾乡黄丈乃慈家有其物，都三十余。吾家昔亦有之。如四字之印，则范中尚隐约有黑色十字闸，以为四字界画，必将范置清水中始得见，五六字者亦界画之。据此，知“印范”或用漆之类反书，再镌刻之。观镌痕之波磔，知刀锲之精也。以此范即澄泥印为模，则为正文，冶金铸之，又为反文，而印成矣。其两面刻者，一范堪供两用，简而省也。

吾为此说，已嫌为证太孤，不能遽定为先书后刻，然以刀为笔，固刀成字，固可断言也。由是以求两汉官印，则又显有区别，不可或混，盖纯以字法论也。西汉当开创之初，文景之世，号称极盛。故学士大夫，艺士发人，率皆恢弘博洽，各以其力，共佐承平，文章学术，矗然为一代宗风，其直接间接影响于治印者特大，故西汉官印，独具朴茂雄浑之气。汉武帝雄才大略，网天下贤豪，蔚为风尚。而五字诸印，独呈异态，盖朴茂雄浑，得汉初之遗，而变化傀奇，开“莽新”峭利之致也。武帝太初元年，更印章为五字，不足之字，则以“印”“之印”“之印章”等字足之。“莽新”移祚，以为古师，光武承之，一因莽制。印篆之精，别为一体，非复西汉之朴茂雄奇矣。而任笔为体，因意成形，论创作，则独辟蹊径，论字法，则伪误百出，此马援所以有印文误于四羊之疏也。(《后汉书·马援传》，唐章怀太子注引汉刘珍等《东观记》，马援上书：“臣所假伏波将军印，书‘伏’字，‘犬’外向。成皋令印，‘皋’字为‘白’下‘羊’；丞印‘四’下‘羊’；尉印‘白’下‘人’，‘人’下‘羊’。即一县长吏，印文不同，恐天下不正者多。”）迨至桓灵，益趋整齐，拘牵板滞，绝少生趣，开后世整齐拘谨之局。而欹斜草率，军事印世遂误为急就焉。此两汉之作风就字法论，尤显有不同者。

两汉官印，就传世各谱录，比合而观之，知其字法，已任意为之，初无定制。即就恒见之“军假司马”“骑部曲督”“部曲将”诸印，每一谱录，多者百余方，少者数十方，其为字虽同，而其点画屈曲亦必异，非一范所制者也。

澂秋馆所藏“冀州刺史”一印，海内视为鸿宝，是诚为西汉印之珍品，字法篆法，均与秦人印为近，而流利雄俊，不稍因袭，与万印楼之“淮南王”印，并为绝品。

汉印字法，在武帝时，已任意为形，不复求合古谊。吾人于汉印，当分别观之，字法为一事，形制又为一事。不得因其字之多讹，遂谓汉印不足取，亦不得徒尚形制，而不知其字法之失也。自来谈小学，讲六书者，每据以订汉印之失，诋汉人印任意以为字，固矣；吾人观金文，其因意以为形，造意以成字者，固已比比然。某也象其形，某也指其事，在作者本各以其意以为之，要足以通其意为已足，初不必拘拘于点画之小异也。金文中如“眉”字，“寿”字，“宝”“敦”“鼎”“令”诸字，直可谓人各为形，岂特点画之小异，据此以求六书，亦不尽合，况汉人之尚自由，喜意匠，独富创作性乎？故吾论印，虽力言汉字之多失，而特认其为一代作风，独成其为两汉印也。抑吾犹有言，文字至汉，由篆变隶，其因革增损，任意为之，故书家辈出，碣石林立。文字由篆变隶，古意渐失，谈小学者，每引为憾，而不知文化之进程，固如是也。魏晋六朝之别字，乃为由隶变楷之进程，其为义亦如此。

吾尝谓“白文”印，当以两汉官印为极则。自来言治印者，如西泠诸家，如浙徽诸派，人人以规抚汉人自命，试观其所治，非流于纤巧，即失于臃肿，求真能得汉印之朴茂者，盖千百人不一二睹。是非摹古之敝，乃取貌遗神之失也。吾非好为高论，以诋毁前贤，就各家专集而观之，舍吴缶庐外，其绝精者，不能及两汉印，而任刀锋以为形，意取姿媚，徽派中尤自诩为有得焉。缶庐六十以前，四十以后，所作绝精，深得朴茂之致，六十以后，多率意，不足法也。

四举曰“新莽官印”

王莽代汉，年数虽未至于久长，挟西汉之余，极其力以事制作，颇亦见一时之精。惟吾国古昔，每以成败论人，于莽移汉祚，辄视为篡窃，因鄙其人，从而亦忽视其制作。吾就艺术方面以论新莽，其贡献于篆刻者，为制绝精，为功绝伟，要不宜因其败灭而鄙视之也。

吾尝谓一代艺术，自有其一代之作风，新莽之货布泉币，固已独高千古，即其所制各官印，要非东汉之所能及也。西汉去古未远，因革嬴秦，朴茂独著。新莽居摄，力追往古，增减秦分，别订训纂，篆隶之辨既严，复古之机特具，别立爵秩，增益职官；“家丞”“家臣”“卫士”“剑士”诸衔名，遂亦独传千载，固不仅印篆之精奇也。惜乎史学家拥护正统，视同盗窃，致其爵秩官名，屏而不载，设非新莽烂铜印，鬼神呵护至今，则一朝之创制，后之人直不复能略悉梗概焉。

吾论新莽官印，颇欲于诸家谱录中，集其官名，以补史之阙疑，计吾自甲子年[1]搜集，迄今才得四百三十有一，而不能详所职者，约百九十有四，则史者不足征也。暇当襮之，以就正于谈新室官职者。

莽室篆法，既已稍变西汉之方而加长，而用笔又以流利出之，故其入印之字皆有法，分行布白，相揖相让，深得自然之美。虽视西汉之朴茂似稍逊，要非如东汉之率意也。

吾尝谓两汉官印，各有其妙，而东汉之敝，率意为多。跳踉其间，以流利之笔，巧为分布，使人一望而知其独具姿态者，莽官印也。故白文印，西汉当草创之初，雄浑朴茂。新莽润色鸿业，流利精能。降及东京，盛极而敝，精能之品，盖仅见焉。要之，新莽官印，不逮西京，东都官印，远逊新莽，可断言也。

---

[1] 即1924年。

五举曰"汉私印"

印至汉人，可谓大备。传世各官印，吾既前述，兹复就私人印言之。舍有史可征，明其为东西两京之作品外，所余各印，殆无法以强分其为东西汉，故吾仅目之为汉私印焉。

吾国艺术，战国以前，倍极发达。秦人专制之淫威，独不能钳制吾民自由艺术之表见。汉魏以来，以迄于隋，艺术之发达，初不因腐儒之排斥奇技淫巧，而少遏其生机，故镌刻、建筑、绘画、器物……就传于今者考之，其思想之自由，表见之忠实，固有非隋唐以来，呆板凝滞，千人一面所可及，就汉私印以证吾说，知吾非过论也。

汉私印之形制，可谓千变万化，不可端倪。其形有方、圆、长方、椭圆诸状。其制，有台、瓦、狻猊诸纽。其变化，有穿带、子母、两面、六面诸形。而大、小、宽、仄，则尤不苟同焉。此形制上之变，尤其余事。

汉人书法，就篆书言，已可谓不事因袭，足以代表一时之书法。取篆以入印，其变化尤不可测。自来谈六书者，每以汉人变古，悖于六书，为文字学上一大谬误。就小学以论汉篆，顿违造字之义，固已。且汉时若马援，若许慎，亦何尝不以此为病？顾就印章以论篆，固不必拘拘于六书，且印篆尤非六书所能赅也（详见拙著《治印余谈》中）。然则汉人印，就字法章法，以至于相揖相让，计白当黑……论之，认其为一种独立的艺术，或图案式的艺术，固至允当也。岂必拘牵乎某也象形，某也指事乎？

汉官印，纵至奇肆，亦有法度。至于私印，则惟求一印之美，有非绳墨法度所可范围者。无论具为白文朱文，或一白二朱，二白二朱，三白一朱，要惟视点画之繁简，名姓之单复，以为章法，谲诡变化，使人为之目眩神迷，而要其极，所谓得无法之法也。夫艺术至于得无法之法，其为用乃神，其变化乃不可测，使人观之，乃生美的同情。吾所见汉印谱录，虽至鲜少，而数千百颗汉私印，每使吾玩味而不忍释，盖即此可以想见昔人思想艺术之自由，自然美焉。吾国数千年前之艺术，即纯尚自然美，即在鉴赏一方面，亦本此义。如宋玉之“增之一分则太长，减之一则太短，著粉则太白，施朱则太赤……体美容冶，不待饰装……”又如王维论画“肇自然之性，成造化之功”。而诗三百篇，其鉴赏自然，欣自然美者，尤所在而有，吾当另以说详之。

吾论汉私印，就吾所见，其中或不免羼有魏晋人印。然魏晋印之所以别于汉者，非必如考据家之纽宜如何，锈宜如何，沁又如何，出土之地复如何如何。吾虽不敢自诩如伯乐之善相马，顾吾仅就文字、章法、刀口……而观之，颇亦能别其大凡，盖汉私印之于汉篆，气息相通，汉私印之于汉官印，脉络相贯也。

曩者有《治印余谈》之作，投之前《星期画报》，辄不自量，谓浙徽诸派，群奉为圭臬者，实不足以言治印，诋諆前贤，吾诚知罪。故治印之发达，莫盛于有清一代，丁敬首辟浙派，黄易等祖述之。邓石如特开徽派，吴熙载辈继承之。而跳导其间，自谓独得汉秘者，则前有赵之谦，后有吴昌硕。㧑叔、缶庐之精品，匪特凌驾徽派诸子，即置之汉私印中，亦无多让。此艺术之进化也。吾性迂愚，独于吴赵诸谱录，仅以之为俗食，日两餐以为食者，皆汉以前印焉。吾人不妨取汉人印谱与吴赵印比合而观之，其味固有厚薄，非吾性有特嗜也。

汉私印即变化万千，无美不臻，无体不备。有古籀者，有秦分者，有汉篆者，有隶者，有鸟虫书者，有真书者，此文字之大观也。有疏可走马者，有密不透风者，有计白以当黑者，有边栏以为界者，环龙虎，刻生肖，围以四灵（龙凤龟麟），变以阴阳。此章法之特妙也。母之抱子，方之六面，“言疏”“启事”“白笺”“封完”……此为用之不同也。“长年”“万岁”……此吉语之各神其用也。凿之与铸，朱之与白，各就其文字、字数、点画……以为之，纯为觅匠的图案，此篆刻之精也。有此法物以传于今，设吾人不取之，而兀兀于一派一家之说，不亦至愚也耶？

六举曰“汉印范”

吾尝谓吾国书画，在两汉以前，皆以刀锲，无所谓笔法也。商人甲骨，秦汉石刻，无论矣。即下逮于南朝北虏，其传世之造像墓铭，亦皆以刀法为笔法，或以刀法助笔法，此风迄唐而不废（唐人碑碣，字书而自刻者，为例正多）。故吾国书画，在古代，无不以刀锲传其神也。

印章之制，其导源甚古，吾已前述。吾人生数千百年之后，就古昔所传之金瓦陶范……从而考察其制作之初，一花纹，一款识之微，无有不用范以锲之者。独惜传于今者既寡（指种类言），又复为好奇牟利之徒，转相赝伪，转相秘藏。致吾人于考订上，不免小有障碍。所幸为吾所见者尚不鲜，使吾稍稍识其物，与其物之真不真。吾于是始有以逞迂说焉。盖吾所见印范，仅汉官范数十方，汉以前究若何，吾虽不敢臆断，要其为制，当不异乎此也。

汉印范为铅质，大小虽不一，而要其差则仅一二分。就普通者言，长约今尺一寸二分，阔如之，厚四分许。有两面皆字者，有仅一面者，字皆刀刻，反文，盖纯为汉人刀锲也。此物之用，所以铸印。如欲铸“丞相之印”，则就制成之铅范，反书“丞相之印”四字而刻之，使成白文，以铅质柔，易炼也。既成，以此范就澄泥印之，泥内凹，成方形槽，刻文受泥，映槽底，成正书朱文，俟泥干，煅之，冶铜以铸，则又为反书白文，而“丞相之印”成矣。据此以言人得汉铜印以为珍者，不尚觉隔一尘耶！其刻两面者，所以一范当两铸之用焉。

吾见此物，在吾乡陈氏万印楼中。庚子兵燹，先大父亦得十余方，通谓之汉铅印，此与赵抝叔认“封泥”为印范，同其讹误。吾所草《花萼楼论印》曾言之，而未敢定其书于铅范者为何物，仅就所刻点画之边沿，谓有墨痕宛然，未曾刻去。及今思之，其界画之方格与墨痕，殆为漆书，以洗涤而不能去也。然则谓印范为汉人之手刻，谓漆痕为汉人之墨迹，当不诬也。

自印学大昌，古鉥印遂珍同珠璧，往往烂铜一小方，值银逾千百。惟此铅范，以向不重视，故取值较廉。又以为质较柔，宝藏匪易，故收藏家每多弃之。殊不知此汉人刀锲，较诸汉凿印，尤足珍也（汉人凿印，所谓“军事迫促，急就成章”者，吾颇疑之，见拙著《治印余谈》中，兹不赘）。

七举曰“封泥”

封泥之于印范，为质既殊，为形亦异。道光时，出于巴蜀，咸同间，长安山左亦掘得之。盖汉人以紫泥封识，钤印其上，印白文，则泥凸为朱文，是犹今之用火漆封口，而钤印其上也。印范之质为铅，此为澄泥□。印范皆反文，此独正文。印范为刀刻，此则印印泥。印范边沿皆齐整，此则参差。印范皆阴文，此则阳文。最易别也。自来集拓封泥，从事考订者，当推吴式芬、陈介祺，所辑之《封泥考略》一书，而陈弢庵、罗雪堂所集拓，亦精博。所谓天不爱道，地不爱宝，封泥甲骨出土，为近年学术上艺术上一大贡献，诚盛事也。

吾国以石治印，明清为盛。明之文（彭）何（震），清之浙徽，可谓极印国之大观，印人之能事。自鼎彝碑碣，出土愈多，金石小学，考订愈密，昔人所诩为规秦抚汉者，今乃等闲视之，不足为也。盖昔不知有古鉥，更不知有封泥。故刻朱文则师秦，刻白文则师汉，丁龙泓、黄小松、邓顽伯辈，遂独以师古名一时。即赵扮叔之善变，亦仅局促于秦镫汉镜耳。今则三代古鉥，战国小印，直与款识同珍，而紫泥钤余，亦并为朱文矩矱，吾人幸生今日，奈何不此之术，而沾沾于一家一派耶！

封泥之为朱文极则，不仅齐文字之美。即其边沿之宽仄断续，形制之似方若圆，亦足以蔚成一片，极形式之美。吾尝谓一印章之美，须统文字、形制、分布、配搭……言之，若图案然，边足以发文字，文字足以助边沿，合字形，分配诸妙，以蔚成一印之妙，其印始为合作，始为美。若仅于一枝一节，字形刀法……术之，殊不足以言治印也。吾人构一图案，无论其形为方，为圆，为多角，要当就其全形以从事于结构，俟结构既定，然后采择花纹，何去何从，花纹既定，始及笔画，始定色彩，夫然后始能得一图案之美。若不顾及全部，而从事于花纹色彩，纵绘画至精，未为得也。吾人治朱文，善取封泥，以成自然美，要当于刀镌字形之外，从事于刀镌边沿焉。昔人每以边沿齐整为尚，自吴缶庐以锤击边使崩圻，刻印者遂又从事于击印，此误也。边之崩圻，仍须刀镌，以妙合自然为要，又不得谓之做作也。

八举曰“吉语印”

自浙徽诸派治印，为世所重，盛极而敝，纤柔姿媚，古意尽失。向者，丁黄邓吴之所得，遂为后来者所假借，以渐趋卑下，而印之道遂不堪问。赵扮叔辈力矫斯弊，整饬有余，拙厚不足，综其所得，亦不过略得秦诏汉镫之形似，然不可谓不善取也。安吉吴昌硕，变赵氏法，力求古朴，其失在狂肆。吾雄于胆，不自量其力，辄以己意谈治印，以为浙徽赵吴不足学，以为金石陶骨及三代以来诸鉩印，乃为良师。吾以迂说襮诸世，颇亦为一两人所识。而数百年来浸渍乎浙徽诸说中，骤睹迂说，诧訾为狂易，为文妖……吾亦大胆受之而不辞。良以人习观于浙徽诸作，以为至佳且美，脱有一二人稍持异议，则群起而非之，以为诋諆前贤，少年狂易，于是发乎文辞，岸然以卫道自命，一若于印之学，曾三折肱者。及以古鉩印、封泥……与浙徽诸谱陈其前，使之抉美丑，则瞠目不敢有所决，即有决，亦莫不曰古鉩印……实美也。吾之学，诚有所不充，吾之刀，诚有所不善。顾吾之目特有神，善恶妍丑，当前，吾立辨，不有毫发疑。吾本吾目之所见以为说，吾知吾说之尚不至远，吾非敢狂易也。且吾见夫治印者之日趋于柔曼怪丑，吾深惜数千年来治印之道，将随彼习于故步者而沦灭也，故不惮辞之费，辄以逞迂说。

秦汉以来吉语印，非特雕镌之妙，即其文辞，亦质朴有奇致。曰

“长年”，曰“万岁”，曰“永乐”，曰“日利”，曰“大吉”……为类至不一。而“巨某千万”“出入大利”……尤有佳趣也。其为用，虽不能确知，且吾亦不愿若陈簠斋之逞臆说。吾仅就其印文比合而观之，要皆吾民祈乞吉祥之意焉。

吾见黄小松（易）所为吉语印，边跋累数十字，颇亦自喜能得汉人精髓。及吾取与汉人吉语相较，其文同，其点画亦大略相同，而其神理气味，则汉自汉，黄自黄，一古朴，一纤利也。吾以是益坚吾意，谓浙不足学。又见邓顽伯小方印，刻“封完印信”四字，盖仿汉人封完印也。黄小松亦有封完印，文字独多，文曰“宜身置前，迫事勿闲，愿君自发，封完印信”十六字，此亦本之汉人者。澂秋馆印谱中有此汉印，“宜身”句前，尚有姓某氏印四字。吾所见汉印谱中，“封完印信”四字印，得四方，取与邓氏较，气味尤有醇驳。夫如是，则吾所哓哓于古鉥印者，在吾之一知半解中，差幸尚不至于大错而特错。吾于中浙徽遗习之深者，吾实不愿辨，独至于吾侪青年，幸生此天不爱道，地不爱宝之今日，致使金石陶骨，与夫古鉥印，徒为好事者之视同古董，受派别之说所拘束，而不肯力取之。此则吾所深致惋惜者也。

吾拟搜集古鉥印，择其精英，以类相从。文何以来，各家所谓规秦抚汉者，亦次于各类之下，兼附迂说，详其所自，用为茶余饭后，朋友消遣之资。当此印刷大兴，锌制各版，逼真原形，集而为之，当易为力，惜吾时与力之尚有待也，附于此，以当过屠门之大嚼。

魏晋以后吉语印，渐趋空乏，南北朝时，其吉语始渐由“大利”“长年”……而渐及于祈乞爵秩，晋以上无有也。北魏南四朝，其所用印，有篆文，有其时通行之文，如“扶保高位”“日升高迁”……诸文，似已由平民的进而为官僚与贵族矣。

九举曰“象形印”

吾国古代，书与画合一，无或分之。始有文字，为日月山川鸟兽人物之形，六书中所谓象形也。商周古器，有文字，有花纹，书与画始渐分，然夏商诸器，其所为字，亦编于画，不过有像全角，有像一部之形，有合数部以成形，有分数部以各表其形……非如姬周尚文，文字之孳乳渐多，画与书有至显之界限也。迨及战国，器物衣冠，装饰愈美，饕餮龙夔，黼黻麟凤……壹以其形，装饰器物，画之法愈备。嬴秦代兴，席文物发达之会，颇亦恢弘艺术，创获尤多，只以享国较浅，尚未足以比美宗周。刘季起身草泽，一跃而有天下及承平渐永，挟周秦艺术自由之风蔚为一代法物，汉画像，遂独开千古画法之门，迥非周秦之所可及，画与书乃径判为二。此吾述象形印之前，不得不稍及其源流焉。

象形印之名，吾尚觉其未妥，只以吾乡陈介祺，与吴县吴大澂诸人定位象形印，吾姑仍之，愧吾不广也。此印多两面印，一面文字，一面作马、牛、鸡、犬诸形，其为形极简单，而神理完足，纤微毕见，所谓惟妙惟肖一语，洽足以形容之。此汉人生肖印也。虽不复能详其用，要即此而推之，则午年生者刻马，酉年生者刻鸡，殆后世钤记花押之滥觞欤？亦有作台纽、瓦纽之一面刻象形者，所刻形亦不限于十二生肖，数年前新疆出土之象形印，有一方绝大，上刻狮形，探爪作攫人状，尾上翘，张巨口若狂吼，观其状，若西洋之写生画，而仅寥寥阴刻其轮廓，又如西洋之墨影画，于以见汉人观察之精，写生之妙，以简驭繁，较之武梁汉画像，尤足珍也。

又有象形印作繁复之形，左右作两鸟，中具一儿，两房刻镫形，两上角刻两鸡，上中部刻两倒凤，下两角刻飞燕，均生动。又有刻两犬作交尾状者，牡牝各异，其态状至愉。又有刻两螭中环文字，或刻龙凤龟虎而中环文字者。环文字当是私印，其刻画繁复诸形，及作交尾状者，愧不详其用焉。说者谓中具几案，旁置鸡雀者，是状祈祷之形，与日利长寿……同为祈福祥之用。其作交尾之形者，殆为生肖，若商周古器之子孙形，孙在子之胯下者，同其意义焉。姑附于此以待证。

十举曰“蛮夷君长印”

自汉以来，边患日亟，北之匈奴，西之西域，颇亦为谋国者所踟躇。汉高帝困阨平城，与之和亲。嗣是诸帝，虽剿抚兼施，顾卒少功绩。以汉武之雄，亦不过燕然勒铭，自张功绩耳。夫匈奴西域，力取之既有所不能，而和亲，而招抚，遂为釜底抽薪，权衡一时之计，于是“归义”“率善”诸封号，腾诸庙祀，列之爵职，汉官印中，遂有别开生面之蛮夷君长印焉。吾人试取此印，以与“平虏将军”诸印相对勘，此真汉代对外史上之一大纪念物也。

自汉用此嘉善怀柔，招使内附之法，已著相当功效，历魏而晋皆因之，故吾所述蛮夷君长诸印，乃合汉魏晋言之，不复分也。

自来诸官印，从未有冠以朝代之名者，惟蛮夷印则特著此以别之。如“率善羌什长”，在汉，则曰“汉率善羌什长”；在魏，则曰“魏率善羌什长”；在晋，则曰“晋率善羌什长”。印文向作三行，每行之字数不等，而第一行则仅一字——朝代名——所以示尊王则一也。

王侯什长诸爵职，所以为招抚之者殆备。传世各印，则侯以下为最多，如“归义侯”以及“仟长”“百长”“什长”。至如王之印，自来收藏家所诧为奇宝者，吾仅见两方。盖物以罕而见珍，初不必其文字刻画之美也。

吾观诸蛮夷印，吾就篆与刻以为言，则“归义侯”诸印，文字雄健，与汉晋诸官印雁行。至若“仟长”“什长”诸印，既著朝名，复如旌奖，种别既张，始及封职。文字较多，格式特异，在官印中真觉大放异彩，其妙处不亚于新莽官印焉。此印第一行，仅著一字——朝代名，如汉、魏、晋——就一行之地，利用汉魏晋三字之点画，使形成一极长之字形——间有二字为一行者，朝代名亦特加长。二行三行各字，因笔画之繁简，刻痕则巨细相间，俾成一片，吾每喜观之，以其变化奇肆，浙派多喜取之也。宋以来有所谓梅花篆之说，其为义愧不能详。曩者观浙宗某名谱，直认蛮夷印之点画巨细相间，谓之梅花格，则非吾所敢知已。

1929 年 1 月 20 日—7 月 7 日
《华北画刊》
署名于非厂

印人自用印

印人自用印，最堪鉴赏。顷之所集，不假谱录，只就所见真迹摄取，其有年代可考者，并附志之。

“邓石如”“顽伯”。此印边缘尚未尽泐，与所见书于嘉庆乙丑邓字右旁已损者当稍早。

邓石如

顽伯

“海滨病史”“簠斋”。此潍县陈介祺印。陈氏治印，一以古为师，大篆则仿古玺，小篆则仿汉籀，皆有法度。

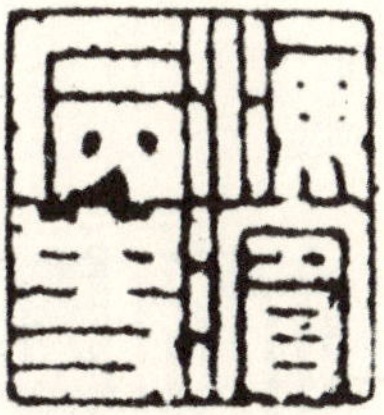

海滨病史

簠斋

“曼生”“陈鸿寿印”。曼生刻印雄健恣肆，不拘一格，近得两联，此钤于丁卯岁者。

曼生

陈鸿寿印（回文）

又前刊“簠斋”印，为王西泉（石经）所刻，见《甄古斋印谱》。惟簠斋善刻印，不但我知之，吾乡人亦知之，丁佛言所著《说文古籀补补序》中，是即一证。

“绩溪胡澍”“甘伯”。咸同间印人鼎足三者，曰赵㧑叔之谦，吴让之熙载，胡甘伯澍。甘伯篆书学宗伯，刻印加紧密而微病气弱。此两印皆仿石如，“甘伯”一印，则从“顽伯”小印之出。

绩溪胡澍

甘伯

“学书二李之间”。此吴让之（熙载）所刻印，印材似“倭瓜把”，印文曰“学书二李之间”，让之刻印学石如，此犹疏宕有奇趣。

学书二李之间

“兴到笔随”。此赵次闲（之琛）为□白山人刻印。文曰“兴到笔随”，笔锋犀利，拟魏晋凿印。

兴到笔随

“小松隶古”。此蒙泉外史奚铁生（冈）为黄小松刻印，文曰“小松隶古”。铁生刻印以虚和淡雅胜，此其经意之作。

小松隶古

“冬花盦”。奚铁生（冈）工书善画，于篆刻独宗汉铸。此印文曰“冬花盦”，为其自刻自用之印，故尤为精悍。

冬花盦

1934年5月9日—7月27日
《北平晨报·艺圃》
署名闲人

汉官印选

△汪启淑《汉铜印原》，辑于乾隆三十四年，世间绝少传本，为自来收藏玺印谱录者所仅见。其所收各印虽间有赝品，然官印中有至精之品为他谱所无。因选制三十纽，示我《艺圃》。

《汉铜印原》选录之一

“舞阳侯印”。舞阳，汉属颍川郡。高帝六年正月封樊哙为舞阳武侯。

“淮阴侯印”。淮阴，汉属临淮郡。高帝六年封韩信为淮阴侯。

二印皆西汉官印之极品。舞阳一印，茂密拙厚，犹存秦印遗风，以后世印人拟之，绝似丁敬身晚年所作。“舞”字篆法尤高妙。淮阴一印，渐趋流利，开新莽官印作风，其奇肆处，钱唐陈曼生仿佛似之。

舞阳侯印

淮阴侯印

△日前于友人处宴谈，友人出所藏明人何雪渔刻印十余纽见赏。雪渔刻印，其入处全从汉铸印得来，故运刀浑脱无迹。吾所见雪渔印，要以端匋斋所收为多，然精能之品，当推此十余纽。友人又出示黄秋盦两印，边跋尽四面，字小类蝇头；运腕奏刀，仿佛《绛帖》所收《孝女曹娥碑》而加茂密。吾尝谓西泠八家边款，以秋盦为最精，睹此益深自信。

《汉铜印原》选录之二

“北平侯印章”。汉高帝六年封张苍为北平文侯。建元五年坐临诸侯丧后免。此印五字，非汉初制，当是元康四年封苍玄孙之子印。

“富平侯印”。汉昭帝元凤六年封张安世为富平敬侯。

北平侯印章

富平侯印

此两印相距时期不久，篆文镌范，当出一手。富平一印，有边加十字栏，似秦制，外戚恩泽侯之印，故示宠异如此。另有卫青一印，曰“长安侯印”，制与此同。范铸之精，在西汉官中为仅见。

△两汉印制，于往籍虽莫可考定，就富平侯及长平、西平两印，于以知凡外戚恩泽之侯，其印文特加边栏以示宠异，与吾所见定陵侯、营平侯等同制。

《汉铜印原》选录之三

“长平侯印”。汉武帝元朔二年三月丙辰封卫青为长平烈侯。又汉哀帝元寿三年五月甲子封彭宣为长平顷侯。

“西平侯之章”。汉宣帝甘露三年五月甲子封于定国为西平安侯。

往者不自量，辄以治印之余，所得于印学者，就正于当代诸君子，其所谈自不免肤浅。惟特拈出汉官铸魏晋凿以为正轨，颇与当世粗犷为高者相龃龉，而吾辄沾沾焉自喜其果有获也，于此数纽西汉官印，益坚吾自信之力焉。

长平侯印

西平侯印

△自来谈治印者，于用刀则故神其说，明人第刀法为三十六式，实则无所施为也。北平为文物渊薮，列肆售刻印刀者比比，好奇者且自炫其式以惑人。据我所知，北平一隅之制刀者，皆出于打磨厂小刀张聚兴之手，列肆与自出式炫众者，无不为张所制，张制固甚佳也。

《汉铜印原》选录之四

“大司马骠骑大将军”。汉武帝元狩四年初罢太尉，置大司马，以冠将军之号。武帝又令大将军骠骑将军皆有大司马之号。

“大司马大将军”。霍光以大司马大将军辅政。

下两印，前者雄强朴茂，“骠”字尤俊伟，后印端秀精能，仿佛泰山刻辞，皆西汉官印中极轨也。

△年来印材为富有者所求，奇昂。富有所求如田黄、田白、鸡血、

大司马骠骑大将军

大司马大将军

鱼脑，其尤佳者动辄万数千金，而供愈不应求，盖天壤间只有此数耳。诸印材吾实愧不能好，脱有，吾亦将换米盐，以其物不适用，物莫鄙于不适用，不适用而徒以其为珍宝而勉强收之，不重刻而重材，此丁敬身所以佳冻不刻也。

《汉铜印原》选录之五

“太子率更令印”。《汉书 · 百官志》：太子率更令一人，千石。主庶子舍人更直，职似光禄。

“太子家令”。《汉书 · 百官志》：太子家令一人，千石。主仓榖饮食，职似司农少府。

下二印，亦为自来收藏家谱录所未见。率更一印，古厚雄浑。家令一印，奇诡伟丽，真镶宝也。

△以刀刻玉，代多传人，据我所知，近世惟海上朱高士为能。高

太子率更令印

太子家令

士运刀如风，切玉若腐竹，仿三代玉玺尤精妙。前为我刻碧玉印，疏宕似秦前物，非如近世以钻石刀佐砂琢者比也。

《汉铜印原》选录之六

“执金吾章”。《汉书 · 百官志》：执金吾一人，中二千石。掌宫外戒司非常水火之事。月三绕行，外及主兵器；吾犹御也。

“执金吾左掌记”。又：执金吾本有式道左、右、中侯三人，六百石，车驾出，掌在前清道远，持麾至宫门，宫门乃开。

执金吾一印，外有边栏，当亦故示宠异。用“章”不用“印”或“印章”，汉初二千石制皆如此。左掌记一印，制为半通，特大，不用“章印”而曰“记”，当时左侯掌管之印记，文字精美，最为罕觏。

△同光之际，印人有王西泉者，善仿古印玺，陈簠斋、王廉生、潘伯寅诸印皆出其手，为陈刻者独多。伯寅得大克鼎，拓赠戚友，皆

执金吾章

钤西泉刻两巨印，王刻固精能也。西泉又能仿铸古玺印，所铸高古，善鉴者莫辨。曾见两巨玺，丹辉翠幕，真三代遗物也，则其技亦神乎哉！

执金吾左掌记

《汉铜印原》选录之七

“丞相司直”。丞相司直，汉武帝元狩五年置，掌佐丞相举不法。后汉罢丞相。《汉书·百官志》：世祖即位，以武帝故事置司直，居丞相府，助督录诸州。

“大司农丞”。《汉书·百官志》：大司农卿一人，中二千石。丞一人，比千石。

司直一印，曰“丞相司直”，当是东汉以前物。“大司农丞”一印，则东汉官印也。二者作风不同，不必考为大司农置丞一人，事在建初七年也。

丞相司直

大司农丞

△近代黄牧甫（士陵）刻印，能合丁黄邓赵为一炉，其精能之品，直逼西汉，刻印固有雅俗之分，牧甫刻印无尘俗气也。黄县丁佛言，治印全出古玺，往往一文未安，不惜于鼎彝中往复求之，典丽闲雅，说者以太刻画讥之，未当也。

《汉铜印原》选录之八

“太中大夫印章”。《汉书·百官志》：太中大夫千石，本注：无员。汉官曰：二十人，秩比二千石。《通典》曰：秦官，汉因之。

“中大夫之章”。汉书注，胡广曰：光禄大夫本为中大夫。《通典》：秦时光禄勋属官有中大夫，汉武帝太初元年更名光禄大夫。

下两印，前印吾曾见一封泥，文曰“太中大夫章”，“大夫”二字不作合文，当是后汉时物。此“大夫”二字若秦刻辞，而文字又似武帝时物，固不必以合文而直指为秦印也。

△汉魏封泥传世者，官印特多，私印绝少，而官印中之军印又罕觏。曩者海丰吴氏得“骠骑将军章”五字封泥，一时惊为奇宝，而后又有两封泥出，归潍县陈氏，遂相夸耀，后为王西泉所知，因为缕述，盖西泉偶为之者。

太中大夫印章

中大夫之章

《汉铜印原》选录之九

“右将军印”。前后左右将军皆周末官，秦因之，汉不常置，或有前后，或有左右，皆掌兵及四彝。

“左将军章”。《汉书·表》：左将军始于后元二年上官桀。右将军始于始元四年王莽。此右将军印，加边栏，当是外戚王莽所用之印。

有边栏印，自昔多归诸秦制，证以外戚恩泽侯所用各印，足知其误。此右将军一印，文字既与秦时缪篆作风不同，而始元四年，洽是外戚王莽为右将军之时，莽时官印，在汉印中固已别树一帜，此印茂密精好，正是西汉官印作风也。

△近世谈印泥者，莫不以朱砂色紫者相尚，以为得古人紫泥封诏之遗也。箭头朱，梅片朱，已不恒见，而紫色印泥，遂独为世所重。至于制法，又互以内府法相耀。吾独喜同光间漳州魏丽华所制，所谓一品红色者，恶紫夺朱，其迂愚当为世所笑。

右将军印

左将军章

《汉铜印原》选录之十

“左丞相印章”。左右丞相，秦初始有。荀悦曰：秦本次国，命卿二人，是以置左右丞相，无三公官。汉因之，高帝三年拜曹参为假左丞相。孝惠高后置左右丞相。文帝二年复置一丞相。

“大司马章”。大司马，古官也。汉初不置。武帝罢太尉置大司马，以冠将军之号。宣帝置大司马不冠将军。

下两印形制特大，左丞相一印文字奇崛，大司马一印分布工妙，皆罕觏之品也。

左丞相印章

大司马章

△往者于拙作《治印余谈》中，谓治印学近人，莫如直追秦汉，以近人皆自秦汉中得来，不如溯之皇古，皇古玺印之传世者固不鲜也。治印宜溯源，辨伪，证经史，研金石，小学不知而斤斤以刀法炫人，几何不流于匠人之域！

《汉铜印原》选录之十一

“骠骑将军司马”。骠骑将军始于汉武帝元狩二年，秩禄与大将军等。西汉不见官属，后汉有长史一人，司马一人，位次太傅属官。

“大将军军司马”。大将军，战国时秦官。汉初韩信为大将军。武帝置大司马以冠之。后汉大将军自为一官。大将军营五部，部校尉一人，军司马一人。

此两印皆似后汉官印，“骑”字变化尤奇诡，缪篆中异品也。

△吾治印虽亦东涂西抹，了不如意，顾友朋中以是役见属者，从未假手于人，漫为塞责。力不能佳，惟有自恨学识之薄浅耳。印文遇有难为分布者，虽名家亦当束手。如“林森”二字正方印，欲求小篆刻之，则无论如何分布，此五“木”终不免拘滞。治印之道，固非浅尝者所得知也。

骠骑将军司马

大将军军司马

《汉铜印原》选录之十二

“光禄大夫给事中”。《汉书》：光禄大夫比二千石。《通典》：给事中加官也。秦置，汉因之。所加或大夫博士议郎，掌顾问应对，位次中常侍侍中黄门，无员。诸给事中，日上朝谒平尚书奏事，分为左右曹，以有事殿中，故曰给事中。汉东京省。

“军典”。《汉书·百官志》：其领军皆有部典，大将军营五部……部下有曲。

前一印亦为自来收藏家所无，西汉官印中奇品也。“军典”一印作椭圆形，文字精严，惜印制不能详。

△近见《听松轩印谱》三卷，不知作者，中有查二瞻、陈老莲诸人印，当是清初人所刻也。印共二百三十方，泰半仿汉铸，绝精美，朱文各印，全仿元人，其功力，不当在丁、黄之下，顾名弗传，显晦殆有幸有不幸耶？

光禄大夫给事中

军典

《汉铜印原》选录之十三

“大行治礼丞印”。《汉书》：大行令一人，六百石。本注曰：主诸郎，丞一人，治礼郎四十七人。此印曰“大行治礼丞”，足以证史。

“符璽郎御史”。汉有符节令，尚符璽郎，符节令史。此印曰“符璽御史”，“璽”从爾从土，说者谓是秦印。

大行一印温润圆融，符璽一印奇崛健茂，方圆皆中规矩，而绝不为规矩所拘，视近世之一味粗犷者，自当有俗雅之别。

大行治礼丞印

符璽郎御史

△尝见纪文达公所刻两印，疏秀似赵松雪。翁方纲所刻印，雄健类丁敬身；二人不以治印名也，出其余力为之，虽名家且有不逮，诚以其蕴诸胸者，偶有所施，无不精妙耳。然则治印之道，不由学以养之，识以润之，兀兀得一两家谱录，而遽以印人自命者，几何其不灾佳石污紫泥耶？

《汉铜印原》选录之十四

“直指使者”。《通典》：侍御史有绣衣直指者，出讨奸猾，理大狱。武帝所制而不常置直指者，行无苟私也。衣以绣者，尊宠之也。光武省。《汉书》：武帝末，郡国盗贼群起，暴胜之为直指使者，衣绣衣，持斧，逐补盗贼，督课郡国。又：江充为直指绣衣使者。

“广陵太守章”。广陵，东汉改郡。《汉书·百官志》：每郡置太守一人。

直指使者

广陵太守章

直指一印，真稀罕官印中无上珍品，匪特为各收藏家所无，而两千年来，锋铁若新，黄秋盦、陈曼生辈所从出也。

△顷见赵次闲一印，文曰“汉瓦当砚斋”。旁有觉华老人一跋，最为允当，录之可以知浙派治印纯恃刀法之失也。“赵次闲为陈三秋堂高弟，素负铁篆之名，所刻合作甚少，盖印之所贵者文，文之不贵，印于何有！不究心于篆而徒事刀法，惑也。此印仿汉尚佳。予家旧有小松所

书‘十二汉瓦斋’隶额，因从问渠乞得，以为文房之用。道光乙酉二月二十五日，觉华老人何元锡记事，命大儿溱刻于石侧。”

《汉铜印原》选录之十五

“移中厩监”。《汉书·苏武传》：武字子卿，少以父仕，兄弟并为郎，稍迁，至移中厩监。师古曰：移中厩名，为之监也。苏武一印，至今独存，岂非印林琼宝！

“复土将军”。《汉书》：将军不常置，始自秦晋，无员职。此印曰“复土将军”，文字精好，为杂号将军印之致佳者。

△王基曰：“作印非以整齐为能事，要知古人之法，会字画之意，有自然之妙。”万寿祺曰：“大抵晋有楷，汉有篆，晋以楷法易六书，点画增损，虽仓颉弗顾也。汉以篆铜易鼎漆，句曲变换，虽姬公旦弗得预也。以故铁书宗汉铜，犹之豪书法晋帖。”两论于治印之道最要眇。

移中厩监

复土将军

《汉铜印原》选录之十六

"大司徒印"。秦置丞相，省司徒。汉因之。哀帝元寿二年罢丞相，置大司徒。后汉大司徒主徒众教以礼义，凡国有大疑大事，与太尉同。建武二十七年去大，为司徒公。建安末为相国。

"太史令印"。太史令，古官，周宣王时太史官失其守，而为司马氏。秦为太史令。汉武置太史公，位在丞相上。宣帝以其官为令，行太史公文书而已。后汉太史令掌天时星历，凡岁将终，奏新年历；凡国祭祀丧娶之事，掌奏良日及时节禁忌。国有瑞应灾异，则掌记之。此印差小，当是宣帝以后印。

大司徒印

太史令印

△《考盘余事》曰："今之锲家，以汉篆刀笔自负，将字画残缺，刻损边旁，谓有古意。不知顾氏所集四千余印内，无十数损伤，即有伤痕，乃入土久远，水锈剥蚀，或贯泥沙，剔洗损伤，非古文有此。欲求古意，何不法古篆法刀法，而窃其损伤形以可发大噱，若诸名家，

自无此等。"《篆刻十三略》曰："苍兼古秀而言，譬如百尺乔松，必古茂青葱，郁然秀拔，断非荒榛断梗，满目苍凉之谓。"观乎此，则以粗犷残破为古雅者，可以憬然悟矣。

《汉铜印原》选录之十七

"右丞相章"。秦悼武王二年始置丞相官，以樗里疾甘茂为左右丞相。及始皇，尊吕不韦为相国。二世拜赵高为中丞相。汉高帝拜萧何为丞相。孝惠高后置左右丞相。文帝二年复置一丞相。成帝绥和元年因何武言，建三公官，比丞相。哀帝罢大司空。元寿二年更名丞相为大司徒。至献帝建安十三年复置丞相。

右丞相章

光禄大夫印

"光禄大夫印"。《通典》：秦时光禄勋属官有中大夫，汉武帝太初元年更名光禄大夫。《后汉书》：光禄大夫比二千石。汉官曰：三人。

上二印，昔贤以右丞相一印有边栏，光禄一印，“大夫”二字合文，谓皆秦时物，殊不知边栏在汉印中，乃故示宠异者。“大夫”合文，固不能仅据秦刻辞之合文为证也。

△明赵凡夫[1]曰：“文有法，印亦有法。画有品，印亦有品。得其法，斯得其品。宛转绵密，繁则简除，简则添续，终而复始，死而复生，首尾贯穿，无斧凿痕，如元气周流一身者，章法也。圆融净洁，无散懒，无局促，经纬各中其则，如众体咸根一心者，字法也。清雅朗正，无垂头，无锁腰，无软脚，如耳目口鼻各司一职，点画法耶。法由我出，不由法出，信手拈来，头头是道，如飞天仙人偶游下界者，逸品也。体备诸法，错综变化，莫可端倪，如生龙活虎捉摸不定者，神品也。非法不行，奇正迭运，斐然成文，如万花春谷灿烂夺目者，妙品也。去短集长，力追古法，自足专家，如范金琢玉各成良器者，能品也。”此论最精微，非率尔操刀者所及知。

《汉铜印原》选录之十八

“大仆印章”。《通典》：周官有太仆下大夫。周穆王置太仆正，以伯冏为之。秦因之，汉初夏侯婴常为之，领五监六厩。王莽改为太御，后汉仍为太仆卿。《汉书》：太仆卿一人，中二千石。丞一人，比千石。此印以文字论，是后汉官印。

---

[1] 赵宧光（1559—1625），字凡夫，号寒山子，娄东（今江苏太仓）人。明代文学家、文字学家、书论家、篆刻家，著有《篆学指南》等。

大仆印章

未央卫尉

“未央卫尉”。《三辅黄图》曰：高祖七年，萧何造未央宫，立东阙、前殿、武库。周围二十八里，前殿东西五十丈，深十五丈，高三十丈。《汉书》：卫尉卿一人，中二千石。本注：掌宫门卫士，宫中徼循事。此印文字雄美，当是西汉官印。自来谈汉印者，所罕见也。

△吾邱子《行学古编》，新安何震续之，其所举关于治印必读之书共四十三则，当元明之际，金石陶瓦封泥诸器物，出土不多，而所以养成印学者，已如此繁剧，若仅恃一部《六书通》，参检偏旁，而遽以印人自命，纵天才独厚，一归无本之学而已。吾尝谓治印不难而难于所以治印者，扬子云[1]以其雕虫而小之，乌在其为小耶！《行学古编》列小篆篇八则，钟鼎品二则，古文品一则，碑刻品八则，器用品十则，辨缪品六则，隶书品八则，自仓颉十五篇讫别字十三编，共为四十三种。

[1] 扬雄（前53—后18），字子云，蜀郡成都（今属四川）人。西汉文学家、哲学家、语言学家。作《法言》。

《汉铜印原》选录之十九

“尚书仆射”。《汉书》：尚书仆射一人，六百石。《通典》：仆射秦官，汉因之。自侍中尚书博士郎皆有之。成帝建始元年，初置尚书五人，以一人为仆射。后汉尚书仆射一人。此印“仆”字偏旁从臣，无怪马伏波请更定印文也。

“谒者仆射章”。《汉书·百官公卿表》：武帝太初元年置谒者仆射七十人，秩六百石。《后汉书》：谒者仆射一人比千石。注曰：为谒者台率主，谒者天子出奉引，古重习武，有主射以督录之，故曰仆射。

尚书仆射

谒者仆射章

△连日发狂论，侈谈治印本乎学，非匠人役，盖昧于媚世之言，颇不为率尔奏刀浪得时名者所喜也。吾在二十年前，雅好新莽官印，随所见谱录与夫野老烟囊坠、估人拓墨余等，得新室官印百有四十余事，其不见正史而堪补史佚者泰半，聊自怡悦，未敢出以视人，脱视诸人，人又将訾我为泥古也，夫日岂易言哉！

《汉铜印原》选录之二十

“荆王之玺”。汉高帝六年正月丙午封刘贾为荆王。贾高帝从父弟。六年十二月为英布所攻，亡后，国除为郡。按《史记·高帝记》：告楚王信谋反……乃伪游云梦……即因执之……封韩信为淮阴侯，分其地为二国。高祖曰：将军刘贾数有功，以为荆王，王淮东。索隐：乃王吴地在淮东也。姚察按：虞喜云：总言吴，别言荆者，以山命国也。今西南有荆山，在阳羡界。贾封吴地而号荆土，指取此义。《太康地理志》：阳羡县本名荆溪。此汉初官印，犹有晚周遗意，奇宝也。

“宗正之印”。周官少宗伯掌三族之别，以辨其亲疏。秦置宗正，汉因之。平帝元始四年更名宗伯，五年于郡国置宗师。王莽并宗伯于秩宗。后汉宗正卿一人，中二千石；丞一人，比千石。

△往岁得长洲文氏所集印，末有文待诏长跋，其所为说，一以拙厚为宗。夫拙厚非足以尽印之美也，而治印能以拙厚出之，印之道思

荆王之玺

宗正之印

过半矣。日者于某氏观所集名人刻印，吴缶庐以下得四十有八人，皆名于时者，拙厚之治，十才二三，岂时会使然耶！

《汉铜印原》选录之二十一

“汾阴侯印”。高帝七年封周昌为汾阴侯。汾阴，汉属河东郡。此印章制谨严，极缪篆美妙。

“塞侯印”。汉景帝后元元年八月封直不疑为塞侯。西汉凿印极罕见，此与魏晋凿异者，以其凿锋圆融，所谓方中有圆耳。

△白文拟汉官印，朱文学汉封泥，印之能事尽矣。三代大玺，晚周小玺，其文字变化，奇诡莫测，皆印章之正轨，不可偏废也。近见某治印名家所治印，其文为四，计古籀文一，小篆一，近楷二，一且为反文，真所谓鹑衣百结，极文字之大观。然而治印之名闻海内，则又何耶！

汾阴侯印

塞侯印

《汉铜印原》选录之二十二

“廷尉之章”。《汉书·百官公卿表》：廷尉秦官，掌刑辟。景帝中元六年更名大理，武帝建元是年复为廷尉，哀帝元寿二年复为大理。此武帝以前印也。

“武德长印”。《汉书·百官公卿表》：县令长皆秦官，掌治其县。万户以上为令，秩千石至六百石；减万户为长，秩五百石至三百石，是为长吏。

△印泥自周以来讫秦汉，皆用紫泥。自隋以来始有水印，唐宋因之。元时始用油，迄于今不变。印泥至今日，用益宏而法愈变，箭头朱既不易得，以制印泥名者，不患油之不陈，乃患色之不明耳。友人穆君蕴华，以张君万里所制印泥一小盒见贻，色殷然红，细腻，仿佛西泠印社所制定价十六元者。张君若能得乾隆以上之朱砂，砻而治之，于明艳中，汰其燥火之气，则治印泥者当推君为独步矣。

廷尉之章

武德长印

《汉铜印原》选录之二十三

“覆盎城门侯”。《三辅黄图》曰：长安城……南出东头第一门曰覆盎门。又号杜门。汉宫殿名曰：长安有宣平门、覆盎门……《汉书·百官志》：城门校尉一人，司马一人，每门侯一人，六百石。此是西汉覆盎城门侯之印。

“敦煌渔泽障侯”。敦煌郡，武帝置，渔泽障待考，侯同前。

覆盎城门侯

敦煌渔泽障侯

△友人以署名拙刻数印嘱鉴别，予愕然惊叹。章制刀法皆居我上，边款则雄健奇肆尤佳。反复观之，自叹弗如且远甚，而奈何不以其力自名，而独假拙名以自污耶？予于印浪得虚名，无实学，徒以幼而嗜之，长且不衰，虽所为无成，兀兀求之，或者一二十年后，容有所就耳。

《汉铜印原》选录之二十四

"义阳侯印"。《汉书》：义阳侯属温敦，五凤三年甲子以匈奴呼遬累单于率众降侯，千五百户。

"陇西将军"。此杂号将军印，文字奇诡，亦西汉汉官印也。

义阳侯印

陇西将军

上二印文字精美，极缪篆变化之能事，"义阳""陇西"四字尤奇诡也。

△前所刊汉官印若干纽，若断若续，颇不能痛快地干干脆脆也。今与其使久占篇幅，莫若出于断然的手段予以结束，以后再以崭新的、趣味浓厚的，贡诸读者之前。今日刊三印[1]，明日亦如之，于是乎汉官印选从此完结矣。

---

[1] 实刊二印。

《汉铜印原》选录之二十五

“都司空令”。《汉书・百官公卿表》：宗正秦官，掌亲属，有丞。平帝元始四年更名宗伯。属官有都司空令、丞。《后汉书・百官志》：中兴省都司空令、丞。

“右曹中郎将”。《通典》：汉中郎将分掌三署，郎有议郎、中郎、侍郎、郎中凡四等，皆秦官，无员。又中郎有五官、左、右三将。《后汉书・百官志》：右中郎将，比二千石。此印曰“右曹中郎将”，不详。

“丞相少史”。两汉丞相，下置长史、掾史属、令史及御属等，无少史。此印文字制作，不类晋以后物。

都司空令

右曹中郎将

丞相少史

△上三印，因亟于结束，尽一日植之。皆汉印中极品也。

《汉铜印原》选录之二十六

"宗伯之印"。《汉书·百官公卿表》：宗正秦官，掌亲属。有丞。平帝元始四年更名宗伯。属官有都司空令丞，内官长丞。

"中尉印章"。《汉书·百官公卿表》：中周秦官，掌徼循京师。武帝太初元年更名执金吾……自太常至执金吾，秩皆中二千石。

"宁阳丞印"。《汉书》：武帝封鲁共王子恬为宁阳节侯。又《地理志》：宁阳属泰山郡，注曰：侯国，莽曰宁顺。《汉书·百官公卿表》：诸侯王，高帝初置，掌治其国。治民如郡太守。又郡太守秦官，掌治其郡，有丞。此印边缘磨泐，非圆印也。

"雝奴左尉"。雝奴，汉属渔阳郡。《汉书·百官公卿表》：县令长皆秦官，掌治其县，皆有丞尉，秩四百石至二百石。

1935 年 3 月 19 日—6 月 25 日

《北平晨报》

署名非厂

宗伯之印

中尉印章

宁阳丞印

雎奴左尉

牙印

往者得象牙印数方，牙已发黄，完好无断裂，明人文彭三桥所篆也。边有文氏作篆年月，刀皆深入，阳文者，于其凹下之地刻有“李文甫镌”四字；阴文者，亦于其笔画深入处刻之。及检周亮工《印人传》，知李为金陵人，善雕箑边，所为花卉，皆玲珑有致。文氏所为印，初皆牙章，自落墨，而令李氏镌之，辄能不失笔意，故文氏牙印，半出李手也。吾尝论吾国印章，本为一代文化之所萃，其为物，直与彝鼎碑碣同珍，自唐而官印坏，私印之文日以杂，历宋而元，以迄有明诸子。于是无字不可入印，印之为用，遂同玩物矣。明人文何复以闲文入印，长篇累牍。印遂以部计、以套计。嘉靖中，老坑灯光冻出，金陵人以为妇人饰，及为文三桥所见，以之治印，何主臣复肆其力以游公卿士大夫间，人遂以得数印为荣，冻石之值，洛阳纸贵。惟以嗜印成癖，挚致不便，四方多盗，易召觊觎，牙之为用，又复大行，文何而外，若江皜臣[1]，若黄济叔等，皆以镌牙名。此风自明迄咸同而不废。其时复有竹根印、杨木印，数十方为一堂，数方为一套，印为玩好，且托于雅人深致焉。吾所见汉魏以来牙骨诸印，其刻法多若汉魏之凿，自赵松雪以唐人篆治牙印，牙印遂成印篆中之一派。吾丘衍、何震、黄易、吴熙载辈皆宗之，迄于今即俗浅。牙之质特坚于石，钤拓久，文字且不易磨灭。加以体质轻，取携便，故印之以牙制，独为人所喜。况灯光佳冻，真若球阄，蜜蜡田黄，稀同星凤，印章之用既宏，印材之供不继，此又牙印之为人所取者。以牙治印，在昔即有罨[2]之使软，借便于刻之法。惟其罨之，故牙数年即断裂，传之不能久。若吾所见李氏印，历年几四百，而完好如初，未尝不叹其技之工也。往者吾腕弱，不能治牙印，友告我，以牙印纳豆腐中蒸之，既熟，取镌，柔若无骨。吾试之良然，而刀锋笔趋，乃不能借志以传，经数月，牙竟呈断纹，历年则已裂矣。吾虽不能谙明人治牙，所以历久不裂之故，吾敢断言，明人如李文甫者，当不用罨法使之柔、蒸法使之软也。

1930 年 12 月 17 日
《北平晨报·非厂笔记·二》
署名非厂

[1] 江皜臣，字濯之，号汉臣。江西婺源人。清代篆刻家。

[2] 罨（yǎn）：覆盖。

刻牙印

宋人刻象牙，刀锋侧入，旋搦而出，故点画缺刻，笔致流走，一望而知为宋刻牙印也。元人则刀多正入平出，无旋搦，故点画纤利。明人用到如元，特尚深入，点画多凝重，无流走之致。清人刻牙，一尊明法，道咸之间，仿宋复盛，然皆使人一望而知为牙印也。自宋迄乾嘉，不用蒸罨，故其牙历久不断裂。道光而后，醋渍、豆腐蒸诸法行，牙多不能历久，此以牙刻印之大较也。明人论牙章，以一望而知非金非石木为尚。吾则以亦金亦石为佳，八百年来，盖少此作。

1931 年 8 月 29 日
《北平晨报·非厂短简·二三》
署名非厂

水印

唐以来有“水印”，用以代封泥，至明仍用之，今其法不传，惟用印泥。然商肆盖章，仍名之曰“水印”也。

1931年1月27日
《北平晨报·非厂短简·一》
署名非厂

谈印

印章之学，能者辈出，其精者可直入古人之室，盖今日之为学较便也。吾往者好谈印，累数万言，今日视之皆糟粕，独吾主气韵之说，窃以八百年来矜为创获。

1931 年 8 月 8 日
《北平晨报·非厂短简·十八》
署名非厂

古封泥

封泥，即《后汉书注》所谓“武都紫泥封，青裹白素”。此物自道光初，始出于巴蜀，为刘燕庭所得，继而山东淄博有出土，顾多重复，故《长安获古编》著录才三十种。同治初，赵抝叔之谦，以仁和龚氏所藏六种，著于《寰宇访碑录》中，遽称之曰印范，此由于当时未尝博考论定之。自潍县陈氏（介祺）、海盐吴氏（式芬）以其所藏辑为十卷，始考定之曰封泥，而为之考略。至光绪甲辰，用石印印于沪上，人始明古代印章，在未有印泥之前，用紫泥封裹也（《东观汉记·邓训传》又谓之青泥）。先是丹徒刘铁云氏所藏，亦于甲辰春印于《铁云藏封泥》之后，至陈吴始有专书。其时潍县郭闻庭续有所得，自为著录，与陈吴刘三氏绝异，有墨本。光绪末，西域出古函牍，封泥俱存，无墨拓传世，俱为欧人得去。宣统初，滕县出官私封泥数百枚，有墨本，后为罗君叔言所得，其所辑《齐鲁封泥集存》，即合刘郭及滕县所出。

民国甲子，凤县出封泥百余，为欧人购去，仅由估人传一二墨本。建德周氏亦有辑存，予则未见。海盐王君静安，著《简牍检署考》一文，于封泥之制，考证至详，可以检阅，不复赘。

按自封泥出世，刻印家于朱文印得一有力楷模，初以之入印者，为吴缶庐、王冰铁，缶庐苍古，冰铁秀逸，兹选印古封泥二，以见一斑：(1) 汉“少府”封泥；(2) 王莽“常安东市令”封泥。

1939 年 9 月 24 日
《新北京报·艺术周刊》第 36 期
署名于非厂

少府

常安东市令

谈刻印（三则）

一

刻印是一种易学而难工的艺术。初学奏刀，极易见长，及至学有相当程度，在此时期最难，金石文字要充分地研究，历代印谱要精密地择别，书法要审慎地探索，同时要抉择什么是雅，如何会俗，在此时期，不知有多少畏难而止的，也不知有多少误入歧途的。这还是说有天才的刻印家，所以，我说这刻印是易学而难工的。

自吴昌硕以石鼓文入印，六十而后，益趋粗犷。在吴个人，不得谓非其艺术之成功，继兹而后，群辄怪丑，风尚所趋，莫知底止。这很像同光以来的书法，群尚南北碑，至其敝则刀剜石泐，咸入笔法，而以书法名家者，总不若馆阁诸人，笔法娴雅，为人宝爱。昌硕先生为我之世丈，我家还有他几方刻印，似不应如是持论。不过我就刻印史上来说，不得不由先生说起。在同光间有位黄士陵先生，字穆甫，他是继赵抝叔（之谦）之后的一大刻印家，追踪秦汉，别饶古意，的确不在浙徽二派之下。乱极思治，我很想借这小小的刊物，来提倡有来历，有发明，神韵幽雅的刻印。

我自幼年即好刻印，所以搜集了好些古铜印、牙印、石印和不少印谱，友人知我所好，也往往拿不经见的东西见示，见得越多，越觉得刻印之学难工，我很想把明清两代印人，由纵的方面，作一个有系统的叙述，可惜我所见尚少，只有期诸来日。

刻印用刀，只有两种：一是薄刀，一是钝刀。用刀的方法也有两种：一种薄刃的利于推而向前，一种钝刀，则执而掣后。二者自以钝而掣后的为正。至于历来印书相传，“拍浪”“流云”，过于神秘，不敢妄评。

用甲骨文入印，在我觉得太难于分布，所以我始终不敢尝试。印章的边缘，在印文上很有关系，朋友给我刻的印，我总是很仔细地怕碰损了四边。印泥好的很难得，要以正红色为佳，太紫，过淡，都不好。拓印，用印章就印泥去蘸，然后向所钤的地方用力去按，这种拓法最不好。还是用手指蘸着印泥，打到印文上，然后再向应钤的地方去按，较为妥当，而且清晰。

1939 年 6 月 4 日
《新北京报·艺术周刊》第 20 期
署名于非厂

二

日前有人寓书，嘱为治印之说。吾为印说，早在十年前，其时有所写《治印余谈》，载《晨报·星期画报》。有所为《印说》，载《华北日报》。虽其说多肤浅，要为偶有所得，随笔记之，借供治印者之参考耳。今为兹篇，拉杂述所知，或有与前抵牾、重复者，愧我不学，所谈皆糟粕耳。

欲学治印，先习篆籀，未有不能篆籀而能治印者。习篆籀不宜好高骛远，应先习秦篆，若泰山刻辞，会稽刻辞，琅琊刻辞，秦权量版等，以有其基。然后再以三颂（颂敦、颂鼎、颂壶）、旧周器求籀法，佐以秦公敦，秦新荛虎符，石鼓文，用以博其通。盖秦以前文字皆精严系密，随势布局，一点一画，皆有情趣，非如秦以后小篆，徒拘拘于方整，无险绝之致也。

缪篆为秦书八体之一，其文随势布局，章制与三代款识无别。间有苟简，要于分布上求精美，故布置篆文，为治印上最关紧要。至于运刀之法，初不必拘拘于成式，如元以来所传之拨风刀法、排浪刀法、单刀双刀等法，徒矜奇异，于治印固无补也。夫如是则秦汉印谱，乃为治印者不可不读者焉。兹将堪供参考之印谱，罗列于后。

1.《集古官印考》十七卷,《集古印谱》四册，瞿中溶藏，赝品甚少。

2.《汉铜印原》十六册，汪启淑辑，间有赝品。

3.《汉铜印丛》十二卷十二册，汪启淑辑，间有赝品。商务印书馆有印本。

4.《筠清馆汉印谱》八册，王翕辑，多精品。

5.《两罍印考漫存》九卷，吴云辑。

6.《邻苏园汉印谱》八册，杨守敬辑，以上三种极精。

7.《古印偶存》八册，王石纯辑。

8.《看篆楼古铜印谱》六册，潘季彤辑。

9.《澂秋馆印存》十册，陈宝琛辑。此与陈介祺、吴式芬所辑参看尤妙。

10.《十钟山房印举》十六卷，陈介祺辑。商务印书馆、神州国光社皆有影印本。

11.《周秦两汉名人印考》一册，吴大澂辑，极精。

12.《十六金符斋藏印》四卷，吴大澂辑。

13.《齐鲁古印谱》四卷，潍县郭高两氏辑。

14.《铁云藏印》共三集，刘鹗辑。

15.《双虞壶斋藏印》六册，吴式芬辑。

16.《意园古今官印匄》八册，侯汝承辑。

17.《古铜玉印谱》一卷，高凤翰辑，极精。

18.《铜鼓书屋藏印》四卷一册，查礼辑。

19.《遯盦秦汉印选》四集二十册，吴隐辑。

20.《遯盦秦汉古铜印谱》，八册，吴隐辑。以上二种西泠印社有印本。

21.《伏庐藏印》六册，陈汉第辑。商务印书馆有影印本。

22.《匋斋藏印》四集十六册，端方辑。有正书局影印。

23.《赫连泉馆古印存》《续存》，一册，罗振玉辑，有影印本。

24.《宾虹印谱》四卷四册，黄朴存辑。

所举共二十四种，虽不必全备，有其三之一，亦足以供参考矣。此外尚有古封泥，封泥即古之紫泥封诏，犹今之大漆。辑而存者，前有潍县陈介祺、海盐吴式芬合辑之《封泥考略》，后有上虞罗振玉之《齐鲁封泥集存》，及近人建德周氏《封泥集存》。

有此谱录，朱文师秦人小玺、古封泥，白文师汉晋官印，而参以新莽官印，则治印之道，思过半矣。吾尝谓治印宁失于稚嫩，勿流于狂怪，稚嫩与年渐进，狂怪伤雅，终身难医也。

以石治印者，相传始于元初，至王元章以花乳石刻印，始著于世。元人刻印，以朱文为胜，白文务为闲旷，气势较弱。明人刻印，独追秦汉，何（雪渔）文（三桥）之外，不乏名手。要皆务为闲雅，不事犷悍。降至清初，此风未歇。自丁黄继起（丁敬、黄易），号称浙派，刀锋笔意，跃然楮上，于是有所谓西泠八家者，治印之敝，乃在于纯任刀锋，去古渐远矣。邓氏完白出其篆隶之法，入于摹印，吴让之继之，号称徽派，至其敝乃流为纤巧，鲜雄浑之气。同治初，有赵㧑叔（之谦）者，折中二派，以雄伟胜。光绪初有黄士陵（穆父）者，又合赵邓二氏之法，而参以汉官印。清末则吴昌硕（俊卿）独以拙厚胜，此自元以来治印者之大略也。

地不爱宝，三代以来，金石文字出土愈多，堪供为治印参考者愈众。向之守一家印谱，兀兀穷其身，不能脱浙与徽派之藩篱者，今则参考之品，俯拾即是，初不必拘守一家一派之说也。

刻印之法，用刀有三字诀，曰稳，曰准，曰狠。无论为姓名，为别号，为斋馆，为闲文，无论字或一字，二三字，或十数字，在用刀之先，务要细审其字之笔画与夫《说文》之收否，古籀之有无。详审既定，然后再视石之大小，欹正，长圆，斟酌文字，分布笔画，此所谓成竹在胸，尤为文之意在笔先也。此之谓稳。世号称善治印者，谓不落墨石上，仅就石上涂墨，径以刀刻之，所谓铁笔也。此不尽然，偶尔刻一二字，尚能精密，若名号鉴赏诸印，古人认为最庄严之品，自宜先落墨石上，经仔细端详，绝无遗憾，方始奏刀。此所谓准也。

往者予为颜君韵伯治印，韵伯出赵㧑叔篆就二印嘱刻，㧑叔落墨石上，其涂改处，墨独浓艳，闪闪作蓝光，可证也。写既定，则下刀惟恐其迟，宜以全身之力奔赴腕底，逼近笔画，握刀直取，绝不迟疑。不可离笔画远处下刀（朱文），亦不可就笔画近旁下刀（白文），盖下刀要刀刀见意，不可不认准笔画，径以刀取之也。此之谓狠。

一印之成，要在自然，故除名号二印外，若斋馆，若鉴藏，若闲文诸印，第一不得限某某篆，第二不得限正方、长方、正圆、椭圆诸形。如文字不能增减者，最好多备一二方印章，任作者自为配合。盖斋馆之印，字要朗爽；鉴藏之印，文须清晰，于分行布白上，作者必经一番精密之结构，其印方有意趣也。往者予游南京，曾为林君森刻一印，印为正方，文止“林森”二字，此二字为五木合成，无论若何变化，绝不能佳。因用汉子母印法，体以螭虎二纹，方始勉强交卷。故治印既限文字，复限印形（名号二印除外），虽名手不能必其佳也。

治印印材，自以田坑为佳，若田黄田白，其石既细，复韧而脆。其次则福建芙蓉峰下所产之白寿山，腻若凝脂，白若子玉者。印材之上品，其产于浙江者，曰昌化，曰青田。青田之呈栗色者，曰白果青；呈紫色，曰酱油青；呈浅碧色者，曰豆瓣青，皆上品，性皆坚脆。近世群尚鸡血石，鸡血石出昌化县，红若丹砂，晶莹可爱，以之治印，殊不应手。鸡血石而带有冻性者则极佳，但甚难遇。

调治印泥，自有秘法，绝非妄以麻油、朱砂、艾绒所可成者。昔年所用，以漳州“魏丽华斋”制为最佳。其色正，其质细，其油不冻不渗。上可匹元明水印。民国十年以后，所制已不佳，近则更不堪问矣。上海有数家治印泥者，皆可用，但不能佳，佳印泥甚难遇也。

文字之分布，刀法之运用，在治印上至关重要。而一印之成，要在于雅，此最是难关，有修身治印而未能免俗者，有偶然奏刀，便即娴雅者，此中关键，要视其胸次如何耳。西泠八家中，独奚铁生（冈），以平淡之笔出之，不矜才，不使气，而局度娴雅，盖寓神奇于平淡之中，此最难至。曼生（陈鸿寿）以雄奇之气出之，而小事造作，故其印往往伤雅。又徽派中若胡甘伯（澍）虽祖述完白山人，而其朱文过于姿媚，则亦只欠一雅字耳。

有清一代印人，以金石考古之学远胜前代，故所为印皆有其独到之处，远非元明以来所可望其背。迨至末叶，黄牧甫后，独让吴缶庐（俊卿）、王冰铁（大炘）二人独步，吴以古厚，王以峭利，各擅胜场。吴氏印吾独取其六十岁以前所为，王氏则至老弥健也。

近时印人各有专精，或以浓丽，或以雄奇，或以整洁，或以破碎，要皆各有所见，各趋一格，或主尊古，或主独创，艺术与时各标风格，未易轩轾也。

会稽赵㧑叔（之谦），其所治印，能合秦汉碑碣及泉镜砖瓦为一炉，于浙徽二派外，特树一帜。其《书扬州吴让之印稿》一文，足为浙徽二派定评，兹录如下："摹印家两宗，曰浙曰徽。浙宗自家次闲（按即赵之琛）后，流为习尚，虽极丑恶，犹为众好。徽宗无新奇可喜状，学似易而实难。巴（予藉）、胡（城东）既殇，薪火不灭，赖有扬州吴让之。让之所摹印，十余年前曾见一二，为大叹服。今年秋，魏稼孙自泰州来，始为让之订稿。让之复刻两印，令稼孙寄余。乃得遍观前后所作。让之于印宗邓氏，而归于汉人。年力久，手指皆实，谨守师法，不敢逾越，于印为能品。其论浙宗，亟称次闲。次闲学曼生，而失材力。让之以曼生为不如。曼生刻印，自知不如龙泓、秋庵（按即丁敬、黄易），故变法自遁。让之薄龙泓、秋庵。蒋山堂（仁），印在诸家外自辟蹊径，神至处龙泓且不如。让之不信山堂。人以为偏，非也。浙宗巧入者也，徽宗拙入者也。今让之所刻，一竖一画，必求展势，是厌拙之入而愿巧之出也。浙宗见巧莫如次闲。曼生巧七而拙三。龙泓忘拙忘巧。秋庵巧拙均。山堂则九拙而孕一巧。让之称次闲由此。让之论予印，以近汉官印为然，而他皆非。且指以为学邓氏，是矣，而未尽。然非让之不能知也。其言有故，不能令让之易，不必辨也。"评骘诸家，惬心富贵，尝云平生不肯轻为人刻印，以使拙而议之者众也。赵氏此论，独推丁黄，而巧拙之说，实为千古不刊之论。

1940 年 10 月 6、13、20 日
《新北京报·艺术周刊》第 85—87 期
署名于非厂

三

予学治印，自秦汉入，不取钟鼎甲骨文入印，避狂怪，务去甜俗，三十年来都无成就。盖治印易学而难工，天才人力，二者兼备，往往跻乎小成，然已自不易矣。从予学治印者得二人，北平周君仰贤，古陶曹君叔丹。仰贤以功力胜，叔丹则得于天者独多。二君皆工篆籀书，仰贤擅小楷，学《曹娥碑》，神理完足，兀兀十余年。叔丹亦工小楷，所入是唐以后法，不敌仰贤，而秀润则为其独擅，此皆直接有关于治印者。盖治印为集字而成，字不工，纵刀锋犀利圆融，无济也。工篆籀，明乎商周以来之结体，迄乎嬴秦之书同文，汉魏之变，如是，印章用字已具。然后以小楷变其结体，印之为字，可以工矣。二君皆习

画，画关乎印之章法。字与画二者皆为治印之本根。本根立，然后搜讨秦汉以来印谱，辨其俗雅，明其因应，故每一奏刀，纵未臻佳妙，亦觉书卷之气盎然纸上也。予治印虽无成，予于治印之道，则知之颇深，辄为之说如此。

1941年6月25日
《新北京报·非闇漫墨·卷三》
署名于非厂

论治印

明云间杨士修（长倩）著有《印母》一文，论治印共三十三则，其自谓印学悉胎于此，所论多警辟。其纲曰："五观：刀笔在手，观则在心，手器或废，心乃亡存，以是姻缘，名为五观，曰情，曰兴，曰格，曰重，曰雅。"其所释："情：情者对貌而言也，所谓神也，非印有神，神在人也……兴之为物也无形，其勃发也莫御……或宾朋浓话，倏尔成章，半夜梦回，跃起落笔……格，品也。言其成就，悬隔不一也……重不轻试也……雅，不亵不俗也……"又曰："老手所擅者七则：曰古，曰坚，曰雄，曰清，曰纵，曰活，曰转。"又曰："以伶俐合于法者四则：曰净，曰娇，曰松，曰称。""以厚重合于法者三则：曰整，曰丰，曰庄。大家所擅者一则：曰变。""贤愚共恶者五则：曰死，曰肥，曰单，曰促，曰苟。""无大悖而不可为作家者二则：曰袭，曰拘。"最好者则有"俗眼所好者三则：曰造，曰饰，曰巧。世俗不敢议者三则：

曰乱，曰怪，曰坏。”其言曰：“造，或文原为径直，拗直作曲；或文实繁衍，改多为寡；或篆法本闲，故意脱讹；或边旁式样，目不经见；或脱手完好，强加敲击，总名曰造，皆俗所惊。”“饰，犯造之法，惟饰为易。刀笔之下，天然成章。乃非法增添，无端润色，毕竟剪花缀木，生气何有？”“巧，造之感人，反类乎巧。盖刀笔杜撰，容或创昔所无，如出巧手，易眩人目，而实不合规矩，堕落小家。”又曰：“乱，言其文法错杂，刀法出入也。乱之弊，起于学纵。夫善纵者，行乎不得不之谓，岂举阵伍悉乱之哉？”“怪，世有古木怪石，不缘人造，奈何存厌常之心。文不师古，以为变怪；刀不循笔，以为奇怪，适成其为鬼怪耳。”“坏，古印之坏，其故有二：其一，历年既久，遭遇不幸，无不坏者，然《印薮》姓氏中坏者甚少；其二，军中卒用，如‘牙门’‘部曲’等，不暇完好。至于今印，亦有坏者，则是老手酒酣兴发时作耳。舍此三者，何以坏哉？”其所论俗眼所好，与世俗不敢议者，正今世以为得意之作耳，不图三百年前，古人已先言我之。

1941年9月15日
《新北京报·非闇漫墨·卷三》
署名于非厂

刻图章

在上月我接到一位读者的信，他问我刻图章该当怎样练习。这位读者大概是十几年前就知道我，不然，他不会向我问刻图章。我自承，我是“一人学会八综艺，件件稀松”，可是近七八年我不但不曾谈刻图章，我并且也未曾给朋友们刻图章。谈印和刻图章，这是在《北平晨报》时喜欢玩的玩意儿。

欲研究刻，先练习写（篆），同时对于文字学，对于《说文解字》也要有研究的兴趣，要分析“六书”，要知道图章是“缪篆”。但是在图章上应用“说文”，因为图章是“缪篆”，每个字的地位的阔狭长短、互相搭配、互相照应等的关系，净会写篆字，通文字学，明六书之义远不够，所以要看印谱，要看秦汉印谱，还要看魏晋唐宋元明清公私印谱。

一块图章无论是两个字，三个字，四个字，或是五六个字，都是以这块图章为章法的。譬如三个字，这三个字的笔画繁简，都要配合起来成一个图案，要不呆板，要生动，要彼此照应，要文字是一个时期（如小篆不得掺入大篆），要顾及文字空白，要名字不要分了家……这是刻图章一步顶难的工作，无论什么样名手，就怕这几个字分配不来。如故林主席森，我只刻过一方长方印“林森”，如果是方印，则“林”字在右，“森”字在左，这块图章便成了五个“木”字，我实在感觉头痛。

我不喜欢刻成怪丑的图章，我也不喜欢刻成破边烂角的图章，所以我七八年不为人刻图章，尤其是所谓“公事章”。

1947年2月11日

《新民报·土话谈天》

署名闲人

谈印泥（三则）

一

印泥色最正而又细腻者，首推漳州魏家制。魏家制年愈远色愈佳质亦最腻，朱与紫色不相侔，举世尚紫，朱遂为夺，魏家制出于近年者色遂不正。据吾所知，光绪二十年以前者，色朱而淡雅。自光绪二十一年迄民国五年，色加浓而质尚腻。民国五年迄今，朱变紫，掺洋料矣。沪上有夏月怡者，制印泥颇佳，绒用藕丝，色用朱标，每两百元，识者以为价非昂。又西泠印社所制每两二元者绝堪用，其每两十六元者，质加细而色不能佳也。

1932 年 3 月 25 日
《北平晨报·非厂短简·五六》
署名非厂

二

印泥制法，在北平无论矣。西泠印社制作者，盖惟两元钱一两者最佳，四元者次之。近有漳人曾某，在沪上制印泥，名曰宣化。曾遍试之，一两售两元者，视西泠者尤厚润；价十六元一两者，犹之乎西泠制，止足示阔也。其宣言颇雅洁，节录如下："玺章为体，印泥为用。盖有名家篆刻，而无精美印泥，则混淆笔画，损失原神，是谓有体而不能尽其用也。我国印玺，向崇古刻，而印泥则当推今制。原夫秦汉检印泥封，有若今之火漆。两晋青纸紫泥，迥非今之印色。宋金之际，朱和水蜜，是为印泥之滥觞。元明之时，煮艾调油，仅得印泥之具体。隆及逊清中叶，印人群兴，阐明刀法，贯彻古今，而采用印泥，亦重加拣选。是时吾邑漳州，起而制泥，斟酌古法，别具心裁，质量匀称，研炼精密，所出之品，群推独步，遗韵流风，至今不替。……"按漳州近顷制者，已不如同光时明净淡雅矣。

1935年6月18日
《北平晨报·艺苑珍闻》
署名闲人

三

印泥贵红不贵黄与紫，贵陈忌新，贵爽忌腻。予所用皆五十年前漳州制，色正红，爽朗不腻。予藏有好朱，不敢制印泥，明知制印泥者非如所传之简单，轻于一试，败者时闻。有好印泥，因掺兑而坏至于不堪者，予闻之且十九。旧印泥如系名手制者，一启盒，其味已自不同。置日久，或干硬，或油出，无伤，以牙签搅拌，务使之活，活则印泥无不可用矣。往者友人得乾隆印泥于故家，闻是避暑山庄之物。其盒为雍正窑，仿宋，以印泥干硬，欲弃之，予以为可惜，友便以相赠，此印泥一搅而活，爽朗夺目。明文衡山印泥最佳，后之者则有明末胡正言，以乾隆印泥较之，殆无轩轾。用印泥者，不可兑油兑朱，不可甲与乙掺，干与硬惟在搅拌使之活，活则可用也。近人张静忱制印泥，以一小盒见贻，颇可用，视市售之品特佳，惟欠爽耳。

1941年9月11日
《新北京报·非闇漫墨·卷三》
署名于非厂

学书

吾好学书，苦于腕力弱，迄今非牛非马，不自知其至犹未也。吾于治印主博观取约，于学书亦主是说，金石碑版，皆死物也，亦皆活物也。左帖右砚，执笔而临之，则帖之用乃薄，乃为死物。游心于金石碑版之间，玩其神味而涵泳之，积之久，汩汩然来，则又抉择之，去取之，夫然后吾之书，乃真为吾之书，非颜非柳，非钟非王也。吾尝以吾之迂说，试于初学书之小儿女，初以《散氏鬲》，则皆能随其形而书之，月余皆成字形，于曲屈处尤多妙意，复示以《毛公鼎》，二十余日，即能默书，然后以字形稍整饬，如三颂（颂敦、颂鼎、颂壶），如《虢季子白盘铭》……未半载，均能得其意，使之书《瘗鹤铭》《颜家庙》，多奇趣。吾教十岁童学书，二年，能擅篆隶及近体，三年能书怀素《自叙》而变之，自为一体。以所观者多，积之久，自能取为己有也。特书之，以质诸世之精于书法者。

1928 年 11 月 24 日

《新晨报·花萼楼随笔·六十》

署名于非厂

中国书法

吾国书法，就传世之金、瓦、陶、范，以迄碑碣言之，要皆以刀法为笔法，固不仅殷墟甲骨之纯用刀锲也。笔之制兴，书之法虽小变，而秦汉之碑碣，则仍以刀为笔，非如后世之书丹镌刻者，故李斯各碑，刀法笔法两合之，汉人之石经碑志，其波磔亦能冶刀法笔法为一炉，故特精妙。魏晋以来，笔之用既神，刀之锋愈肆，历南北朝以迄隋唐，自书而自刻者，为例正多。此书法之所以妙也。唐而后，吾惟见刀镌之伤笔法耳，未见以刀锋助笔势者也。

1929年4月30日

《新中华报·非厂识小录》

署名于照

汉人书法

书法至汉，可谓大变。秦之前，有古籀文。秦一之，小篆之外，复有七体。汉承秦制，八体独行，王新六体，相为并省，夷考往籍，知汉人书法所以多变形者，固有由也。

先大父好碑版之学，间尝召吾以书法，谓不明六书，不通八体，不足以言汉隶，即不足以言魏晋南北碑。吾闻之，初颇不明所指，以篆隶递嬗，宜如是也。吾既自放，闭门学书，所得碑版，较前益多，吾之书乃益肆，吾于是始悟先大父之言，即求之往籍，亦足征也。按《汉书·艺文志》："古者八岁入小学，故《周官》保氏掌养国子，教之六书。……汉兴，萧何草律，亦著其法，曰：'太史试学童，能讽书九千字以上，乃得为史。又以六体（六体殆八体之讹）试之，课最者以为尚书，御史，史书令史。吏民上书，字或不正，辄举劾。六体者，古文，奇字，篆书，隶书，缪篆，虫书，皆所以通知古今文字，摹印章，书幡信也。’”《说文解字·叙》曰：“尉律：学童十七以上始试，讽籀书九千字，乃得为史。又以八体试之，郡移太史并课，最者以为尚书史。书或不正，辄举劾之。”应劭引《汉官仪》曰：“能通《仓颉史籀篇》，补兰台令史，满岁，为尚书郎。”又按韦昭注曰：“若今尚书兰台令史也。”陈瓒曰：“史书，今之太史书。”汉书注，北宋小字本《说文·叙》，作“乃得为史”，与江式通传引吏作史合。吏与史或又谓古通。再据《汉书》，若元帝，若孝成许皇后，若严延年等，所谓善史书者，善隶书也。然则“乃得为史”“史之令史”“尚书兰台令史”“太史书”……皆善于史书（隶书）者也。

其时善书者，商有王尊、冯嫽、安帝、郭皇后等，钱氏大昕《三史拾遗》曰：“后汉书安帝纪年十岁，好学史书。皇后纪：郭皇后六岁能史书，喜正文字。诸所称善史书者，无过诸王后妃嫔侍之流，略知隶楷，已足成名。”又《史记·万石君传》：“万石君奏事，误书马字，与尾当五，而四不足一，惶恐惧谴死。”是可见汉时正字之严。许慎《说文解字》曰：“……今虽有尉律，不课，小学不修，莫达其说久矣。……人用已私，是非无正。”班固《汉书·艺文志》曰：“……至于衰世，是非无正，人用其私。”是皆明言文字之衰。及“孝宣帝召通《仓颉》读者，张敞从受之。凉州刺史杜业，沛人爰礼，讲学大夫秦近亦能言之。孝平皇帝时征礼等百余人，令说字未央庭中，以礼为小学元士。黄门侍郎扬雄采以作训纂篇。……群书所载，略存之矣”（《说文解字·叙》）。武帝时，司马相如作《凡将篇》，无复字。元帝时，黄门令史游作《急就篇》。成帝时，将作大匠李长《元尚篇》。（宋祁曰：李长下当有作字。）皆仓颉中正字也。“至元始中，征天下通小学者以百数，各令记字于庭中，扬雄取其有用者，以作《训纂篇》。顺续仓颉，又易仓颉重复之字，凡八十九章。臣复续扬雄作十三章，凡一百二章，无复字。六艺群书所载，略备矣。”(《艺文志》) 是皆可征文字之复兴。

吾今姑就此以证汉人书法之多变，真极文字之大观，书法之能事也。

（甲）文字之修养：八岁入小学，教之六书，使明造字之学。

（乙）书法之练习：秦八体，王莽六体。

（丙）国家之考试：学童十七以上，始试（此应是句，徐氏及段氏等，皆误属下“讽籀书九千字”），讽籀书九千字（此是考试六书），试以八体（此是考试书法）。

（丁）国家之奖励：能讽籀书九千字者得为史。又试以八体，最者为尚书，为御史，为史书令史。

（戊）国家之惩罚：书或不正，辄举劾之。吏民上书，字或不正，辄举劾，上疏误书，获谴。

（己）文字之修正：(1) 承秦有八体。(2) 王莽易六体。(3) 司马相如《凡将篇》。(4) 黄门令史游《急就篇》。(5) 李长《元尚篇》。(6) 扬雄《训纂篇》。(7) 别字十三篇。(8)《仓颉》传一篇。(9) 扬雄《仓颉训纂》一篇。(10) 杜林《仓颉训纂》一篇。(11) 杜林《仓颉故》一篇。[(7) 以下就《艺文志》入](12) 马援上书请正文字。(13) 熹平石经。

就以上所引，汉隶书法之变化莫测，思过半矣。吾人即市肆，购汉碑两三纸，稍稍临之，快然自喜，以为我华山也，曹全也，郙阁裴岑也，孰又知不明六书，不通八体，不足以言隶法耶！

1930 年 4 月 16—18 日

《京报·花萼楼笔记·六十九至七十一》

署名非厂

卓君庸《章草考》

闽县卓君庸[1]先生所谓《章草考》，搜罗宏福，实为治草书者辟一新纪元。先生不自以为足，以所著嘱为一言，吾迟迟者殆半载。今庚午之岁已末，此文字债，不愿延至年关而未有偿也，因为说如下。

文字之演进，由繁而简，孳乳愈多，为用益便，故依类象形谓之文，形声相益谓之字。由文而字，变化愈简，用乃愈便。顾吾国文字，改省变化，至周末为极。秦政统一，以其威力烧灭山东诸国文字，小篆兴而古籀二文字遂不可别。降逮炎汉，字法杂糅，群儒摭拾各有所误，三苍之说，纷然莫可究诘。脱地不爱宝，金石陶骨钵简终与流沙膏壤同腐，则汉儒中所谓文字变化，与夫古籀二文者，几将奉为典要矣。吾尝考之，六书之说，始见于《周礼·保民篇》。文字之创造变化，至周而有定律。宣王大史籀，著大篆十五篇，刘歆、班固、许慎、应劭、孟康并同其说，仓颉以来字书无征，惟此遂为字书鼻祖，而古

[1] 卓君庸（1886—1965），名定谋，署自青榭主，福建闽县人。曾任北京大学国文系教授。精研书法，擅章草，著有《章草考》，于1930年印行。

籀二文，亦以分焉。《史籀篇》，许慎、孟康谓之："史学童十七以上始试，讽籀书九千字，乃得为史。又以八体试之，郡移大史并课，最者以为尚书史。书或不正，辄举劾之。今虽有尉律，不课，小学不修，莫达其说久矣。"(《说文·叙》)班固曰："汉兴，萧何草律，亦著其法，曰：太史试学童，能讽书九千字以上，乃得为史。又以六体试之，课最者以为尚书，御史，史书令史。吏民上书，字或不正，辄举劾。"(《汉书·艺文志》)应劭曰："能通《仓颉史籀篇》，补兰台令史，满岁，为尚书郎。"(《通典》引《汉官仪》)汉承秦制，秦承周制，许氏谓尉律，班氏谓汉兴亦著其法，然则汉初所谓"讽籀书九千字"者，究指何篇乎？"六体"为王莽所立，班氏谓以六体试之，自不如许氏之八体较确。顾八体六体，一则曰大篆，小篆，一则曰古文，奇字，篆书，而应氏且直指之曰《仓颉史籀篇》，岂所讽籀者，为《史籀篇》九千字，而所书写者为秦之八体耶？(《周礼·大司乐》郑注："倍文曰讽。"《说文·竹部》："籀，读书也。")

仓颉之初作书，历五帝三王至周初而法渐备，吾人观夏商彝器，已可知其拙朴不适于用。周人省改变化之，迄宣王前亦已敝，故宣王又改作之，是为《史籀》十五篇。(姑认仓颉为黄帝之史，宣王时有太史籀)。平王东迁，秦力渐东，山东诸国，文字又变。孔子尊王，孔子时圣，故所书壁中经，独与汉儒所见之"秦文"不合，于是有古文、籀文、大篆、奇字之说。秦起西陲，初无文字，籀书既东，秦乃摭拾闾里书师所传周时教学童九千之文，以为"秦文"，而"秦文"遂与山东诸国异。"二十六年书同文字"(《史记·本纪》)。"秦始皇帝初兼天下，丞相李斯，乃奏同之，罢其不与'秦文'合者"(《说文·叙》)。"秦焚诗书惟《易》与史篇得全"(唐玄度《十体书》)。"及秦燔书，而

《易》为筮卜之事，传者不绝。……刘向以‘中古文《易》经’校施、孟、梁丘经，或脱去‘无咎’‘悔’‘亡’，惟费氏与古文同”(《汉书·艺文志》)。据此知秦人不特烧灭诗书，且并六国文字亦灭之。不特此也，汉儒所谓壁中经，独无《易》经，而刘向以中古文《易》校，乃与今文同。(师古注：中者天子之书也。书言中，以别于外耳。)尤足证秦人以“秦文”灭山东诸国之文，故班志于书、礼、春、秋等，皆有古文经，而易独无之。吾于是窃有所疑;《史籀》十五篇，建武时亡其六，汉儒既习见，乃竟误以秦所祖之教学童书，为宣王史籀所作何耶？夫宣王所改作之文，是即孔子书六经之文，亦即山东诸国彝器陶钵之文；此由繁而简，由不便而便之文字，竟为祖龙一火而亡之，而后之人且拘牵汉儒，墨守《说文》，斥之曰晚周文字，轻之曰周秦间字，正未一考汉儒于文字莫达也。不然，一部《说文》中，何以仅有籀文二百余字？岂尽同于古文耶？汉人于文字为“秦文”所误，而闾里书师，又复合《仓颉》《爰历》《博学》三篇为《仓颉篇》(《汉书·艺文志》)，于是未央说字，俗师失读，歌诀断章，力求复古，皇皇然南辕而北辙。盖山东诸国文字之简易，莫过于陶钵化布，是闾里通俗之文，是进化之草法也，至汉而胥失之，翻务为正齐，石建奏事，误书马字与尾当五，而四不足一，惶恐惧谴死。此汉儒对于古文字之疏，而又力事整齐也。

两汉书中所称为善史书者，若元帝，若安帝，若和帝，若孝成许皇后，若王尊、严延年，若邓皇后等，皆不言篆，惟策书始用篆，故史书遂为时书，草特其一格耳。许慎云：“汉兴有草书。”赵堂云：“草书起秦末。”(汉赵壹有《非草书》篇)曰汉兴，曰秦末，二者皆为汉人，则吾所认为春秋战国时之非属宗庙彝器如钵陶化布文字者，殆已以草法行之，且所行之草，正孔子书六经之文字，特又改省耳。“元帝时，黄门令史游作《急就篇》……皆仓颉中正字也。"《急就篇》在汉人小学家，其为文若歌诀。《易》曰："上古结绳以治，后世圣人易之以书契，百官以治；万民以察，盖取诸夬。"夬者，诀也。史篇之文，便于学童讽籀，或四字，或七字，或三七字，故皆谓之篇。如"幼子承诏"（《说文·引》），如"游敖周章"（《流沙坠简》），如黄润纤"美宜制禅"（《文选·蜀都注》引《凡将篇》）。《急就篇》为三七言，其文且为江左文之祖。汉人指断六十字者为章，都若干章，初不名其篇曰章也，汉人小学之书，隋书唐志，尚及见之，至宋而亡，所不亡者，乃独以草法，而获传小学焉，是诚《急就篇》之大幸也。章草之名起自晋唐，汉魏人无有名之者。盖所以别于今草俱详本书所引及钱林两君[1]序。独认为春秋战国之兵钵陶货通俗文字为讹别简率，夫惟其简率始谓之草，始便于用也。况汉人于古文字，已多疏略，而六书定义，又为许氏一家之说，他无足征。王先生国维谓为不合六书，不可以六书求之，又安知许氏之说六书果为《保民》所传定义耶？不见戴圜之天，不知一大之误；不识持主之父，不知柱杖之非。许氏之疏，要不宜曲为之讳。吾于书法，虽亦小涉门径，顾习之颇不能勤，卒亦无少成就。君庸先生书名满天下，复肆其力以求故实，辄不自量，而以汉人所传草之起源，与夫吾所认为草法者，书以就正，至如小学之《急就篇》，将赖卓君而益光大焉，是又吾所深望者也。

1930年12月25—27日
《北平晨报·非厂笔记·八、九、十》
署名非厂

[1] 指钱玄同、林志钧。

再论章草答客问

有客以所为《章草考》书后为疑，而以古兵鉥、陶币之为草，颇异于草篆草隶之说者。吾论书，独不取唐以后人说，故所谓草隶云云者，其为一名词，殆与吾说无涉。而世所称为草篆者，在吾说亦莫可通用。“草稿”之说，始见于《史记》，“屈平属草稿”，班固且谓之“草具”，言粗具形似，不求工整也。夫三代高文重器，其见诸鼎彝，荐之宗庙，传之无穷者，自不能用粗具形似，务求减省，便于通俗，利于漆简之文字。故彝器诸文，自有别乎通俗日用诸器，而通俗日用之兵鉥、陶币，遂一变其书写之方，务求简易。夫草书之为义，正如太史公之谓“草稿”，班固坚之谓“草具”，一以求其刀笔之便，一以利其通俗也。吾人虽不能详知屈原之草稿为何，而屈氏为怀王草稿，或者其中含有草创及书草两义，然则吾特认定兵鉥、陶币为草书，似乎不太相远。殷墟甲骨之文，其文字亦视殷商重器为简易，贞卜之文，容或尚有不尽为草者，独此诸家所斥为晚周文字，周秦间文字，皆不合六书者，在吾且喜其草稿粗具，变化莫测。许氏席汉儒杂凑摭拾之后，以“秦文”定三代篆书，其误谬殊有甚于“马头人为长”“人持十为斗”（见《说文解字·叙》）。古代兵鉩、陶币之文，刘歆、王莽曾伪托之，许氏岂无所见？顾于其分别部居，说解字形，有入者（如信字从人口等），有不入者，于是为之说曰：“田畴异亩，车涂异轨，律令异法，衣冠异制，言语异声，文字异形。”后人不察，乃据许氏直斥通俗日用文字为不合六书，惑矣。

吾国文字，其演进之自然者，要以由繁变简（字形），由难变易（书法）为原则，秦人以威力灭山东诸国文字，汉承秦制，取其便利之隶，而缵述其“秦文”之蒙，其前几经改善通俗便用之草字，遂复无人过问，迄今两千年来，蒙此不白，吾甚为之叫屈也。今特就兵鉩、陶币诸文字，先小篆次于后，非敢用征吾说，为说解之便，以就正于君庸先生，并与见疑者一商榷之。后之所列，仅其一斑，兵鉩、陶币，或有专书，或见金石诸录，恕不详举。

吾人试即上列之五十一字而观其改省变化，试再以重器高文诸字比合之，则知兵鉩、陶币之字，直是古篆中之别体，而即其品物之功用上言之，其为日用必需邻里乡党通习之字，则不辨自明。试即以所谓草书之法衡之，若“倌”“句”“思”“端”“怡”“违”“邑”“之”“部”“有”“以”“万”亦颇有草情草势焉。因就君庸先生《章草考》，妄揭出之，距题太远，得恶为识者所笑耶。

1930年12月31日、1931年1月1日
《北平晨报·非厂笔记·十三、十四》
署名非厂

论篆书

向者好篆书，自邓石如入，三十以后学石鼓文，以圆笔作折转，其间若邓石如、赵抙叔、杨濠叟、吴窸斋诸人，参之以博其趣，时吾得包安吴、康长素所为执笔之说，先大人又督吾为万毫齐力之法，虽限于天，绌于力，未即于小成，而所谓篆籀之法，则心焉识之，有时且奔赴腕底矣。近数年吾不能自晦，渐获识当代诸君子，得以尽窥其秘奥。吾好金石小学，尤喜集两汉碑额，徒以役役于衣食，尚未遑集全力以求之，然而晚近篆书之变，要不可不为说以志之也。自唐以来篆法，至邓石如而始变，自石如迄窸斋以至吴昌硕，其折转一遵邓法，未尝变也。殷墟甲骨出，以刀锲字，折转皆方，当代作家，群相摹拟，即丁君佛言亦不能免焉，是岂所谓艺术有时代性者耶？自佛言死，吾乡之工篆籀者莫能继，向之收藏古器物者，又复丧失殆尽，甚且为人劫夺，即求一完善拓本，且须仰人鼻息，听人予夺，有志之士，亦惟有随波逐流，风来草偃而已。满洲金息侯先生，写篆籀一遵古法而时出新意，其所论篆籀有天圆地方之说，吾既采入拙作历代书法史中，近

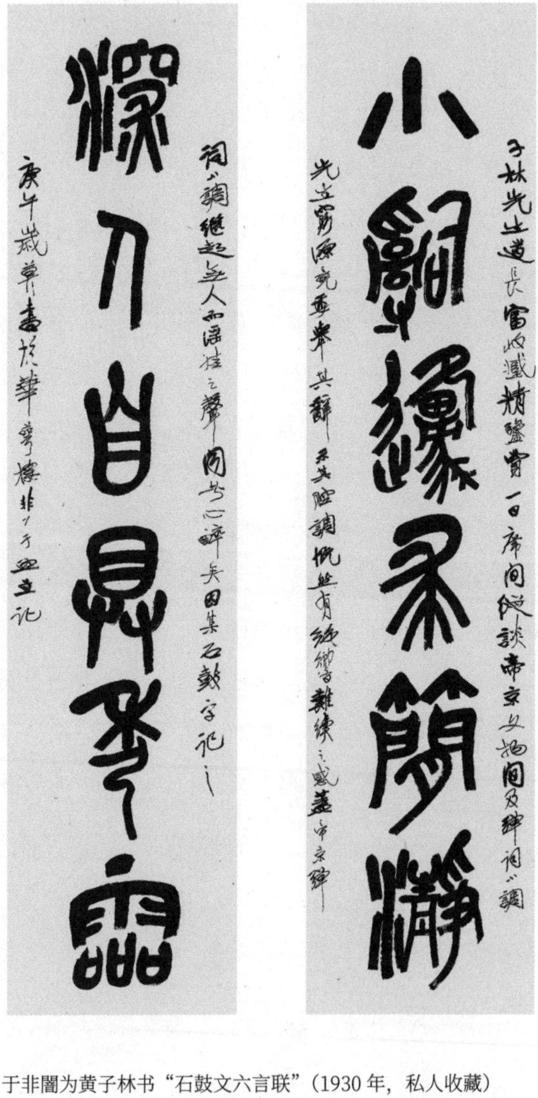

于非闇为黄子林书“石鼓文六言联”（1930年，私人收藏）

得柯凤荪[1]前辈《古籀答问书后》一文，亟为录出，亦以见一镫传[2]也。

“古籀失传久矣。吴愙斋独悟笔法，开前启后，为世所宗，而吾友金息庐[3]神而明之，更入化境超超玄箸，卓然自成一家，古籀之法，于是复传于今矣。息庐博通经史，精小学，尤善篆籀。其论古籀曰：‘篆籀不同法：天圆而地方，籀法乎天，故笔笔皆圆，篆法于地，故字字皆方。’又曰：‘金石文亦异趣：金文多从籀，固圆而取侧势，石文多从篆，故方而作正形。’又曰：‘籀得其全，故钟鼎文字左右俯仰，全器常成一气，浑然无迹。篆得其偏，故碑石文字，分行布格字字务工整毋少通变。’又曰：‘籀笔务神化，其运用全在笔之心，篆守规矩，其刻画惟在笔之颖。’夫古今言笔法者，曰藏，曰中，惟知笔锋而已；所谓颖也，其上者，曰拨，曰转，曰刷，知用笔腹矣，而神动天随，得心应手，能运全力于笔心者，今有几乎？呜呼！进乎道矣！是编盖为答问而作。张汉卿将军年少好学，尝从问字，息庐以此示之。余于息庐处见将军所习钟鼎文颇似愙斋，知用力已深，息庐亦深赞其精进，此道有传人矣。息庐道德文章，将军功名事业，足立传百世，此特其余事一端而已。息庐尝题将军习字册曰‘能自得师’，语云‘能自得师者王’，推是道以行之，世乱不足平矣；即以此篇为左券何如？胶州柯劭忞。”

1931年7月6日
《北平晨报·艺圃》
署名非厂

---

[1] 柯劭忞（1850—1933），字凤荪，号蓼园，室名岁寒阁。山东胶州人，清末民国官吏、历史学家，撰有《新元史》等。

[2] 镫传，疑为“传镫”之误。传镫，亦作“传灯”。佛家指传法。

[3] 金息庐，即金梁（1878—1962），姓瓜尔佳氏，字息侯，号东庐，亦号瓜圃，晚号不息老人，别署东华旧史。正白旗人。工书法，擅篆、籀，著述丰富。

论楷书

南郊烽火之夜，与友人闲谈，友人工于书，精南北碑，于康长素所为《书镜》（又名《广艺舟双楫》），推崇备至，以为书不学南北碑，犹眇一目跛一足也。“我虽不善书，知书莫如我”（借用东坡句），以我家数世藏碑版，而我又童而习之，迄今犹兀兀求之不少倦，故为此文，以与世之学书者一商榷焉。

蔡邕《九势》曰：“夫书肇于自然，自然既立……形势出矣。”南北朝人书，其奇肆怪丑，非必如石墨打本（世所传北魏人写经可以为证），石墨打本，乃有刀法存乎其间，学南北碑者，以素毫摹拟刀锋，矫揉造作，甚少自然之趣。宋黄伯思《东观余论》曰：“自秦易篆为佐隶，至汉世，去古未远，当时正隶体尚有篆籀意象。厥后，魏钟元常、士季及晋王世将、逸少、子敬作小楷法，皆出于迁就汉隶，运笔结体既圆劲淡雅，字率扁而弗椭。今传世者，若钟书《力命表》《尚书宣示》，世将《上晋元帝》二表、逸少《曹娥碑》、大令《洛神帖》，虽经摹拓，而古隶典型具存。至江左六朝，若谢宣城、萧挹辈，虽不以书名世，至其小楷，若《齐海陵王志》《开善寺碑》，犹有钟、王遗范。至陈、隋间，正书结字渐方。唐初犹尔，独欧阳率更、虞永兴易方为长，以就姿媚，后人竞效之，遽不及二人远甚，而钟、王楷法弥远矣。”此论虽似偏重于史的古典一方面，而钟王书无不出之自然也。宋董逌《广川书跋》曰：“观前人于书，自有得于天然者。”此论最确。姜白石《续书谱》曰：“真书以平正为善，此世俗之论，唐人之失也。古今真书之神妙，无出钟元常，其次则王逸少。今观二家之书，皆潇洒纵横，何拘平正！”《朱子文集》曰：“书学莫盛于唐，然人各以所长自见，而汉魏之楷法遂废。”明董其昌《容台集》曰：“晋人书取韵，唐人书取法，宋人书取意。”之三子者，皆推崇魏晋人书。夫魏晋人书所以妙绝千古者，以其有自然之趣，非任笔为体，聚墨成形，若南北朝隋唐人书也。

在今日印刷术大兴，古碑版影印者，视康长素购碑时尤便利，明窗净几，读魏晋法书，而观其自然之趣，诚如欧阳文忠公所谓自是人生一乐也，而奈何矫揉造作徒效南北碑刀笔耶？

1935 年 7 月 6 日
《北晨画刊》第 5 卷第 8 期
署名闲人

小孩习字

我觉得中国不至于“那个”的话，那么，教小孩子练习书法，也是一件要紧的事。教小孩子习字，最好是中华书局所印的分类习字帖，因为它所收的，都是些好的拓本；它又分类地排列着，由简而繁，是很便初学的。至于教小孩子的写法，我觉得先使他看字的偏旁，譬如写《夫子庙堂碑》，先使他看“一”如何写，“丿”如何写……然后再使他看“亻”“氵”怎么写，全部《夫子庙堂碑》的“亻”“氵”有没有变化。这样的一方面使小孩子摹仿它用笔，一方面使小孩子认识它那偏旁的变化。而同时“今”“令”“全”这一类的间架结构，也渐渐地看出它那安插，这样有一个月的工夫，大概总可以写出一些成绩来。当这宗年头，而我尚高谈习字，我情愿人家骂我是“开倒车”。

1937年5月30日
《实报·漫墨》
署名闲人

写字

有些人都辗转来令我教学，要从我学画。我的画，在我尚在研究，距离成功还很远，以之教人，恐怕更是误人。因为我多少还青一衿[1]，还念些书，家里还有些参考品，自家又搜了些古时颜料纸墨，我因为诸所都走不通，才下海画画，又须避免与当代画家冲突，才寻觅了以黑绢心作稿本，画画人们所不齿的宋院画。利用我家固有的黑绢心、破缂丝、内府的颜料和废楮破墨，就这些材料而论，也不是骤然间找得来，何况我中的画毒较深呢？我自幼小，即喜欢写字，写字在现在，人们觉得无关紧要，我却认为这是当前一个亟待提倡的。现代的画家，超越前代，这是凡有绘画知识所公认的。不过，书法一道，自高谈汉魏六朝，这原意是要打倒馆阁体，我首先上了一当，很写了些南北碑，幸而我觉悟得早，急流勇退，算是把狂怪给祛了。我自写黄庭坚，写

[1] 青衿，周代学子所穿的服装。青一衿：指考上秀才。

《曹娥碑》，写《书谱》，写《石鼓文》，到现在我见的晋唐人书，我目中有神，腕下有鬼，不过晋唐人的味道，我觉得实在隽永。何况现在的名碑法帖，都有玻璃版印行，在这种年头，写写字，更是消寒避风的好法子。

1939 年 1 月 17 日
《新北京报·哭之笑之随笔》
署名于非厂

《快雪时晴帖》答问

上期那一篇《快雪时晴帖》[1]的说明，在我已极力地避免专门术语，不过对于介绍这篇《快雪时晴帖》，不得不引用些与此有关的书籍和题跋。我既引用原文，自不便加以特别的注解，好在有它的“出处”在，自不难去查一下。顷有富君良栋（通信处为北新桥青炭局二十号）来函，举出诸多疑点，我实在感荷得了不得。我今略答复如下。

1. 标点排版并无错误。

2. 引用书籍认为费解处，我实在不能再作注疏。因为我既举出“出处”，希望读者就那“出处”的地方，再检查一下，这正是给大家一个研究的机会。

[1] 即1939年5月14日《新北京报·艺术周刊》第17期发表《晋王羲之〈快雪时晴帖〉墨迹》一文，因印刷过于模糊，难以辨识，暂未能整理编入。

3. 米跋在王百徽及清高宗所见时，均已失去，张丑据《山林集》定为“其侧行书者，并后人润色以成之”，才有“丙申丁酉谬误，为殆妄人一时信笔之过”。这段疑问，不妨再查张丑所著的《清河书画舫》。

4.“君倩是否为梁秀之字”，我不敢断定，因为米氏《书史》云“未有‘君倩’二字，疑是梁秀”，米氏既着一个“疑”字，这只好存疑。

5. 前期所影，为苏氏藏此帖于长洲县赵伯老家，即米氏所见四本之一。今将米跋再为印出，上期原稿“不足信也”，“信”误书“假”字，是我之误。

6. 张丑谓“其侧行书”这在印刷上放字旁，实感困难，我只得变通一下，来个括号，如上期（晋）（将）（会稽内史王羲之字逸少书）等句。

总之，富君既这样虚心下问，我希望找一找张丑的《清河书画舫》、卞令之的《式古堂书画汇考》、米元章的《书史》，略查一下，自然就明了我那说明，是极力避免专门术语了。同时我在此再大胆地说两句话。本刊欢迎一切公开的讨论，希望一般读者，不时地赐我教言，指导我的不逮。

1939 年 5 月 21 日

《新北京报·艺术周刊》第 18 期

署名编者

谈瘦金书（五则）

一

宋徽宗瘦金书，按《画史会要》云：“初学薛稷（唐时人），变其法度，自号瘦金书。”“瘦金书”这一词，究竟它的历史如何，我还不曾考察，现在我只在假定这瘦金书是徽宗所自称，其书法的一个专词之下，我觉得书史所说与薛稷书虽有些相像，但总不如直称徽宗是学的薛曜（武后时奉宸大夫汾阴县开国舅）。因为薛曜所书，是在登封县的石淙，宋以来的金石家，只有《宝刻类编》著录，拓本传世既少，薛曜虽为武后时一大书家（书后御制诗及张易之所撰之《石淙诗序》），也不为人注意。薛少保稷书，就传世各本，均与瘦金书不类。薛汾阴曜所书，则独与瘦金为近，此则为研究瘦金书者，不可不知。（附图一薛曜书）

徽宗瘦金书，据我所知，书于大观时（大观元年徽宗二十六岁），劲逸瘦峭（见所印《八行诏碑》，书于大观二年。韩幹题签，大观元年丁亥），至政和则加圆润（见《御鹰图》题识），宣和时则与虞永兴为近（见《训子图》题识，图有宣和长印）。书凡三变，不可不知。又徽宗书刻本除八行诏旨外，尚有《神霄玉清万寿宫碑》，吴荣光刻《祥龙石帖》，三希堂刻《张翰帖》跋尾，皆作于大观政和之间。国家多故，故宣和时书极少见。

自徽宗瘦金书行，效其体者有金章宗。章宗学瘦金书，直可乱真。阮芸台（元）于其所著《石渠随笔》中，谓："明昌（章宗年号）摹瘦金书极难办，或谓徽宗书图字从'口'，章宗书图字则从'厶'，亦不尽然。"兹所附印章宗书"周昉蛮夷执贡图"图字从"厶"，又所印《明皇训子图》题识，徽宗图字又从"厶"。

自后学瘦金书者无人。或谓倪云林（名瓒，元时人）、陈老莲（名洪绶，清初人），是从瘦金书来，也有些相像，大概学他的书，总不是贸然就写起来的。

瘦金书附图计：

1. 薛曜书石淙诗

2. 徽宗书韩幹真迹——大观

3. 徽宗书《八行诏旨》——大观

4.《御鹰图》题识——政和

5.《明皇训子图》题识——宣和

6. 金章宗书签——"周昉蛮夷执贡图"

1939 年 5 月 28 日
《新北京报·艺术周刊》第 19 期
署名于非厂

二

“非厂先生大鉴：鄙人欲学瘦金书，除由褚子入手外，请在报端指示坊间所可购得之碑帖及学习之路径为何，此颂撰祺。迦叶顿首。”

由报社转到上列短柬，非厂不敏，以为学书一道，何体不可学，而独学此亡国被虏之书，岂非大不祥事耶？兹为答复迦叶君之便，书所感于道君皇帝者。

道君皇帝为北宋提倡艺术使人于最高峰之一人，无论书画诗文及一切艺术品，均使后来受有莫大之影响。其为书自褚登善、薛少保入。（予以为从薛曜入，曜武后时人，有《石淙诗序》等碑，其说见前期《艺刊》。）瘦劲峭丽，特具一格，以之题画，尤以花鸟为最宜。早年趋瘦峭，如《八行诏旨碑》，作于大观二年，今在陕西。晚年渐见圆融，如《杏花鹦鹉图》题识,《祥龙石图》题识，皆百余字。予所以学其书者，则早在十年前。盖道君困死五国城，予其时颇有所感焉。

予喜山水画，颇不以涂丹敷粉之花鸟画为然。自张君大千北游，其所画山水颇豪纵，能传石涛[1]衣钵。寒家藏故内颜料，为张君所见，便即取之。用生楮大写青绿没骨山，时人好之，予遂退避，为人作花鸟，红红绿绿，盖出故内所得颜料为之，人若引恽正叔之于王石谷，不特我不敢承，恐张君亦不敢当也。予既以大青大绿写花鸟，其丑恶，乃若人之不能自见其面，于是复不自揆，妄以唐、五代、北宋人笔墨以自励，虽其学与力不能至，而心目中以为如处于政和、宣和间，虽

[1] 石涛（1641—约1718），原名朱若极，号大涤子、清湘陈人、苦瓜和尚等，法号有元济、原济等。与弘仁、髡残、朱耷合称“清初四僧”。

不屑为紫金鱼之佩，而实已望见若道君者从李师师处来也。于是瘦金书乃不得不摹诸予之画上，方合时代名词谓之“调和”。此又为予学金书之一原因也。

迦叶先生岂亦与予有同感乎？

今就予所见瘦金书分列如后：

宋徽宗瘦金书《八行诏旨碑》，作于大观二年戊子。

按徽宗生于元丰五年壬戌，书此碑时才二十七岁耳。翦裱本，光绪时拓，每行七字，共一百四十二行。

《神霄玉清万寿宫碑》，孔固亭藏本，现在日本只见零段。

三图题识。三图者，一“祥龙石”题识，一“梅竹文禽”四字，一“御鹰图政和甲午岁”八字。吴荣光《筠清馆帖》刻入。此帖中华书局有石印本。上海有三图题识石印单行本。寒斋藏《祥龙石图》墨迹，与吴本稍异，曹溶旧藏。

《张翰帖》跋尾,《三希堂帖》所收欧阳询《张翰帖》跋尾，有徽宗书，与《神霄玉清万寿宫碑》是一时所书。

以上刻本，以下墨迹。

《欲借》《风霜》两诗帖,《欲借》帖七言八句,《风霜》帖五言八句，有影印。瘦劲微欠圆润，是早年书。

《牡丹诗》并序，序五十四字，七律一首，书绝精，是瘦金书之代表作。故宫藏有印本。

《怪石》诗帖七律一首，与《欲借》《风霜》两诗，是一时所书，故宫藏，有印本。

自画《腊梅白头图》题句，五言绝句一首，又“宣和殿御制并书”押八字，故宫藏，有印本，与《牡丹诗》同时书。

“六鹤图宣和殿御制”八字，故宫旧藏，有正书局有印本，亦与《牡丹诗》同时书。

自画《明皇训子图》题识五十字，字大如核桃，极圆健，是晚年笔，有正书局有印本。

自画《杏花鹦鹉图》题识诗并序，序六十字，七律一首，后有残字六。由北京卖与日本，绢本，书画均佳，书是晚年之作。特为印出。

此外如题“韩滉文苑图丁亥御札”押十字，“韩滉真迹丁亥御笔”押九字，“黄居寀山鹧棘雀图”八字皆故宫藏真迹。故宫藏“李成寒林平野”六字，“吴元瑜梨花黄莺”七字及古物陈列所藏诗卷，则为伪藏。故宫藏“周昉蛮夷执贡图”七字题签，“天水摹张萱捣练图”八字题签，则为金章宗所书，非徽宗笔也。

1940年11月24日
《新北京报·艺术周刊》第92期
署名于非厂

三

宋徽宗瘦金书，在书法上，不能算是重要的体裁。不过因为宣和时御府收藏的名画法书，经瘦金书题识之后，觉得它是仅经宣和御府收藏过的罢了。此外并无什么可以师法的必要。

不想近十几年来，苏州有吴湖帆君学瘦金书，北方在卢沟桥事变前，有庄严君学瘦金书，此二君者，以吴为佳，庄太拘，气欠开展。我学瘦金书在十年前，因为见得比较多一点，我又不去一点一拂地去死学它，所以迄今尚未至于神似，不过用它来题题画，比较写颜写柳，在花鸟画上较为调和些罢了。不想，竟有许多人对于瘦金书感觉兴味，要研究，投函见询，有没有瘦金书的碑帖。同时实报社的侯少君君，也感觉有人问此书，而要我来答复。孰意宋徽宗这笔瘦金书，到如今，竟走起死运来！呜呼！噫嘻！

我现在仅把我所知关于瘦金书的墨迹碑帖，写在下面：

（甲）碑帖。徽宗书碑据我所得，有《八行诏旨碑》，此碑蔡京题额“大观圣作之碑”六字。（碑文及复印件见前期本刊）碑文瘦金书二十八行，行六十八字，为瘦金书字数最多的。碑在兴平县。又在淳化县的廿七行，行六十字。又在高陵县的三十行，行五十九字。又在临潼县的三十四行，行五十一字。又在武功县的三十七行，行五十一字。又在蓝田县的三十四行，行六十九字。以上均在陕西，至今犹存。又据《寰宇访碑录》，得于江苏、山东、河南、陕西的有九种。又《筠清馆金石记》上说：“山东之临朐、城武、章丘，河南之荥阳，湖南之常德，湖北之兴国，均有是碑。”按碑文，此碑先立于宫学，次及太学辟雍，又次及天下郡邑。所以欲觅此碑，并不难得，不过碑估不肯去拓，求之市上，或者有之。

《神霄玉清万寿宫碑》，瘦金书，孔固亭藏孤本，在日本，有影印本。

《张翰帖》跋尾，三希堂刻欧阳询《张翰帖》，有瘦金书跋尾。

三图题识，《筠清馆帖》刻《祥龙石图》《梅竹文禽》《御鹰图》三图题识，现在中华书局有石印本。上海有仅将三图题识印成单行本，本市富晋书局代售。

（乙）墨迹。故宫博物院印有《怪石》二诗帖，有《牡丹诗》帖，有□□诗帖，有黄居寀画上题“黄居寀山鹧棘雀图”八字。有徽宗画上题诗。古物陈列所印有徽宗诗卷。日本印有《五色鹦鹉诗并序》[1]，百余字，绝精。

总之，瘦金书《八行诏旨碑》是徽宗二十七岁所书。就传世而为我所见的，以故宫博物院印行的《牡丹诗》，和十余年前流入日本的《五色鹦鹉诗并序》为第一。其次则人间孤本的《神霄玉清万寿宫碑》，称之瘦金，可以无愧。有正书局印有徽宗《明皇训子图》，后面有数行题跋，也是徽宗晚年书，与张翰跋尾同妙。此外我所见的，有《御鸽图》题识,《桐花凤》题诗,《李白上阳台诗卷》题识,《平复帖》、《书谱》、《奉橘帖》、韩幹马、李成画……题签。我所有的，有《双鹊图》题识,《祥龙石图》题识,《墨花》题识，我很想把这些瘦金书，集合起来，为它印一专集，可惜我太穷，这一批制版印刷费，实无所出，不然的话，在这时为瘦金书刊一专集，登报叫卖，不也是一笔投机的小生意么？

1941 年 4 月 27 日
《新北京报·艺术周刊》第 107 期
署名于非厂

四

我学写宋徽宗瘦金书，是在“九一八”的第二年，那时我母亲年岁高，我又穷，已感觉到故都的不妥，但没有法逃避，只好为母亲而

[1] 《五色鹦鹉图》，赵佶（宋徽宗）作,《石渠宝笈初编》著录。画幅的右侧有赵佶瘦金书诗序并诗，现藏美国波士顿美术馆。

蹲在故都。

那时所得的瘦金书，只有大观二年的《八行诏旨碑》一部帖，这帖还是张大千君赠给我的，是墨拓本。后来我又得了部《神霄玉清万寿宫碑》，是徽宗的精品。此外参酌故宫博物院古物陈列所所藏的瘦金书墨迹和《祥龙石图》等。我最念念不忘的，是那卷《五色鹦鹉图》，前面有序有诗，共百余字，最为精绝，我还价只差几十元，遂为日本人攫去。这件东西，不但是字画真而且精，它的装潢，还是宋时的原物，这不知何时才得复见（我幸把它照下来）。

到了“七七”之后，我得了薛曜（唐武后时人）所书《石淙诗序》，才明白徽宗是在学他，而不仅是薛稷。我瘦金书又变了样，不死学徽宗。费了许多时间，耗了许多心血，糟蹋了许多纸笔墨砚，迄今一无所成，书虽小道，也可见一技难工了。

1947 年
《一四七画报·非闇漫墨》第 9 卷第 9 期
署名于非厂

五

我用“本铺大出清”的办法来答读者问。我这“闲人”牌子老，知道的人虽不一定比谁多，但是竟向我问瘦金书的，自去年九月“换上学徒我来”到现在，也有几十封信，我虽借着傍处的地位答过一次，但仍有好多“照顾主”[1]，要我在这里说明一下子。我为“清理积压”“大

[1] “照顾主”：北京土语。原指商店对所欢迎的顾客之称。此指得到读者的请教。

于非闇以瘦金书体写扇（1933 年，纸本）

出清"的办法，把关于瘦金书我所知道的写在下面。

我写瘦金书是"九一八"之后，一来是为先母年老跑不动，而华北日危。一来是我画工笔花鸟，用这种字题上去，比较调和。这是我的动机。实际宋徽宗的字，他并没有写成功，他只是学褚遂良，学薛稷，学薛曜，尤其是薛曜的那部《石淙诗序》[1]。我们与其研究瘦金书，不如研究这部东西，较为佳妙。

我搜集的瘦金书，有《八行诏旨碑》，有《神霄玉清万寿宫碑》和三希堂收入的一跋，这是拓本。真迹有《祥龙石图》题识，和故宫等影印的，就是那卷已卖日本的《五色鹦鹉图》，我也拿到照相馆，把那段诗和序照下来。《上阳台》[2]和《明皇训子图》那两段瘦金书，虽是假的，我也有照片。总之，大观一二年间的作品，是徽宗骨多于肉的时期，到了政和，是骨肉停匀的时期，这正是他善学古人，而自成一家的成功时期。《八行诏旨》属于前期，《万寿宫》属于后期，都是用长锋紫颖一类的笔才学得出的。又徽宗在有名书画上题签，自来著录家叫"月白绢签"，其实这颜色叫"天水色"，应叫天水绢签。赵氏，宋朝国姓，"天水"是赵郡，可见古人用个签，都要如此的讲究。

1947年2月12日

《新民报·土话谈天》

署名闲人

---

[1] 原注：此碑在河南登封县，是唐武后时所立，今尚存，也有拓本。

[2] 指的是《上阳台帖》，为744年（天宝三年）李白与杜甫、高适同游王屋山阳台宫时所作。现藏故宫博物院。

孙过庭《书谱》考

乱极思治，古今佥同。书画系乎世运，理虽玄秘，迹足验征。自道咸以来，盛倡南北碑，泼墨画；辛亥而后，书画流为狂怪支离，与史迹相符合，往且不具论也。迩来画之一道，似兴狂怪支离渐远，独于世界仅有之书法，老成既谢，新苗未萌，而狂怪支离，有不堪入目者。奉母家居，百无聊赖，连朝阴雨，曝我藏书，此孙过庭《书谱》考文所由也。

一、孙过庭书法

“唐孙过庭，字虔礼，陈留人，官至率府录事参军。好古博雅，工文辞，得名翰墨间。作草书，咄咄逼羲、献，尤妙于用笔，隽拔刚断，出于天材，非功用积习所至。善临摹，往往真赝不能辨。文皇尝谓：‘过庭小字书乱二王。’盖其似真可知也。作《运笔论》，字逾数千，妙有作字之旨，学者宗以为法。然落笔喜急速，议者病之，要是其自得之趣也。今御府所藏真迹草书三:《书谱序》上下二卷,《千字文》。”

上节录《宣和书谱》，其曰“御府所藏真迹”，其曰“咄咄逼羲、献”，其引文皇评语谓“过庭小字书乱二王”，又从而断之曰“盖其似真可知也”，足征过庭书法似二王。

宋王晋卿诜跋过庭《千字文》云:“草书专学二王，余初得郭仲微所藏《千文》一轴，笔势遒劲，虽觉不甚飘纵，然比之水师所作，则过庭已为奔放矣。而窦暨谓过庭之书千纸一类，一字万同，余固已深疑此语，既而复获此书，研究之久，视其兴会之作，当不减王家父子。至其纵任优游之处，仍造于疏，此又非le之所能知也。”

明张丑《清河书画舫》云:“孙过庭《书谱》……无论言辞精妙，尤是笔势纵横，墨法清润，极得右军遗法，今世所传二王帖，皆过庭为之者。”

晋卿距唐时较近，其曰“草书专学二王”，曰“当不减王家父子”，而明张丑多识博闻，至谓“今世所传二王帖，皆过庭为之”，则过庭书法似二王，尤足征也。

二、宋刻本

过庭书既似二王，兹仅言《书谱》之刻本。考刻本之最古者，为河东薛氏模刻。于元祐二年，民国纪元前八二五年。次为大观太清楼本，刻于大观三年后，约为民国纪元前八〇三年。(大观后帖始刻入书谱，增入续帖十卷，无年月，故姑以大观帖始刻之年计之。)前者世称薛刻书谱，后者称太清楼书谱，无缺行，同出一源，惟太清楼本无序末“垂拱三年写记”一行。再次为淳熙秘阁续帖所刻，刻于淳熙十二年，民国纪元前七二七年，无缺行，字与薛刻及太清楼同。

以上三刻，皆同出一源，太清楼本较瘦，秘阁续帖较肥，惟薛刻适中，极似二王书。

三、明时所出墨迹

明张丑《清河书画舫》云：“孙过庭《书谱》真迹亦藏韩太史家，严分宜故物也。……前有宋徽宗渗金御题，政和、宣和等印，元初在焦达卿、敏中所，上下两卷全，今已缺其一（上卷亦不能全）。文氏为摹刻《停云馆帖》中。”

明张笃行于其跋过庭《千文》卷云：“过庭书谱真迹，今在孙少宰家。”

孙承泽《庚子销夏录》云：“余垂髫时，见文氏《停云馆帖》中有此书，爱之；后见宋人刻本，以为观止矣。甲申忽睹此卷，惊叹欲绝。以市贾索价太昂，不能收，惜惋竟日。卷上有宋高宗、徽宗双龙玺及宣和小玺。卷中‘五乖也’下少一百三十字，‘汉末伯英’下少一百六十八字。虞伯生临秘阁帖补之。后越六年，复见于西川士夫家，以余爱之特甚，乃许购得，已将虞所补并后跋割去。时一披阅，觉宋人所刻，尚在影响之间，而《停云馆》不足言矣。”按此迹无高宗印。

安岐于其所著《墨缘汇观·法书续录》中仅有其目曰：“孙过庭草书画谱序稿，纸本，真。上有宋佑陵题签，宣、政小玺，惜不全。”

安又于其所刻书谱跋尾中曰：“丙戌岁从真定梁相国家，得此真迹，如获至宝。上有宋佑陵题签并宣政小玺。第‘汉末伯英’下少一百六十六字，又‘心不厌精’下少三十字，未审何时阙佚。”

据上所引，《书谱》真迹，淳熙后无闻。宋徽宗瘦金书题签之《书谱》，就张尹所见，谓元初在焦达卿家，后入严分宜韩太史，曾为文氏摹刻于停云馆，孙承泽得之西川士夫家，时在顺治庚寅。至康熙丙戌，安岐自真定梁家得此。此墨迹后入故内，收入《石渠宝笈》。

四、明以后刻本

（甲）停云馆本。张丑《清河书画舫》云："前有宋徽宗渗金御题，政和、宣和等印……今已缺其一。……文氏为摹刻《停云馆帖》中。"

（乙）安麓村本。安麓村跋其所刻《书谱》云："右唐孙虔礼书谱序稿，代为墨林所宝。相传宋太清楼、秘阁续帖俱有刻本，余留心访求，迄未见之，惟见停云馆所刻耳。丙戌岁从真定梁相国家得此真迹，如获至宝，上有宋佑陵题签……余朝夕披对想见前贤苦心著述，垂数千言，其精神贯注，原欲经世行远，使后之学者，得所依归。故吴傅朋云：学书当以过庭为指南，不虚也。以视停云馆所刻，真有毫厘千里之异。念文氏父子以书著名，兼擅钩摹，而其门下士章简甫铁笔最工，何至径庭乃尔？当从他本翻刻，以致失真，而余救正之心，遂不容已，爰重勒上石。"

（丙）三希堂本。阮元于其所跋安刻书谱云："纯皇诏刻入三希堂中，视麓村刻稍瘦，而神采过之。"

上之所录，停云、麓村、三希三刻，其源皆同出于元以来所出墨迹。此外日本有覆刻薛氏本，所据薛刻既不全，且与本文无关，不具述。

五、宋刻与墨迹之比较

宋刻三本薛氏、太清楼、秘阁续帖。

（甲）题签："唐孙过庭书谱"六字，钟王体书。

（乙）第一行，上缺"书谱"二整字，"卷"字缺上半。"吴郡"之"吴"字全缺，"郡"字缺右半。

第二行，本文一行作十四字，末一字缺。

第三行，起"晋"字，末"诸"字缺下半。

第四行，起“名”字，上半缺，第八字为“伦”字缺左旁。末“可”字全缺。

第五行，首“谓”字全缺，“钟”字缺上半。末二字全缺。

第六行，首“没”字缺右大半。

（丙）全文为三百零五行，垂拱行在外。

（丁）“若指汉末伯英”句下，不缺一百六十字。“心不厌精，手”下不缺三十字。

（戊）第二百九十三行，“彼”字半缺，末缺“子曰”二字。

第二百九十四行，末“知春”二字半缺。

第二百九十五行，末缺“之”字。

第二百九十六行，末“岂可”二字半缺。

第二百九十八行，末“蚩”字下缺。

第二百九十九行，末“章”字全缺。

第三百行，首“了”字上半缺。

第三百零一行，首“益”字上半缺。中“仍繁”二字右缺，“仍”字右上旁注一“弥”字，只有弓旁。末“阙者”二字，“阙”半缺，“者”全缺。

第三百零三行，末“奉”下缺。

第三百零四行，首“以”字缺，“规”字半缺，末“省”字缺。

第三百零五行，首“缄”字右下缺。

墨迹即文氏所据，孙承泽所得，后归安麓村，又入乾隆御府。瘦金书签曰“唐孙过庭书谱序”七字，上有北海孙氏珍藏书印、梁清标印、安仪周诸印皆真。

（甲）首行“书谱卷上”，“书谱卷”三字不缺，“吴郡”二字完整。

（乙）本文首行为十一字，直至六七行均无缺损。

（丙）“若指汉末伯英”下缺百六十六字。“心不厌精，手”下缺三十字。

（丁）最末数行中，如“彼”字，“子曰”字，“知春”“岂可”等字，凡宋刻缺者，此均不缺。而“弥繁”旁注之“弥”字，宋刻只有弓旁，此则全字旁注。

（戊）末段缺“篇”等字。

就上所举墨迹每行字数与宋刻不同，宋时已残之字，墨迹独存。“弥”字宋时只存其半，墨迹独存。此固不必据偏锋正锋而始定其真赝也。独是孙退谷世称玄赏，且亦见太清楼及秘阁续帖《书谱》，何独竟以此伪迹惊叹欲绝，而遽谓觉宋人所刻尚在影响之间耶？

凡兹所述，欲求孙氏书法，要以薛刻为正，而参以太清之瘦、秘阁续帖之肥，以之上窥二王，虽不中不远矣。

1939年8月1日
《中国公论》第1卷第5期
署名于非厂

记友论书画

狂飙怒号，黄竹敲窗，客来，烹苦茗，相与谈画理。客之言多悲，以为书与画将不复能振起。客独工书，所书宗晋唐人，偶写山水，气息深稳，仿佛太平盛世之作，不类遭逢乱世。撚烟管，且吸且谈，其为言深切著明，堪供为《艺刊》倡导之助，爰为诠次著于篇。

“国画之坏，不坏于近日，而坏于乾嘉，虞山一派，笼罩艺坛，性灵之作，遂日以汩没。间有一二杰出之士，席明季诸子之一支，沾沾自喜，其为弊，乱头粗服，狂怪而不近理，士人笔墨，至咸同而扫荡净尽。凡此皆画之流传人间者，其为阻遏画道，尚不若为说至甚。若《画征录》[1]，若《墨香居画识》，若《桐阴论画》诸作，墨守一家之言，外之者虽无甚贬毁，人以其书之普且遍，崇彼之所褒誉，直以为士人

[1] 以《画征录》为名的画论著作有数种，此处不能确认所指。

画当如彼所云云者，画道之坏，胥坏于此。

“迩来名画之为人所见者渐多，研究唐宋以来画法者渐众。顾世之号为名画家者，仅得画中之一支一派，于国画之全，尚少研究。青年人怵于名画家之威势，以为即此名画家以求画，即足以名世。遂不事深求，即以人所得名者，亦步亦趋之，国画至此，遂无复能振。

“国画之为东方特有之艺术，其成功乃不仅止兀兀于纸面上求之，气韵生动，乃在于读书，不读书直与画匠等，古名人无有也。今人书且不读。遑论乎画！

“书画与文字为同源，画既无能冀放大光彩，至于书法，尤坏不堪言。今世求能画者，既已稀如星凤，至于书法，予不忍言已！”

上为客之所言，其持论虽未免过激，顾其旨，独能明乎近百年来书画家之所趋向，且深明乎国画之为国画，与书法之为书法。惟自近十数年来，公私所收藏，供人研究探讨者尚多机缘，画之道容或可以期之。至于书法，直无人过问，与民国初元高谈汉魏六朝碑版者，又不知降至何地矣。予数年前曾为文论书法，而颇以康长素所为《书镜》为误人。在今日印刷大兴，求名碑法帖，自较康时为易。由印刷版以习画，固足以误人；由印刷版以习书，确为近代之利器。今则肯每日费一二时研习书法者，吾尚罕闻也。

1939年12月2日
《新北京报·艺术周刊》第46期
署名于非厂

为初学书画答某读者

我这篇答某读者，是专就初学书画而言。初学书画，最要紧者是立根基，走正路，莫入歧途。今将某读者的来书和我的答问，分别写在下面。

读者来信："平日观看杂志报章等，有关于学习书画的记述，多主张不同。有主张先从魏碑入手，而次学颜柳。因写魏碑后，笔力古朴雄厚，饶有神韵，而上摹二王，下瞰唐宋。亦有云：因各人之个性不同，应选各人习性所近之碑帖习之，终必有成。更有主张以十数年之苦功，而汉魏晋各碑，学成，则唐宋诸家不足论矣。也有主先习唐宋元明清诸家，或近代名人之书，以求字有根底，再进习魏晋或唐宋诸家。"

问一："学书以上列何法为正途？学至何种程度始能进学隶篆行草？请详示学书之门径及方法，并请明示碑帖名及售处。"

问二："学国画应先习山水、人物及花卉哪一种？应先摹习何种画帖，请示知画帖名及售处。"

问三："请指示几种初学写字及国画方法的书籍，及有初步知识后，再应读何书？"

据上边所问，初学书法，最妥当是从唐人入手。唐人书且不要学颜柳（颜真卿、柳公权），要从褚遂良学起，因为他的书，最有法度，可以上窥二王，下启元明，这是第一步的功夫。在褚的字迹，有同州，雁塔两圣教序，中华、有正两书局均有影印本。第一步功夫作起之后，还要写小楷。写小楷先从王羲之《乐毅论》学起，由《乐毅论》而《黄庭经》，最终要学《曹娥碑》，这小楷总不要间断，不管中楷、大楷、篆隶行草写什么，这小楷总要一直写下来，或者终身不已。这些帖都有影印宋拓本，中华书局印得尤好。第一步褚书习了之后，还要到商务印书馆买一本《褚河南临兰亭绢本真迹》，故宫博物院买一本《唐冯承素临兰亭帖》和虞世南的《夫子庙堂碑》临一下。同时要写汉隶，先以《礼器碑》入手，有正印本较佳，商务本是翻刻。这样小楷、中楷、行、隶写起来，这是第二步。王羲之的真迹太少见了，他的《兰亭》，更是唐宋人伪迹，不如用唐时沙门怀仁所集的《圣教序》，结构尚不大失，影印本有正、中华两书局均有。小楷仍写下去，同时要写秦篆，如秦权、秦量、《泰山铭》等等，隶书要写《孔宙碑》。这是第三步。第四步要学王羲之的行草书：（1）《丧乱》《二谢》《得示》三帖墨迹，日本帝室宝藏，有影印本。（2）《哀祸》《孔侍中》《悟心》[1]三帖，日本前田侯爵藏，有影印本。（3）《何如》《奉橘》《修载》三帖，故宫博物院有

[1] 即《忧悬》帖。

影印本。同时要写小楷，要学《郑文公碑》，要写石鼓文，要写《秦公敦》，要写《虢季子白盘》。第五步纯为参证性质。薛刻《书谱》要写（商务印本），宋人墨迹要看，元人书要看，明人草书、楷书要参证，清人及近代书可以不看，小楷要写。这五步功夫作起来，不会不造成一位有我在的书家。不过临帖与读帖，这是两种功夫，至少要读看的功夫大于临写的功夫，而执笔运笔的方法，也是学书上最紧要的关头，因为已溢出所问范围，恕不多谈。

至于学画，总以先学山水为正。学山水基本的练习，仍要借重于《芥子园画传》。这部东西，虽不能说顶完备，但是读起来确无流弊，不致堕入恶道。这部书，康熙年初印开化纸本最好，乾隆覆印也可以。最坏是上海刻本，添入海上名人，那真是罪过，误人不浅。我记得有一家书店影印过一部原版的，是不是有正书局或是神州国光社，那我记忆不清了。总之，国画的骨干，是基于书法的，宋人书尚侧锋，上不如唐，下不逮元明，学书自正锋入，书有根底，自然学画就易于成功了。

1940 年 3 月 24 日
《新北京报 · 艺术周刊》第 59 期
署名于非厂

日本帝室藏右军六帖

顷连得数函询日本帝室藏王羲之《丧乱》《二谢》《得示》《哀祸》《孔侍中》《忧悬》六帖者，不图右军书竟为人重视如此，可喜也。予所见皆日本印本，日前又于东安市场冷书摊，得一用中国宣纸影印六帖，无出版处所，似吾国亦有影而传之者，兹特撰为此文，分期刊此六帖，用供读者参考。

“晋王羲之，字逸少，旷之子，官至右军将军、会稽内史，工谈辨，以骨鲠称。善篆隶行草飞白，隶篆为今昔之冠。然其得名，乃专以草圣。论者称其笔势，以谓飘若浮云，矫若惊龙。羲之每自称：‘我书比钟繇当抗衡，比张芝犹当雁行也。’然初以谓不迨庾翼、郗愔，及其暮年造妙，尝以章草答庾亮，而翼见之辄叹服。因与羲之书曰：‘忽见答家兄书，焕若神明，顿还旧观。’会稽佳山水，羲之有终焉之志。尝与名士宴集于会稽山阴之兰亭，羲之自为序。梁武帝评羲之书，以谓：‘势如龙跳天门，虎卧凤阁。故历代宝之，永以为训。’其亦善于拟伦也。羲之少学卫夫人书，自谓深穷。及过江游名山，见李斯、曹喜、钟繇、梁鹄等字，又去洛见蔡邕石经，于从弟洽处，复见张昶华岳碑，始喟然叹曰：‘学卫夫人书，徒费年月。’或谓其往笔法于白云先生，即紫真也。羲之尝曰‘天台紫真谓余曰，书之气必通乎道，同混元之理，阳气明而华壁立，阴气大而风神立’是也。暮年乃作笔阵图，笔势论，用笔赋，草书势等，以遗其子孙。或又谓羲之游天台，还会稽，上洞庭，题柱为一飞字，有爪之形，人遂称龙爪书。羲之有子七人，为世所称者五人：玄之，凝之，徽之，操之，献之，并工草隶，而献之最知名。”上据《书史会要》明洪武本。“势字皆作执”兹通俗。以上为王右军之书法史。以下再述日本帝室所藏右军六帖。

按日本圣武天皇在位时，正当我国唐玄宗开元十二年至天宝七年。其后光明皇后藤原氏，举凡天皇遗物，皆献之东大寺大佛藏之正仓院，其中晋王羲之摹本甚多。其后于天应延历弘仁年之间，复尽献于帝室，事当我国唐德宗建中二年至穆宗长庆三年，经世既久，遂多散佚。《丧乱》《二谢》《得示》三帖，每帖接缝处，均钤有“延历敕定”御玺，乃开元前得自我国之向拓。西院天皇崩，此三帖赐尧恕亲王，王后为妙法院教皇，遂历为妙法院保藏，后复献于帝室宝藏。此帖为柳条白麻纸本，纵今尺八寸七分，横一尺九寸三分，行草书。《哀祸》《孔侍中》《忧悬》三帖，亦柳条白麻纸本，行草书，纵今尺八寸三分，横一尺三寸六分。接缝处亦有“延历敕定”御玺，是亦为光明皇后献之东大寺大佛，后入御府，弘仁后散佚者。现为日本前田侯爵藏。

六帖释文：

1.羲之顿首：丧乱之极，先墓再离荼毒，追惟酷甚，号慕摧绝，痛贯心肝，痛当奈何奈何！虽即修复，未获奔驰，哀毒益深，奈何奈何！临纸感哽，不知何言。羲之顿首顿首。

2.二谢面未比面，迟诼良不静。羲之女爱再拜。想邰儿悉佳。前患者善。所送仪，当试寻省。左边剧。

3.得示，知足下犹未佳，耿耿。吾亦劣劣。明日出乃行，不欲触雾故也。迟散。王羲之顿首。

4.频有哀祸，悲催切割，不能自胜，奈何奈何！省慰增感。

5.九月十七日羲之报。且因孔侍中信书，想必至，不知领军疾，后问。

6.忧悬不能须臾忘心，故旨遣取消息，羲之报。

1940年4月7日
《新北京报·艺术周刊》第61期
署名于非厂

右军墨迹答读者

读者见询王羲之墨迹，兹再撰此文，借答雅意。

右军书除向所录梁武帝评为“如龙跳天门，虎卧凤阁”外，袁昂云：“王右军书如谢家子弟，纵复不端正者，爽爽有一种风气。”唐太宗云：“详察古今，研精篆素，尽善尽美，其惟王逸少乎？观其点曳之工，裁成之妙，烟霏露结，状若断而还连，凤翥龙蟠，势如斜而反直，玩之不觉为倦，览之莫识其端。”张怀瓘云：“若真行研美，粉黛无施，则逸少第一。”此外评右军书者，尚多推崇，不暇枚举。

至于羲之墨迹，在梁武帝时，搜访所得，凡七十八帙，七百六十七卷，一万五千纸。及元帝时，夜聚古今图书十四万卷并大小二王遗迹焚之。唐太宗时，得右军真迹正书五十纸，行书二百四十纸，草书二千纸。安史乱后，张怀瓘记天府所有右军书，真书不满十纸，行书数十纸，草书数百纸。宋太宗刻《淳化阁帖》，右军书居其大半。后经徽宗访求，宣和御府所藏右军真迹，二百四十有三，靖康治乱，遂尽散失。高宗虽刻意访求，获者盖鲜。今宇内所有右军墨迹（合唐宋八硬黄响拓[1]而言），清内府有《快雪时晴》一帖，《何如》《奉橘》《修载》三帖，日本除前期所述六帖外，尚有《游目》一帖，冷金笺，纵七寸二分，横九寸八分。草书，是唐后摹本，其真迹则刻于《十七帖》及《淳化阁帖》，与此小异。此帖出最晚（明永乐），乾隆时归内府，刻三希堂中。后归恭王府，溥君心畬不能有，现归日本安达万藏君。本刊以前曾刊右军《快雪时晴》一帖，有唐宋人题跋，与清内府所藏微异。此外福开森君藏有一帖，右军墨迹存于今者，就予所见，如是而已。

附图为右军《得示》《哀祸》《孔侍中》《忧悬》四帖，皆日本藏本。

1940 年 4 月 14 日
《新北京报·艺术周刊》第 62 期
署名于非厂

[1] 硬黄响拓，即摹写。墨迹的两种复制方法。

再谈王羲之墨迹

前期所谈王羲之墨迹，就予所见，尚有数帖，无印本，兹再分别述其梗概如下：

（一）王右军《七月帖》卷。此卷有宋徽宗书“晋王羲之七月帖宣和御览”十一字瘦金书。前有萨天锡书“书圣”二大字引首。曾棨书“古今第一法书”六篆字。文徵明书“墨宝”二字行书。本身为纸本，草书，纸纹已灭，极细韧，是晋纸。草书，高今尺七寸二分，宽四寸三分。文曰：“七月六日羲之白，多日不知问，区区，得二日书，知足下比问耿耿，今已往也。”共二十九字。上有朱文大圆印“贞观法书御览”、“弘文馆藏法书”、“贞观”连珠朱文印、“宣和书宝”、“内府图书之印”……后有唐太宗书于画云龙边黄纸曰：“昨所进王羲之札子甚精妙，敕卿等鉴定，并装以进。贞观六年正月十七日花萼楼敕。”下有朱文大方印二：“花萼楼御笔”“御书”。卷后多元明人跋尾，如赵孟频、乔篑成、柳贯、周密、王蒙、柯九思、张雨、祝允明、吴宽、唐寅、沈周、文徵明，皆精。文徵明云：“古今书家，每称钟王，后世虽有作者，莫可企及。钟则专工楷法，而逸少独能兼善。逸少尝自称，吾书比之钟张，钟当抗行，张犹当雁行。又与人书云：张芝临池学书，池水尽黑，假令耽之若此，未必谢之。夫逸少之自许若此，亦其自知之明，百世之下，莫不奉为师表，仰其仪形者也。徵明旅寓金台，于灯市中偶得此卷，目为骊珠，遂顷囊易之，携归吴门。一时名彦，互相鉴赏，而予之宝爱，不啻如头目脑髓也。爰缀短句于后。江左风流数王谢，右军翰墨尤潇洒，当时纨扇尚珍重，况乃遗迹千年下。郗家一旦择婿亲，谁知坦腹是嘉宾，早岁声名已传播，山阴禊帖妙入神。纷纷墨迹遗人世，七月一帖谁能似，堪羡秦王雅好殷，君臣品藻真奇遇。未敢轻持混尘俗，一波一拂神情足，纵有临池擅逼真，古香浮动谁能续。二十九字如游龙，展观再四益觉工。忆予羁迹长安旅，偶观灯市适奇逢。王公真笔今有几，珍藏什袭何能已。联翩题句悉莹然，吾亦宝之传奕世。庚午新秋二日重装因题。”又题云：“元名家自松雪而下，翩翩数人，或长跋，或短句，莫不争奇斗胜。盖以书圣在前，不敢草率故也。四月二日啜新茗重题。”又题云：“余细观此帖，纸纹磨灭几尽，而墨色黯然，犹具完字，此一奇也。且锋势纯熟，无纤毫作意，定非临本。又无论唐宋，即元室诸人赏鉴，莫不确据，今人谁敢雌黄耶！重九日再识于石磬山房。”此帖入《淳化阁帖》及《十七帖》中。

（二）王右军《袁生帖》。宋缂丝仙山楼阁，包乎精绝。草书二十五字，宣和御府收藏，有宋徽宗月白签泥金书“晋王羲之袁生帖”。本身及隔绫有宣和八玺，鲜艳夺目。帖云：“得袁二谢书，具为慰。袁生暂至都，已还未，此生至，到之怀吾所也。”草书。曾刻入《淳化阁帖》及《真赏斋帖》。末有文徵明诸人题跋，不能记忆。

1940年4月21日
《新北京报·艺术周刊》第63期
署名于非厂

书画答问

本刊承读者下问，只以限于篇幅与时间，不能随问随答，抱歉之至。兹合近二月中所得来书简答如次。

一、关于右军墨迹者

（甲）前刊《此事帖》，帖共二十字，已残缺，前后隔水绫有“贾似道”及金章宗“明昌御览”诸玺，本身仅有“悦生”葫芦印。后有吴原博题云：“右军此帖，所存仅平字尔。盖尝入金源御府，章宗诸印尤灿然楮墨间，签题亦其手笔，信可宝也。成化十四年五月廿四日，长洲吴宽获观于徐太守惟亭，为题其后。”今此帖无金章宗题签，现为张君勺圃所藏。

（乙）右军《嘉兴帖》，此为福开森君所藏，我未得君许可，而径以影片刊出，想君素以倡导文化为意，当不责我冒昧。帖见附图。本身有“悦生”葫芦印，“贾似道”朱文印，前隔水有“似道”朱文大印，合缝有“经手人毕大宁”楷书墨印。

二、关于《芥子园画传》者

《芥子园画传》，共五册，康熙时开化纸印。此书乾隆时有两种复刻，均失真。嘉庆时复刻者，印手较佳。闻有正书局及上海某书社，均有影印。康熙初印本者，予未见。此书解说既纯正，画笔出自大家，刻工印工亦出高手。允推初学山水画者范本。

三、关于检阅古今来画人传者

检阅古今来画人传者，有《历代画史汇传》，此书甚普通，惟挂漏太多，且征引多所割裂。不如会稽鲁东山（骏）所著《宋元以来画人姓氏录》，较为详赡。东山，嘉庆时人，辑宋元以来被人姓氏凡三十六卷，依韵隶姓，首卷则冠以帝王，末三卷为闺秀道释分编，援引博洽，间附按语，考据亦精审。

四、关于石青绿颜料者

此物直成古董。石绿尚可于玉器局中搜求“孔雀绿”“松石绿”碎渣研细充用。石青则在原产地——云、贵、桂，已早绝，间有砂青，已贵重若珠玉矣。

1940 年 4 月 28 日
《新北京报·艺术周刊》第 64 期
署名于非厂

谈八法与执笔

初学作字，宜本永字八法。按永字八法，元时李溥光著《雪庵永字八法》，谓出于王羲之；宋朱长文著《墨池编》，谓出于张长史；清冯武《书法正传》因之，且言柳宗元传八法于皇甫阅，阅传之徐浩，浩传之张旭。唐张怀瓘《玉堂禁经》其用笔法首著永字，谓是“后汉崔子玉，历钟、王已下，传授所用八体该于万字”。宋陈思著《书苑菁华》谓“八法起于隶字之始，自崔张钟王传授所用，该于万字。隋僧智永发其指趣，授于虞秘监世南，自兹传授遂广彰焉”。据上所述，永字八法，创自何人，殆无定说，亦无书可资考证。其歌诀有二，并载于《书苑菁华》。李溥光《雪庵字要》，清戈守智《汉溪书法通解》，则又作颜真卿《八法颂》。清朱履贞《书学捷要》则注云：“一作崔瑗传钟繇。”而《墨池》谓所传长史八法之文，至李溥光、戈守智则又作柳宗元《八法颂》。朱履贞又注：“或作张旭，一作卫夫人传王羲之。”朱履贞《书学捷要》曾疑之曰："孙过庭《书谱》，不言八法，则唐初八法，犹未盛行，崔钟卫王相授之说，殊非确论。"按韦续、张彦远均为晚唐时人，韦所辑《墨薮》，张所著《书法要录》，均不言有八法，是则八法之说，或唐时虽已互相传授，特未著于篇耳。八法之说，既如上述，至执笔之说，则又纷然。予不暇多所征引。亳州梁闻山（巘），所著《承晋斋积闻录》（安徽官纸印刷局排印本），有《执笔论》一篇，此可与成亲王谓得于明内监所传者相参证，兹节录如后。

"明季华亭董公其昌，传执笔法于其邑沈公荃，荃逮国朝传王公鸿绪，鸿绪传张公照，照传何公国宗，国宗传金陵梅君鈫。予学书三十载后，始缘鈫得其传。先是，张公秘其法，不授人。一日，同何公坐狱中，何公叩至再三，乃告，仍属勿泄。及出狱，何公遍语人，梅君因得之。及张公总裁某馆，梅君誊录馆中，见公作书，著狐裘，袖拂几上。张公曰：'观吾袖拂几乎？肘实悬而动也。'梅君归告予。予学书复十余年，觉有得。今以授县州循理书院生徒，谓汝等勿忽其易而精进，以底于成，乃为不负此传也。

"执笔大食中三指宜死，肘宜活。

"古传执笔法，宜圆正中直而已。若手背稍内覆，始着力，此法实予悟得，古人未曾道及。

"用硬笔，须笔锋糅入画中，用软笔，要提得空，须手腕收放得佳。执笔低则沉着，执笔高则飘逸。"

按《啸亭杂录》云："成亲王……少年工赵文敏，又尝见康熙时内监言其师少时犹及见董文敏用笔，惟以前三指握管，悬腕书之。故王推广其语作拨灯法。"又按震钧《国朝书人辑略叙》云："爰及我朝，圣祖喜董书，而拨灯之说遍于臣下。高宗重张照，而无垂不缩之法盛行一时。”由此论之，华亭执笔法，在康熙时传于沈筌，再传于张照，由张再传于何国宗，传于梅鈖，即梁闻山所得者，此又一支也。由内监传之成亲王，钱梅溪诸人遂争相传授，此又一支也。

“执笔大食三指宜死，肘宜活。”此最为确论。予尚有为之补足者，则大食中三指宜死，腕宜竖，肘须活，此予家世传之法，先曾大父得之江南徐进之先生者也。

1940年5月19日
《新北京报·艺术周刊》第67期
署名于非厂

黄庭之疑

本刊三月二十四日拙作《学书答读者问》一文，顷有蓝君汉隐来教一文，曰《黄庭之疑》，特刊于后，并附鄙见。

“拜读本报三月二十四日艺术版于非厂先生大作《为初学书画答某读者》一文，极为折服。惟于所云：‘写小楷先从王羲之《乐毅论》学起，由《乐毅论》而《黄庭经》，最终要学《曹娥碑》……’之《黄庭经》一语，颇有所疑。按文衡山题黄庭不全本云：‘宋诸贤论黄庭众矣，然但辨其非换鹅物，卒未尝定为何人书，虽米南宫亦第云并无唐人气格而已。至黄长睿秘书，始以逸少卒于升平五年，后三年为兴宁二年，黄庭始出，不应逸少先已书之。意宋齐人书，然不可考矣，予按陶隐居与梁武启，已有逸少名迹，黄庭劝进等语，隐君去晋为近，当时已误有此目，则书虽非逸少笔，其为晋宋间名人书无疑。而赵魏公独以为杨许旧迹，岂别有所见乎？唐石刻数种并佳，传流近代，转益失真，无足观者。……’据此，则黄庭非逸少笔明矣。然究出于何人，迄无明论，要之当在梁以前也，海内博雅幸有以解其疑。”

按传世小楷有《乐毅论》《黄庭经》《曹娥碑》诸帖，自宋以来皆目为右军书。官奴为大令小字，右军潜于其后擎其笔，不脱，故书《乐毅论》谕以示之，缘是庭训，故笔法端谨，为右军楷迹第一。贞观十三年敕冯承素等钩摹六本，分赐长孙无忌等。终宋之世，惟存海字不全本。明季有唐摹二本，一贞观六年褚遂良奉敕审定，一新安吴用所藏诸本，最为精妙。此拙作所谓王羲之《乐毅论》也。窃谓传世之晋唐小楷，如《乐毅论》《黄庭经》《曹娥碑》之类，但须问其佳不佳，不必辨其真不真。数千年千临百摹，转相传刻，不惟精神笔法不能悉合，并其形模亦已易之。又如《曹娥碑》，唐与北宋人，咸目为右军之迹，至宋高宗跋，但云晋宝书《曹娥碑》，不名右军，而文衡山则又目为右军之笔。由是以言，《黄庭经》是否为右军书，正不必详为究诘，第论其书法之佳不佳耳。

1940 年 7 月 14 日
《新北京报·艺术周刊》第 73 期
署名于非厂

学书用笔法

书法用笔用墨，为学书者之要途，此而不明，而欲其书之近古，难矣。予学书在龆年，初学《多宝塔》，稍进，学《麻姑仙坛记》，二者皆颜真卿书。小楷则学《乐毅论》。其时先王父喜蓄碑版，督尤严。先曾祖素工书，与江南徐进之先生友善（先生工书，《国朝书人辑略》有传），喜予颖悟，辄授笔法。寒家藏古帖，虽遇庚子兵燹，帖与书独瓦全，予则窃学赵文敏孟頫书，喜其姿媚，先君子时呵止之。先王父则授以《画禅室随笔》卷一使熟读。《画禅室随笔》卷一者，为董文敏其昌所论书也，独推崇米南宫，贬抑赵文敏。自是始有悟，不窃窃学。稍长，先君子以安刻《书谱》授使临写。先君子善草书，尤工怀素《自叙》，能背书其全文，与原帖对勘，点画乃无一笔讹误。由是始渐窥书之门径。自是习篆分，蒙以石鼓文入，分则《礼器碑》也。自先君子弃养，顿失严父严师，误中世俗之论，以怪丑自高。予幼而习，长而受祖若父之教者，几一扫而空之，歧途误入，迄今为恨。予既自误，幸而有所悟，则吾为文以谈书法，要不敢不慎审，非所以矫世，聊以志吾之不肖耳。兹篇所论，专就姜尧章《续书谱》所论用笔之法而致详焉。

姜氏曰："用笔不欲太肥，肥则形浊；又不欲太瘦，瘦则形枯。不欲多露锋芒，露则意不持重；不欲深藏圭角，藏则体不精神。不欲上大下小，不欲左高右低，不欲前多后少。欧阳率更结体太拘，而用笔特备众美。虽小楷而翰墨洒落，追踪钟、王，来者不能及也。"按自唐以来，咸推钟、王，而钟、王实为书之极则。尧章生宋之世，以为接踵钟王之派者，惟一欧阳率更。盖尧章学定武《兰亭》，定武《兰亭》出于欧书，而欧书实足以继右军也。孙退谷所藏南唐《澄清堂帖》，皆右军书，其中如伯雄送鲤诸帖，是欧书之原。王弇州谓："率更搜得羲之教献之《指归图》，以三百缣购之，尝发其妙旨，著结构书诀。"按《宣和书谱》曰："陈景元与蔡卞论古今书法，至欧阳询，则曰：世皆知其体方，而不知其笔圆。卞颇服膺，以为得旨。"由是以观，尧章论用笔独推率更，有故也。

姜氏曰："颜、柳结体，既异古人，用笔复溺于一偏，予评二家为书法之一变，数百年间，人争效之，字画刚劲高明，固不为书法之无助，而晋、魏之风规则扫地矣。然柳氏大字偏旁，清劲可喜，更有奇妙。近世亦有仿效之者，则浊俗不除，不足观。故知与其太肥，不若瘦硬也。"按尧章此论，独不取颜平原书，盖有激而然。而北宋时米海岳已有此论，其言曰："真卿学褚遂良，既成，自以挑剔名家，作用太多，无平淡天成之趣。"

以上为尧章论用笔，予尝考之，梁武帝称右军书，谓"字势雄强，如龙跳天门，虎卧凤阁"。唐文皇谓"右军点曳之工，裁成之妙，势似奇而反正，意若断而还连”。以此论用笔，即米海岳所谓无垂不缩，无往不收也。董文敏曾发明之，谓：“作书须提得笔起，不可信笔，信笔二字，最当玩味。”以此补尧章之不足，则学书用笔之法，思过半矣。

欧书《九成宫》唐石本，用笔皆圆，非如复刻之瘦枯廉利，并记于此。

1940 年 9 月 1 日
《新北京报·艺术周刊》第 80 期
署名于非厂

谈书法之用墨

予迩来好论书，所谓论颇欲矫俗尚怪丑之敝。妄为谬说，自惭为力微，不足以矫末流，盖予曾自误，雅不欲再误人，再见人之误人也。予每晨起，左摊书，右执笔，就砚缓磨，尽一池，如是者习为常，三十余年如一日。寒家无他长物，而独有书，而其书凡足供临池之用者略备，故予书虽不工，而予读论书之书则殆遍，故辄以所知，实诸周刊，借以就正于当代，非敢自炫也。今兹所谈，请以书法之用墨，以继上期之谈用笔。

书法之用墨，非指所磨墨之质料也。而墨之质料，确亦有关。予蓄旧墨最早，所见亦多，初不以为赏玩之品。予所收多残缺，以质佳值廉而不伤砚者为佳。余每用，则先之乾隆御制墨缓磨，俟浓，兑入清水，再以咸同时之胡开文或胡子卿、曹尧千[1]续磨，以浓为度。如

[1] 胡开文、胡子卿、曹尧千均为清代制墨名家，此指用其所制墨。

是，则墨黑而瘦润，有光泽。咸同时墨，尚有胡魁章、詹大有等，墨非不可用，惟蚀砚，佳石尤畏之，予独不用。所用砚，皆龙尾子石，端砚亦不恒用。砚日必涤，涤净，以软布拭干，以手抚之，腻如凝脂，“佳墨养砚”，此言良不诬。

姜尧章曰：“凡作楷欲干，然不可太燥，行草则燥润相杂，以润取妍，以燥取险，墨浓则笔滞，燥则笔枯，亦不可不知也。”按尧章此论，本之唐人，意谓以墨之浓淡干湿，取媚于字，此非晋法。独赵希鹄云：“古人晨起，则浓磨墨汁，满砚池，以供一日之用。用不尽则弃之，来早再作。砚池必大而深，故书皆遒润。行草过笔处，虽如丝发，其墨亦浓。今人多尚渴笔，盖非古也。”此论最确。若能参以，以润取妍，以燥取险，则用墨之法，思过半矣。

与用墨有直接关系者，则在乎择笔。故米海岳曰：“笔不可意者，如朽竹篙舟，曲筋捉物。”赵文敏遇笔有宛转如意者，辄剖之，取其精毫别贮之，每萃三管之精，令工总，缚一管，真草巨细，投之无不可。此笔与墨乃相互为用者。昔人如萧何之秃笔，扬子云之胎发笔，欧阳通之狸心兔盖笔，王羲之鼠须笔，白乐天之鸡距鹿毛笔，怀素之枣心笔，蔡君谟之栗尾鼠须笔，苏东坡鸡毛笔等，是知古人无不择笔者。至于《笔经》中所谓之兔毫笔，惟赵国毫中用，则自昔即向紫毫也。羊毫笔最晚出，古人惟用青羊毛作笔衣，青羊与白羊本不同，且仅用为衣，今则群尚净纯羊毫，用具先乖，固无怪书之不古也。予书虽不能佳，用笔则不用羊而用紫，紫与狼合尤耐用。往者湖州王一品，为制紫毫，则先君子依故内贡笔仿制者，极合用，以之习晋人书尤佳。求之燕市，若干年前得老笔工陈福源为制笔，刚健而能圆。去冬偶与青莲阁主人高君北森晤谈，妄以己意属制瘦金笔，高君湖州人，颇谙古法，所制笔，诚有如姜白石所谓“笔欲锋长劲而圆，长研含墨，可以取运动，动则刚而有力，圆则妍美也”。

姜尧章《续书谱》曰：“予尝评世有三物，用不同而理相似：良弓引之则缓来，舍之则急往，世俗谓之揭箭；好刀按之则曲，舍之则劲直如初，世俗谓之曲性；笔锋亦欲如此，若一引之后，已曲不复挺之，又安能如人意耶？故长而不劲，不如弗长，劲而不圆，不如弗劲。”上之所引，足征笔非紫与狼不可。用紫毫笔，以浓墨为书，虽不能佳，可免俗气。

予书至此，得徐石雪先生以瑶章[1]见贻，先生工画竹，尤工书，书似赵文敏晚年笔，诗亦清腴类其人。谬誉我者不敢承，论书画理窃引以自壮也，诗曰：“书画同源未可分（自注：近世画家多疏于书，君书极工，而论书论画，汇集旧说，独具卓见，有益实学），精良笔砚好同论（自注：善事利器，理所固然，然攻书画者，多不择纸笔，君蓄纸最早，选毫制色，尤重古法。余向欲集古人纸笔之说为一编，而未果，君已有所编著，不胜盼其早日脱稿也）。道君寂寞向千载，文采风流今尚存。”

1940年9月8日
《新北京报·艺术周刊》第81期
署名于非厂

[1] 徐宗浩（1880—1957），字养吾，号石雪，江苏常州人。书画家。瑶章，此指书信。

谈书法之风神

书法最重风神，长短，肥瘦，劲媚，欹斜，端楷，虽其取势不同，而其各具一种风神，有可望而不可即者。予日来研习法书，钟元常传世书较少，右军书则尚有向拓摹刻者。自唐以来传世书较多，若宋元明清各家，无不各具风神，使人一望而知某某人书。所谓风神者，即今语所谓“韵味”也。书至于有韵味可玩，则其书已自成家，更无待他求，然则所谓风神者，正吾人亟欲明其究竟者也。

姜尧章《续书谱》，虽其言不免肤浅，而对于风神之解释，尚称明显，其言曰：“风神者，一须人品高。”郝经[1]曰：“（李）斯刻薄寡恩人也，故其书如曲铁琢玉，瘦劲无情，其法精尽，后世不可及。钟繇严厉沉鸷威重人也，故其书劲利方重，如画剑累鼎，斩绝深险。羲

[1] 郝经（1223—1275），字伯常，泽州陵川（今山西晋城）人。元初政治家、文学家。引文自《陵川集》。

之正直有识鉴，风度高远，观其遗殷浩及道子诸人书，不附垣温，自放山水间，与物无竞，江左高人胜士，鲜能及之，故其书法韵胜遒婉，出奇入神，不失其正，高风绝迹，邈不可及，为古今第一。其后颜鲁公以忠义大节，极古今之正，援篆入楷；苏东坡谓以雄文大笔，极古今之变，以楷用隶，于是书法备极无余蕴矣。盖皆以人品为本，其书法即其心法也。”黄山谷曰：“胸中有书数千卷，不随世碌碌，则书不病韵，自胜李西台、林和靖矣。盖美而病韵者王著，劲而病韵者周越，皆渠侬胸次之罪，非学者不力也。”又曰：“东坡之书，学问文章之气，郁郁芊芊，发于笔墨间，故他人所不及。在昔叔夜妙于草制，体势得之自然，若高逸之士，虽在布衣，有傲然者，故临不测之水，使人神清；登万仞之岩，自然意远也。”此论释人品关乎风神，极确。

二须师法古。《书法考》曰：“王右军过江，观览名刻，叹学卫夫人书徒费岁月。故学书者以当知所宗尚，乃知所用力。”此释师法，所谓取法乎上上者也。

三须笔纸佳。戈守智曰：“古人习书，虽有不尽费纸笔者。如徐伯珍之书箬叶，郑虔之书柿叶，怀素之书芭蕉叶，任末之削荆，陶景之翦荻，欧阳通之画沙，以及舐掌、涤石、画地、书空，要其用工如此。若僧虔得银光之纸，子敬得韦昶之笔，未始非临池之助也。”所论纸笔，极关乎风神。往往纸笔一乖，索然无味矣。

四须险劲。按姜氏此论，盖指学书以骨干为先，力追险劲，是学书第一层功夫。

五须高明，六须润泽，七须向背得宜，八须时出新意。“自然长者如秀整之士，短者如精悍之徒，瘦者如山泽之癯，肥者如贵游之子，劲者如武夫，媚者如美女，欹斜如醉仙，端楷如贤士。”姜氏自五以下，皆指学书之功夫而言，而韵味之成，要在于前述之一、二、三也。

1940 年 11 月 3 日
《新北京报·艺术周刊》第 89 期
署名于非厂

《昭代法帖》与《名碑帖选》

我不欲言应研习书法，因我之子在中学，永未见其曾执毛笔写字。我喜写字，我尤喜搜集关于写字的材料，此当为我之嗜痂。我为五十许人，所受旧教育，较吾念ABCD为有趣，因之我之知识乃不完全，转不如儿子辈好莱坞之明星如何如何，口琴提琴之如何如何也。日本研究书法，有书道会，有书道院，皆有刊物，所选材料皆精，所取价值极廉。书道院近所编之《昭代法帖》，自第一集至第十二集，皆集各名碑帖为之。如第一集，集欧阳询楷书《皇甫君碑》；第九集，集颜真卿书《多宝塔碑》。其编辑方法，以第九集言，每行五字者四页，字放大，每行七字者十页，字为碑原大。如第一行五字“庄重恩赐金”，又如“先登岳父母性情”七字篇行，行首至行末之字，皆可迭读，皆有文义。如“庄重”“重恩”“恩赐”“赐金”，又如“先登”“登岳”“岳父”“父母”“母性”“性情”。末数页则印篆、籀、隶、楷、行、草各名碑帖若干字，俾可欣赏文字之递嬗。如第九集末附兽骨文二片，秦李斯《琅琊台碑》，金文铭辞，《汉礼器碑》，晋王羲之书《乐毅论》楷书，王羲之草书《澄清堂帖》，北魏《于纂墓铭》，隋智永《千字文》，唐虞世南《夫子庙堂碑》，唐欧阳询书《九成宫》，唐褚遂良《雁塔圣教序》，唐颜真卿书《忠义堂帖》，唐孙过庭《书谱》，以下尚有日本名书若干帖。诸帖上制定价一元，并制六十五钱，发行所为东京市涩谷区代代木山谷町三八八书学院后援会。又东京市日本桥区马喰町二丁目二兴文社所发行之《名碑帖选》，全廿四卷，所辑碑帖，首尾俱全，颇多珍品。今录其总目于后，括号内并书价格。

《汉碑全集》(一点五元)，《北魏集》一（一点五元）、二（一点六元)，《历代帝王名臣法帖集》一（一点六元）、二（一点六元)，《王羲之全集》一（一点八元）、二（一点四元）、三（一点八元）、四（一点四元)，《王献之全集》(一点八元)，《唐太宗全集》(一点五元)，《虞世南全集》(一点四元)，《欧阳询全集》(一点五元)，《褚遂良全集》一(一点四元）、二（一点六元)，《颜真卿全集》一（一点五元）、二（一点五元）、三（一点五元）、四（一点八元）、五（一点四元)，《苏东坡集》(一点六元)，《赵子昂集》一（一点八元）、二（一点五元)，《兰亭集》(一点五元)。

每集页数有多至百九十余者，后附解说释文。定价之廉，最便学书。《昭代法帖》与中华书局之分类习字帖相似，惟编辑方法，则特为新颖。

1941 年 10 月 1 日
《新北京报·非闇漫墨·卷三》
署名于非厂

谈习字

予好写字，予家传执笔之法，以拇中食三指执笔，竖腕，指坚握管，不须运动，运笔惟恃肩肘，故字之巨细，咸能拓放紧缩，以之作书，尤能心手相应。临碑帖之功夫有四，所谓看读写作是也。所谓看，谓就某帖或某帖之偏旁，先研究其书法与变化。盖字皆集偏旁而成，如习《九成宫碑》，就偏旁言，如碑中之“三点水”（水字偏旁）、“单立人”（人字偏旁）、走与辵之偏旁……其落笔如何，起笔又如何，集其数式如“三点水”“单立人”之类，而观其变化如何，甚至横画之如何写而是《九成宫碑》，捺画之如何捺，而是欧阳率更[1]，夫如是，看之功夫要居临写功夫之泰半，然后方能有悟。读谓读其文义，涵泳其

[1] 欧阳询（557—641），字信本，官至太子率更令，世称“欧阳率更”。唐代书法家，代表作有《九成宫醴泉铭》《梦奠帖》等。

气势。夫书法非仅每一个字而能工，即谓之尽其能。必其分行布白，上下贯串，左右映带，相互揖让……所谓集字而成行，由行而成篇章，各有法度也。予最喜三代金文铭辞与古玺古陶，其为文变化错综之妙，视王右军各帖尤过之。唐宋人书亦有其机趣。写谓既已熟其偏旁，详其气势，然后临摹仿效，务求其神，世人仅于此着功夫，无怪其无成也。作者于某帖或某碑，既已看读与临写矣。举笔而似，初非我之书也。书中贵有我在，则学一碑、明一帖，不足以成家，必其参考至博，由博返约，以成我之书，方克成家。予尝见米元章[1]、董文敏，米之书出于二王，而不是二王也；董之书出于颜平原而不是颜平原也。不特不足二王与颜，使人见之，皆知其为未为董也，是之谓作家。习字有此四种功夫，则不患其不成，而执笔之坚实其指（不运动），竖其腕，运以肩肘，则予颇得力于此也。

1941 年 10 月 8 日
《新北京报·非闇漫墨·卷三》
署名于非厂

---

[1] 米芾（1052—1108），初名黻，后改芾，字元章。宋徽宗诏为书画学博士，又称“米襄阳”“米南宫”。北宋书画家、书画理论家。

学书答问

二月三日我接到《新民报》读者陆湘君的一封信，听说他读了《艺舟双楫》(包世臣作)、《书镜》(康有为作)，而问我欲习行楷，该致力于何碑何帖，要我在报端答复。我在先后还接了几封信，都是关于书法，问我怎样学书。我现在“统一地”在这里答复。

(一)《艺舟双楫》《书镜》我都读过，我且因之误入歧途，我觉悟后，适值“九一八”之变，我才改习瘦金书，“七七”之后，我又恢复了写王羲之《十七帖》。我现在的主张练习书法，第一要写小楷，第二要写草书，第三要写隶书，最后要写篆书，而同时小楷草书要始终写下去。小楷要写唐人写经（有影印及刻本），草书要写《十七帖》(亦有影印及刻本)。隶书要写《礼器碑》《曹全碑》《孔宙碑》。篆书要写石鼓文、《峄山碑》。《十七帖》写熟之后，还要参考孙过庭《书谱》、智永《千字文》、怀素《自叙》。晋魏碑志和宋元以来墨迹，都是参考品，而不能列入正课。因为我们需要太平，需要承平时的书法，所谓唐人楷则是也。行书自然学《圣教序》，以上均有刻本或影印，王羲之的字是唐人勾下来的。

（二）习字必须研墨，纸倒不拘，笔却是不得用羊毫，紫毫太贵，用平市的水笔或狼毫。碑帖要读它的文，要看它的间架，要记它的偏旁，要仿它的用笔。这四步功夫，要算第二、第三最为紧要，而记偏旁比看间架还要紧。譬如“氵”“辶”……怎样写，有多少变化，它们的特点在哪里……这样记准确，再看它们的安插，譬如“江”字、“濤”字、“近”字、“邇”字，繁简疏密，都要看它怎样地安排，这即所谓间架结构。至于临仿它的用笔，全从看间架记偏旁上下功夫，记它的横（长短小）、竖（长短小）及带钩与否，它的撇、捺（均分大小），它的点，第一把相同的找出，第二再把相异记下，如是学写字，不但可以学着了古人的皮毛，还可以慢慢造成了自己书法，至少也可以免俗。

1947 年 2 月 9 日

《新民报·土话谈天》

署名闲人

再谈写字

昨天我谈写字，意犹未尽，今天再补充一下，兼答见问诸君。羊毫太软，不是古法，所以我不主张用羊毫。研墨是帮助写字的一种功夫，所以必要研墨，而且研的时候，执墨要像执笔之法。执笔是要用拇指、食指、中指，拇指要抵住食中二指，四指小指放在笔管前或后均可，但不要着力，力全在拇食中三指上。笔管要直，腕子要坐下去，把指头竖起来。写起字来，不论字的大小，手指头是死执不许动，同时手和手腕全不要动，动是由肩使肘，用肩关节肘关节来写横竖撇捺等等，能把肘悬起来更好，不悬，只要不使手指头来拨拉笔，不使整个手和腕来抡笔，即是古人传下来运肘——运笔之法。若要打算学书，更非这样执笔不可。

写大楷不如写大的隶书、大的篆书。写大字不得用九宫格，这和写小楷只宜用十行红格纸（有横格无竖格）一样，写熟了连竖格也不用，要上下齐，还要左右齐，这是所谓行气。

唐人写经是刻入《筠清馆法帖》的最好（中华书局有影印），《十七帖》是右军书范里最好的（商务），《礼器碑》则商务印的那本是假的，有正书局的较好，艺苑真赏社也不错。《孔宙碑》各家印得都好，《曹全碑》艺苑真赏社印得也不错。石鼓文艺苑真赏社印有二本，中华书局也印一本，这本是被郭沫若发现称道的。《峄山碑》有正书局印得不如艺苑真赏社那本好。

守住了这几种东西去练习，遇有什么碑帖，总要详细地看看它。一方练习字，一方写信，抄菜单，记账，录笔记……都要本着训练的方法去写，久而久之，自然写成了。

1947 年 2 月 10 日
《新民报·土话谈天》
署名闲人

答自称小读者的

有自称小读者姜枢二十位先生（均具名，为省字数，只写姜先生一位），命我像过去《晨报》的红绿版，对书法介绍一些。嗻！嗻！嗻！……敬答盛意。

我之所以主张习字要研究唐人法则、宋人意态，是因为印刷术大兴，一向视为孤本，或唐宋真迹，宋元墨拓，都可以影印起来供人们研究临摹。这不是像包世臣（嘉道）、康有为（光宣）的时候那么艰难。行、楷、草在唐朝三百年间，一切法则的变化因革，都到了极处，我主张学唐而参考宋（各书家），不一定是我的“顽固”。我现在把唐朝的法书，约分初盛中晚四个时期，计高祖武德元年至睿宗太极元年为初唐（九十五年），玄宗开元元年至代宗宝应元年为盛唐（五十年），代宗广德元年至敬宗宝历二年为中唐（六十四年），文宗太和元年至昭宗天祐三年为晚唐（八十年）。

初唐时期，有欧阳询、虞世南、褚遂良三家。欧阳询《化度寺碑》最好（敦煌出土，影印本），其次是《温彦博碑》。至于《皇甫诞碑》和《九成宫》，只可看看作参考。虞世南的《夫子庙堂碑》和褚遂良的《雁塔圣教序》，亦只可参考。倒是唐太宗的《温泉颂》，却要研究。

盛唐时期，薛稷的《升仙太子碑阴》连看都不要，玄宗的《鹡鸰颂》，倒要看他的拙厚处。薛曜的《游石淙诗序》，倒要看他的险峭处。王敬客的《砖塔铭》要学，《怀仁集》的右军《圣教序》要学，而同时孙过庭《书谱》（元祐时薛刻，商务印）正如颜师古注《汉书》，不但字要看他怎样学王羲之，而且还要读那篇不朽的论书文字。

中唐时期，这期有李邕、张旭、李阳冰、颜真卿、怀素五家。李邕的《李思训碑》《麓山寺碑》《李秀碑》三碑都要看。张旭是草书的革命家，接他衣钵的是怀素，虽然很放纵，却是有规律的。李阳冰篆书《浯溪铭》可以看。颜真卿楷书，要看《李玄靖碑》和《元次山碑》，草书《祭侄文稿》《祭伯父文稿》《与郭仆射书》和三表都要细细地研究。至于《裴将军诗》，那简直不要看。怀素是《千字文》好，《自叙》也可看。

晚唐时期，无特出书家，只徐浩《不空和尚碑》是由李邕、颜真卿来的；柳公权由薛曜来的，而加上颜真卿，有《玄秘塔》等刻。

总之，楷书是初唐、盛唐；行书只怀仁与李邕；草书孙过庭祖述王羲之，张旭、怀素另辟蹊径；得欧阳的峻整，而加以雄健是颜真卿；借褚法而独创一格的是薛曜。

1947年2月16日
《新民报·土话谈天》
署名闲人

宋以来画花卉者多不肯写生

吾尝详考宋以来画花卉者，藤本蔓生各花木，如葡萄、藤萝、凌霄、葫芦等，写者绝少，即有，亦务避去枝蔓之盘绕纠缠。在写生者多不肯为，写意者则不敢为也。赵扐叔间以篆笔写藤蔓，于是瓜瓠之属，始为画界别开蹊径。吴缶庐用狂草篆籀法写之，满幅纠缠，开古今来未有之奇，宣自然界盘错之秘，其狂肆，正其古拙。世之学者，每就其屈曲盘绕处求之，而不知其篆籀切深也。

1928年3月28日
《晨报·非厂漫墨·卷二·十六》
署名非厂

谈画理

吾尝谓学画如学为文然：日即古人文字而熟读之，识其精神之所寄，及其久，汩汩[1]然来矣。若就古人文字而摹其用笔，规抚其句读，真同傀儡，无一毫作意矣，此一义也。文之有派，始自清初，而一时代之作风，则自古为然。学画而有南北，而有元四家，而有长洲，而有虞山，而有王，有恽，愈趋愈狭，愈分愈仄，惟其极，则师弟子相授受者，惟以门户为限，循规蹈矩，不敢越雷池一步，驯至性灵为师法所拘，品格为门户所囿，仅博得善学之名，已云大幸，此又一义也。吾虽不善画，吾乃幸无师承。宋元来古人精神之所寄，亦颇肯穷究其源，所见极至浅鲜，自审尚无余暇勾摹临仿。偶有所作，辄写吾性灵之所安，而非牛非马之讥，固甚甘之也。日前与齐白石先生谈画理，先生谓吾乃“不知有六法，并不知是画”。此语最精，要可为知者道焉。近有要吾为画之说者，辄书于此。

1928 年 8 月 20 日

《新晨报·花萼楼随笔·十五》

署名于非厂

---

[1] 汩汩（gǔ gǔ）：水流动的声音或样子。此处比喻文思勃发。

绘画与治印

非厂粗知国画，不求人知，兴之所至，辄写其胸臆，不必合于古，亦不必合于今也。人审吾投稿报末，以为买米盐，购图画之用，辄出重价以要吾为画之说，吾虽羡于资之丰，吾实愧于说之陋也。盖画之有六法，皆古人自述其所得，非天经地义之不可移易。吾于国画，自审尚未有得，遑能述之；况故都之推阐国画者，固已巨细靡遗，不才如吾，惟有徒羡资之丰耳。人以吾颇知治印，就吾肄习者，吾不敢峻拒，辄从而如其愿以去，若以师弟子礼来者，吾特谢不遑。盖吾仅知治印之说，足以供谈助，至如世所称诩之运刀宜如何，刀法究若何……吾实未之知，且亦不暇求知。吾特张大其辞，以炫于世曰“非厂治印”者，亦正如吾之画，适成其为非厂所作耳。

1929年3月4日
《新中华报·非厂识小录》
署名于照

非厂谈国画

一

我本来不甚懂国画，因为我的画是无师承的，是未曾加上临摹规抚的工作的，所以我对于国画，不敢谈，且亦不好谈。不过我自己的作品，有时候我尚觉得不错，所以二十多年来，我所作的，很可以自娱，很可以自己欣赏，因之我对于国画，在我的认识上，也觉得有一谈的价值。至于所谈的是不是真有价值，那我尚无此判断力，我为表明是我个人之所谈，我特大书而特书曰“非厂谈国画”。十八年三月二十五日记于篇首。

国画的起源深远，伏羲氏画八卦，是利用画到应用上去的。轩辕以后，画的用愈广，衣冠宫室，五色斑斓，摄取自然现象与色彩，以为欣赏与礼教之用，画之用乃大：这由后人视之，固纯为创作的。——

创作一词，本不甚恰当，因为我国的画，在实用方面，如藻饰，如图案……摄取自然物，或自然现象，或理想上的“饕餮”“犴”……只能说是意匠的写生，或自然物的描写。至于汉唐以来的文人画，纯为要写出其胸臆，要写出其思想与品格，在他们作画之初，并不曾有丝毫创作的意念，不过后人见了他们的画，以为是前所未有，所以由另一方面而称他们的画是创作的，在他们，只知要这么画，且亦不会不这么画：所以我说创作一词，是不甚恰当的。

国画之动机，在汉以前，是应用到制作、装饰和礼教上去的，所谓“昭其文也”“图有功也”“寓劝惩焉”……这原不是我所要谈的国画。那么，我所要谈，而又为现代艺术最需要的，乃是“文人画”。——“文人画”虽不能概括国画，但是它居国画首要的地位，所以我大胆地、冒昧地来谈谈它。

“文人画”是什么？即是有学识思想的人，经一定的锻炼与陶冶，不用文字，或兼用文字，以写出其思想、意志、品性……使人们见了他的作品，不觉要欣然地赏识而同情，兼可以认识作者的胸臆和品格。譬如《辋川图》，我们一见，即能知道王维的为人。又如《鬼趣图》，我们一见，也可以知罗聘的环境了。

文人画的意义，在我以为是如此，那么，我们利用纸、绢、笔、墨、色彩……来表现我们个人的思想、个性……是不假外求的，换言之，即是用笔、墨……设法以求内心的表见。至于六法是什么，稿本是什么，如何临，如何仿，如何规抚，如何是南宗北派，我以为全可以不问。

自来谈画理的书，在我个人所见，如画传、画谱，或散见于各家文集，或画件题跋的，也还不甚少，我以为这都是画家自述其心得，不是金科玉律，牢不可破的。画的要素要合理，我只求无一不合理，那我的画即是名作，即是神品。因为人心不同，各如其面，不能使不同之人心，强使从同，即不能使不同之人面，强使从同，所以谈画理的书，只能拿来作参考，不能奉为圭臬。

古今来的作品，在我所见，也不甚少，这都是他们的作品，不是我的作品。我只可以利用这些前人或现在的作品，来增加我的阅历经验，我不能死板亦步亦趋地去仿效他。他是他，我是我；他的作品，是表见他，我的作品，是要表见我，二者不能合一，即是我不甘于隶属他的旗帜之下，所以古今来他人的作品，只可拿来增加我的阅历经验，不能使我去仿效他。

况且艺术是应站在时代之前的，过去与现在的艺术品，只可以利用之，以造就新的生命，不能开倒车。王石谷死了，我去作他的未亡人；徐崇嗣仙逝了，我去作他的继承者，这又是多么可耻的事！又何况我不是王石谷、徐崇嗣，心情意态，以至于学识、境遇……完全的不相同，我虽甘心愿作他们的奴隶，而亦不能惟妙惟肖吧！

或者说，在初学国画的，不妨临抚，一俟练习纯熟，再抛弃稿本，自舒心意：这话是最近之过去较有理由的。我曾聚了些小孩子，使他们画，分给他们稿本，结果等于不画，手上的技能，并不曾练习熟。及至于指给他一种常见的东西，使他随意地画，千奇百怪，十色五光，渐渐地各自构成一图，并且能使笔用色了。因为有了稿本，既不肯运用其心灵，自寻出路，无有稿本，势不得不自觅途径了。

二

国画在艺术上，占重要的地位，尤其是东方的艺术。我所见汉代的铜器，虽不能就认为那些图案画是汉代的国画，而它那一种摄取自然物或自然现象，用艺术的方法，以表见在一种器物上，它的意味很长，含义很大，绝不是漫无意义的装饰画。至于武梁祠的汉画像，其在国画上，尤占伟大而神秘的地位。

唐玄宗时的王维，他隐居辋川时，极力写他幽淡的胸襟和他那诗人的思想。因为他是个学者——诗人，而他又隐居不仕了，所以他的画诀[1]上说："画道之中，水墨最为上，肇自然之性，成造化之功……手亲笔砚之余，有时游戏三昧，岁月遥永，颇探幽微……"即此以求他作画的动机，不过是作文咏诗之余闲，拿作画来游戏三昧。因为他作画的岁月遥永，领悟到画境的幽微，所以他觉得画的取境，是要表见目尽的美，推其极，且要夺造化之功，这意义有多么伟大耶！岂是后来临摹规抚的稿子画所可同日而语的！王维画山水，创水墨一派，自来谈国画的，都推他为南宗之祖，即是文人画之创始者。与晋代的顾、陆，唐时的吴、李，是不同的。我尝说，国画的成功，用功夫在画的练习上半，用功夫在学术的修养上亦半。换言之，即是因学术的修养，用笔墨来表见，做文章，作诗，是如此，作画也是如此。人们若仅在画法上求之，又与画匠何异！

六法是什么？可惜我不曾记忆。我本我的思想，感觉到自然物或自然现象的美，我利用我写字的方法，把所感觉到的，参以我思想上

[1] 指王维作《山水诀》。

的东西，我一直把它画出来，那么，我所画的是什么，我自然是明了的，而有时博得一两个人的欣赏，我也不以为喜，有时博得许多人的抨击，我也不以为忧，因为我是自写胸臆的，我是聊以自娱的。不是如投机事业之博得人们的欢迎，也不是如俳优一流，希望人们怜爱，尤其不肯用我个人作牺牲，屈服在画家、大画伯……旗帜之下，作他们的摹仿者。吴缶庐的葫芦，是好的，是人们欢迎的，他老先生是用草篆法来画的，于是画家的摹仿，大有“团扇家家画放翁”之概。而青出于蓝，也不过聊以解嘲！能说是我个人的作品么？

三

国画山水的取景，是取“鸟瞰式”的。在从前的人们，以为是当然其如此画。在现在的人们，因为不合“透视”“投影”的理，以为是不当如此画。这真是知其当然，而不知其所以然。在王维创作山水画，王维是居在山里（辋川）的人，在山中所见到的景，其东西南北，上下左右，的确是如同飞鸟下瞰。他就用所见到的，搜入笔端，缩为尺幅，自然屋上行舟，树梢建舍，所谓“欲穷千里目，更上一层楼”，盖其作画时之地点，居高临下，并不是不明透视之理。只可惜后人不考察他作画地点，不期然而然地遂成了“鸟瞰式”的风景画。但是宋以来的画家，在他那题款时候，有时也要写出在某地方作，或寓某寺院作。这不是仅记地址的，意谓即此地以见到天地山川林木的美，因就所见而图之如此。或偶尔来此地，因此地和他所见到的某一地方相仿佛，就此地以推想彼地，不觉画兴大发，由新观念引起旧观念，于是他也要作一图，而题款亦要注明作于某地，这都是很常见的。

唐以来的画，是有画题的。如作文有文题，作诗有诗题之类。这本来是故为束缚，以求由险绝难状之中，使作者自觅生路，自寻生趣的。思想有高低，学识有深浅，同是一种画题，人因理解……种种之不同，于是他的作品，亦有不同，即同为一人，因时间空间之各异，亦不能强同，因为画之自始，是要表见我个人之所得到或见到的，所以画题在这种情形之下，是有些意思的。

昔人常说“绝去甜俗”“无时史习气”“读万卷书，行万里路”，这些话的确是不错的，很与西洋艺术的原理合适。本来“楚王好细腰，宫中多饿死”，以我的作品，投人家的嗜好，是顶可耻的事。人如果读了书，行过路，学识经验，是丰富的，把这些东西，结晶到画上去，自然这画是好的，是无甜俗气的。那么，这读书行路的话，不正为我前边所谈——学术的修养——作脚注么？

四

唐宋以来的国画，由我所见到，虽说是很有限，但是一般人所鉴赏过的，我也曾小为涉猎，即或一般人尚未见过，我也曾略饱眼福。因为我自十几岁到现在，可以说是游泳在画海里，所以我对于这些国画，由经验阅历方面言之，可以大胆地说稍有些认识。因之我对于这些古人艺术的成绩，也颇能利用到我的作品上，而不为他们所拘。

现在画坛上的主张和作风，大略可以分两派：国画是要创作的。因袭摹仿，是失了独立的人格，是盗贼的窃取，是古人的奴隶……此为甲派，也可以说是新派。笔墨是要省来历的，是要“气韵生动”……合于六法的，是要青出于蓝的……此为乙派，也可以说是旧派。我对于国画，因为我是无师承，无门户之见，所以我以为应合两派为一炉，以甲派之长——创作——利用那些古典、古型来修养，由古代画理画法中，造成新的生命，打出新的出路。夫然后方不至于胡涂乱抹，粗犷恣肆了。

国画的成分，设分析言之，可以说有两要素：修养与练习。在修养方面，又可以析为学识、经验、阅历。而纯洁品格之养成，要视学识、经验、阅历，为尤要。因为画之动机，是要有意义的，是要用方法来表见我的意思的。学识不充，自然所表见的要甜俗，要不高明。经验少，阅历浅，囿于一隅，不能周察，自然也不能有高明的表见。即或有相当的学识、经验、阅历，只是品格欠纯洁，因而影响到作品上，这也是很常见的现象。所以我觉得在修养上作功夫，是学国画顶要紧的事。至于画法上的练习，也要有两层功夫：书法、画法合拢来，然后线条才美妙，这是第一层功夫。我国的色彩，的确是好的，是历久不变的。调制敷染，很不是易事。但我们不宜舍弃不用，我们要设法去利用它。这是第二层功夫。我是一个过去的青年，自然我的思想有些迂腐。但在最低的限度，我却认为不修养的画，是不会成功的，不合书画为一炉的画，也是不会成功的。

白石山翁是一个年近七十的人，我很研究他。他画的虾，是人们公认为好的，在他也自知是好。但是我研究他画虾，我知道他是随时用新的方法来表见的。去冬，他笔洗里养着三个小河虾，因为这虾在净水里，不受日光的原因，渐渐由青色变成白色透明了，只头腔中有一黑点。他见到它是如此，他用淡墨和胶水来写虾，就其头部尚未干，另以焦墨着一小点，则俨然笔洗中的虾。同时又发见虾桡足是五

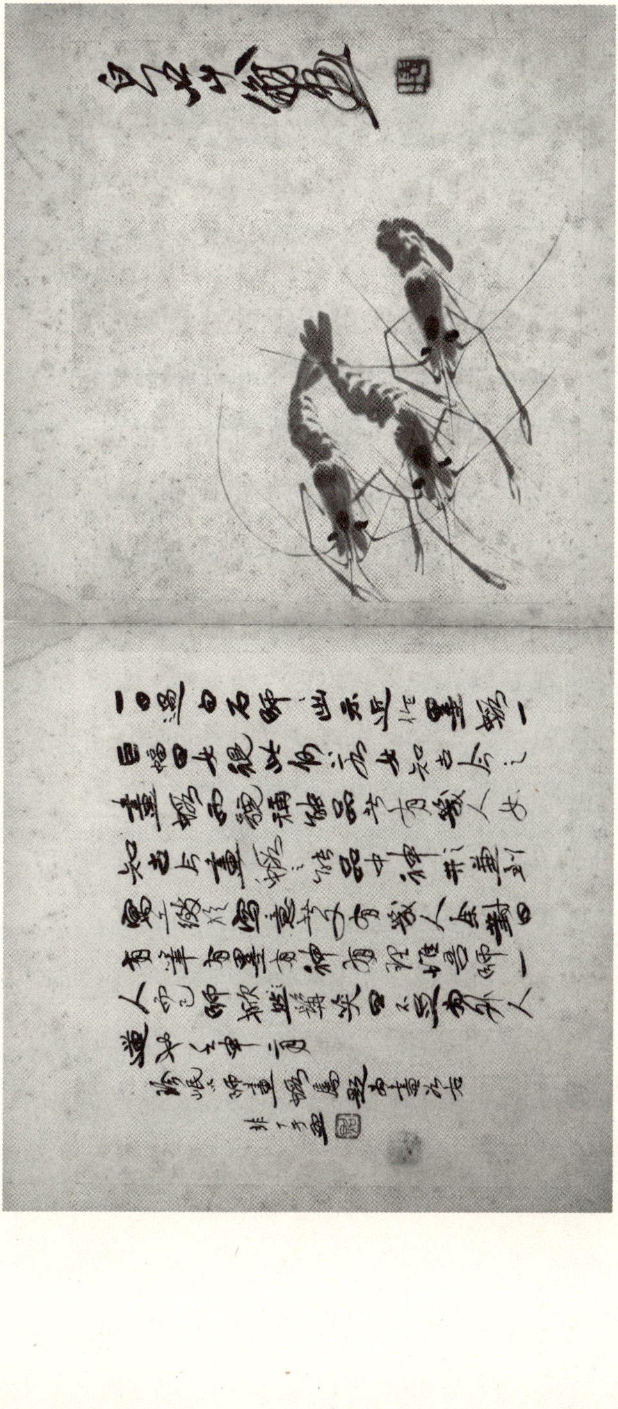

于非闇题齐白石画虾（中央美术学院美术馆藏）

对了。所以白石山翁去冬画的虾，是用淡墨的。这本来是很琐屑的事，但是就这一点，可以推知他思想是新的，是不故步自封的。白石画蜜蜂，凡飞的蜂，不画四翅，仅以淡墨和赭色晕出。本来在飞的扇动中，无论人如何凝视，也不能看清蜂的四翅；但除他以外的画蜂，都不如此，可见此老观察周详，创作的确，非仅粗犷以为高了。安吉吴缶庐，画学赵㧑叔，亦步亦趋，无甚作意。自㧑叔死，他始觉得依人门户的可耻，竟变其法，恣意写神髓。因为他学识、经验、阅历，都很充足，他又善书，所以他五十五岁以后的画，与年俱进。又因为常和端午樵、王孝禹这些收藏家盘桓，他在画上的认识，越发丰富了。

以上两画家，我并不是主张去临摹他们。我以为他们作画的变化，是不肯作人家奴隶，肯独出心裁，自觅途径，俾造成他们个人的画，这是多么伟大耶！

我对于艺术整个的——可惜我不能充分去研究，但就画与画法、雕刻一部分，我觉得是脉脉相通的。午门历史博物馆，藏有北魏元显镌墓志，戊午年洛阳出土，形制颇奇，为自来墓志所未有。全志作龟背（盖），刻龟甲文，中镌“魏故处士元君墓志”八字，所刻龟甲文，绝不是界画匠用尺子取六角形，整整齐齐来画的。所以我一见这墓志，即定其造意、造形（龟之头尾四足皆全，且生动）、书志、刻石，皆一手包办。因为他能以刀法补书法，能以刀锋作画法（龟甲文），而雕塑龟形，生动不作俗态（各地碑碣，下承以龟，龟形极少生趣，甲文亦以界画法刻之）。由此可证书法、画法、雕刻三者，是脉脉相通的。

我最好参观画的展览会，因为相观而善之谓摩，我仅默默地观，得失美恶，自家计较，最足以增我的阅历。至于口讲指画，高谈玄理，我只觉徒乱人意，殊不是修养上的好事。

五

我国人的习性，是肯追随时尚的。间或有标新立异，自辟町畦，也往往为时尚所非笑，所排挤。若果这标新立异的创作家，他的出身、年岁……以至于环境等等，稍有些易于攻破的地方，于是乎追随时尚的人们，室隙蹈瑕地攻击他，务使他体无完肤，澌就澌灭，或是投降了始已。这种情形，在有清一代的文风上，诗韵上，画派上……都是如此的；清以上，更不消说了。桐城阳湖的古文，王阮亭、袁子才的诗，虞山金陵的画，自为风气，以转移一世之人，人的天才，遂皆为派别、门户、师、弟子所授受，牢束着。只形成了向派别……内的发展，不能向外的发展，于是新的艺术，戛戛乎很难见了。这种情形，迄于今不废。

我不自量，不知天多高，地多厚，在两三年前，屈服在这种势力之下，自觉非常苦闷。自己被这风尚压迫着，于无可如何之中，始就人们所不甚注意的印章中，稍稍表见我个人的意见，及至我的意见发表了，派别、门户……的势力，遂群起而攻，以迄于今，仍在交战状态之下。本来自明末清初以来，治印的作家，是代有进步的。浙徽特起，赵吴继之，作风不同，去取斯异，而究其实，各有所长，也各有其短。我们取他们的长，也不过隶属下风，作他们的奴隶，转不若参酌金石，考求鉥印，拿这些东西来培植，以我作主体，或者可以创获些正经东西出来。那么，现代的画风是如何，现代恶势力又是如何，在自我的一方面言之，我惟有求我新的表见，新的创获，为意已足，更不必顾到任何方面上去。

松啸楼主人[1]的作品，我可以说是充分认识的。他的美，是能利用我国的画法和笔、墨、纸，而参合他新的发见来作的。这精神是伟大的，这努力是忠实的，在这种新的艺术脆弱的当口，恶势力不时地来包围，来摧残，但是他继续工作的精神，渐渐地为人们认识了。

画是利用种种工具来表见我的，画的法和纸笔色彩一样，同属工具。我国论画的书，虽不甚多，大约自唐以后，也有百十种，这百十种中，各有个人的主张，各道个人之心得，有互相发明的，有互相抵牾的，这不过供后人的参考，初不能奉之为金科玉律。至于说到画谱，其为用，也不过等于小孩子乍学写字的仿影。用它来练习着执笔写横写撇……则可，用它来学写字，无论多聪慧的小孩子，也不会学习神似；即或真能神似，恐怕离了它也不能吧！我很见到许多人在画谱中讨生活，临摹规抚，亦步亦趋，及至舍却稿本，便束手不知从何画起了，遑论他的画有什么表见么？自来谈画的，不曰有来历，即曰有根据，如同王维写雪，李成画林……我们生在数千年后，如果你要写雪，便要写出王维那样的雪，才算你有来历；如果你要画林，必要画李成那样的林，才算你有根据。不然，则你就你所见到的雪和林画起来，那你就是无本之学，你的画就是向壁虚构的画，就不足登大雅之堂了。这种论，我虽不能说根本谬误，而推其弊，则有杂凑成篇，鹑衣百结，依人脯下，绝少表见。与傍依门户，不自树立的，同其谬误。在我这一知半解中，以为画理画法的书籍和古人作品的成绩，都是死的，都是仅能供我的玩味、探索、涵泳、欣赏的工具，是用它来养成

[1] 似指王代之（1900—1974），美术家、教育家。潘天授有《题王代之松啸楼集句稿兼以代简》诗。待考。

我的画，不是用它来画成我的画。所以我们对于它，也就视之与纸笔色料同为工具了。

六

友人邱石冥[1]，是青年的画家，他的画虽尚未成功，但他的取材，的确是已经成功的。他画花卉，间取习见的外国花。一日我和一位老画家谈起来，这老画家很不耐烦去批评，只是我殷殷地问，老画家于无可如何中，先叹了若干口的气，没精打采地才说了两句话，他说："取材俗恶，质美未学。"我因为听了这刺耳的话，也就不便多问。但是这老画家居一部分青年画家领导的地位，他的见解，我暂且保留批评。我知道画葡萄是始于徐熙的，葡萄是外国种，非国货，难道说徐熙也是"取材俗恶"么?！所以在我个人的意见，画山水不妨着上数间洋房子，几根电线；画人物也不妨碧眼金发，衬上些洋的品物。只要画的意义好，意味长，的确不是海上画片，不是广告商标……画，而是文人画，是艺术家的艺术就行了。

国画的取材，虽有雅俗之分，但只看他所取的意义如何，所表见出来的方法如何。如果他所取的意义是高尚，是伟大的，而他所见的方法是美的，那么，这画一定是有价值的。反之，毫无意义，虽所采的方法是好的，也不能算是合作了。我在一个时贤展览会上，很看到几幅画，这作画的人，都是大名鼎鼎的。一幅画一个裸的女，箕

[1] 邱石冥（1898—1970），原名树滋，又名稚，号石冥山人，白沙（贵州石阡）人。擅长中国画。

踞[1]而仰卧着，在她那玉体横陈上，笼罩着一层很薄的红纱，映出那似曲线而非曲线的肌肉。因为这画的作者，是模古派的画家，这种姿势，是否有来历，可以不去管它。他既用中国的方法——或者说是吴道玄……传下来的方法，来画中国古装的美人，恐怕这也是什么杨妃浴图吧？但是这种浪漫式的姿态——箕踞仰卧，殊不易得到欣赏的美，且尤不识有何意义？那么，这幅作品，只好说它很奇特了。一幅画折枝花卉，粉红的海棠花，衬着两枝玉簪，这取材，殊不明了，因为海棠是春花，玉簪是夏末的花，季节相差太远——或者是我少见多怪。但是作者尚题着诗，也说不出什么来。由这两幅看来，取材的重要，当亦为国画上至宜留意的事。

我们生在今日的中国，予我们研习国画的机会、便利，较之二十年前，实在容易得很，这未尝不是很侥幸的事。在二十年前，古代的名画很不易见，即见，亦很不多。此其一。一般作家，仅师弟子相传受，不能公开。此其二。为拘守师承，严订规律，稍有变化，即斥为叛道离经。此其三。稿本传写，讹谬百出，以方为圆，指鹿作马。此其四。观察不精，阴晴不辨，拥甲斥乙，摹效为高。此其五。有此数因，所以纵有天才，也为汩没了。自摄影术兴，向之不可得见的，居然可以得见了。自印刷术兴，向之秘不示人的，居然可以欣赏了。加之，公开展览，校舍讲授……所以便于研习的，真是日有进步。这何尝不是我们很侥幸的事。我们幸生在此时，博观约取，俾造了我个人的画，不比昔人大夸其眼福，仅仅临摹了一两幅名画强得多么？奈何尚拘守一家一派，墨守稿本，日做人家的奴隶呢！

---

[1] 箕踞（jī jù）：两腿舒展而坐，形如畚箕，是一种随意不拘礼节的坐法。

自来要做个艺术家或仅是画家，必须有大无畏的精神，百折不回的志趣，然后才行。学国画在昔年，本是富人或贵族的事，因为他们在赏鉴、修养种种方面，都因为富有收藏，见得多，取得博，生活、环境、经济、时间……都不发生影响和阻力。假如王石谷要不遇着二王（时敏、鉴），也不过默默以终了。至于半生潦倒，卖画为活，此期中虽不乏杰出之才，要惟不能振作耳。我们试一检画史，凡追随时尚，不能特自振拔，虽尚有其他原因，而投时人之所好，以求画之得以易柴米的，固大有人在。何况今日生活日高，物价日贵，爱才养士之人，既已稀同星凤，而衣食居物之累，又须力事筹措，驯至有志之士，不得不牺牲其主张，趋时投好，以求人之一盼。盖屈服于经济压迫之下，非此不能解决生活的问题了。在此种状态之下，欲求成就了艺术家或是画家，没有大无畏的精神，百折不回的志趣，几何不人云亦云地屈服着做人家奴隶呢？

七

我是一个平民，我是由富而穷的平民。在我生活渐渐发生困难的时候，我才开始学画，所以我感觉到经济压迫的苦，实在是很可怕的。在一间很小的屋里，点起一盏三号洋油灯，炕上睡着妻和孩子，半灭不灭的煤炉，烤着食余的窝窝头。她因为明日的生活费，尚没有多大的把握，闷闷地睡去，时于梦中发出那“哎”的呼喊；我在一小而不牢的木桌上，用打破的菜碟作画碟，兀兀地学画，无寒暑，无风雪，非到夜分不寐，在这种买日为活的状态下，我居然挣扎了四年多。

我原没有过人的勇，只是物质上的嗜欲极淡，觉得一日的愁苦、劳累……到了学画的当口，全都抛到九霄云外，只觉我画有较好的地方，转可以消了一日的愁苦劳累……这很可作精神的安慰了。我这些话，并不是我自负，因为环境、生活……虽有时限制人，使人不得不屈服着，但是只要您于物质上的嗜欲淡，克苦力学，不怕不能打破种种的压迫。

八

自我的《谈国画》发表以来，很蒙人们的不弃，来书赐教，使我受益很多。但我是迂执的人，对于国画，实在没有充分的研究，仅仅自小的时候，看过了几幅名画，听过了几篇妙论，在今年岁首，才拜了白石山翁为师，所以我在此学画的期间，我所知道的，仅是如此。今我总结起来说：国画是以学识经验为根据，用书的方法画上去，使所表见的，是自我的。反过来说：不读破了书，不行过了路，不学了碑帖，而仅依样画葫芦者，即不是国画。

至于赐教诸君，我惟有敬谢教益了。

上吾所草谈画，吾于画，距成功尚远，限于识，所言特薄浅，以吾尚未深造也。吾好逞臆说，不自量其迂愚，吾之说，在缙绅先生视之，容或目之有邪说，以吾不主规抚宋元，临摹明清也。吾之说，在青年学者视之，容或目之为腐化，以吾于画之外，尚有所谓修养，所谓读书、行路、习字也。顾吾之为说，自审尚未至于邪，且亦未腐。昔人名迹，仅为修养之一，书画同源实为一贯之理。舍本逐末，贤者力戒；依样葫芦，壮夫不为。矧当今世，学术大昌，人固以傍依门户为耻也。往者，吾见赵㧑叔、吴缶庐、金北楼、王梦白诸先生及吾师白石山翁所画紫藤取境，用笔，敷色，各有其妙，吾因之颇有悟，奋笔写墨藤，用画梅法圈淡墨藤花，古今来愧未敢相师，吾以之呈吾师，吾师且喜吾慧，初不因吾未效师写紫藤而责斥也。故吾于吾师，师其作画之神；吾知吾师之见收录，绝不以不善摹仿而不为白石弟子也。特附于此，以告世之见教益者。

十八年七月二十二日于照识于花萼楼。

1929年4月7日—8月4日

《华北画刊》

署名于照

雕虫小言

卷头语

非厂好雕虫，凡雕镌绘画，昔贤所訾为小技者，吾则竭精力以求之，愈久而愈不厌。二十余年前，从王润暄先生学写昆虫，用大青绿法，敷色绝精。今又遇齐白石先生，以高年写草虫，寥寥数笔，风神弥永。吾性好嬉，暇则捕捉昆虫以为乐，畜养之，调护之，节其燥湿，时其食饮，而观其坐作进止，琅琅然鸣，汹汹然相啮斗。故吾于小昆虫，颇亦稍穷古今画法之奥秘，而思以所得，就正于邦人君子。此《雕虫小言》之所由作也。顾昆虫之名，咏于诗，杂出于各家之说者，每一物之考证，动累数千言，往籍俱在，可以复按，吾独不暇录出之。若画之法，幸少专书，吾则就闻于师友，及研习所得者著之篇，倘及研求艺术者所不弃乎？中华民国十八年十二月识于花萼楼。

总论第一

昆虫画法，起源最古。见于三代鼎彝者，要不得谓非昆虫画。然其画仅限于花纹中之图案，非专写昆虫，秦汉以来各器物，亦然。独汉魏印鉢，始专以蝎、蜴、蛱蝶入之。李唐而后，画法大行，昆虫画亦不过居于补衬地位，未能专也。及赵宋兴，昆虫入画，遂与花鸟同珍。若缂丝，若绢素，时见蜻蜓、蛱蝶之属，飞舞其间。南渡而后，士夫好畜养昆虫，画院名手，亦时以观察所得，写之卷册。吾所见宋人猫蝶图（耄耋）、百蝶图卷、瓜蝶缂丝、百虫卷、昆虫八锦卷……皆南宋之精品，写生昆虫在宋画中，始占主要地位。其以花卉名家，间写一二昆虫者，犹不具论。元人写昆虫，绝少名家，而所传名迹，亦时见粉蝶、蜻蜓于花草间。迨及有明，昆虫画复盛。陈遵、陈道复、仇英、项圣谟、朱耷……或遵宋法，或出新意，幺小昆虫，传神于阿睹间矣。降迨有清，画道大盛，恽格、恽冰、廷锡、一桂……直至清末海上画家，内廷供奉，其以昆虫名者，世称专家，而太常仙蝶，且以工一虫而名独擅焉。

昆虫画，自宋以来，专尚写生，故色彩至精。第其画法，约为二派：细笔勾勒，填以色彩，此一派也；不用勾勒，直以彩色出之，此又一派也。前者谓之勾填法，后者谓之没骨法。二者虽为法不同，而皆用石青石绿出之，务求工致则一。元人一宗宋法，多勾填。吾所见，仅宫纨为没骨法。明人画，盛倡笔墨，故写意昆虫，自明人始。寥寥数笔，遗貌取神，泼墨成浉，跃然飞舞。画法既变，用色亦殊，草绿花青，时施于昆虫羽翼矣。清人受明画之影响，加以欧西写生法，输入国中，写生写意，人并崇尚。其工于色者，则师宋人；工于墨者，则法明人，各相祖述，无复有新意焉。然以蝶，以络纬，以蜻蜓名者，固大有人在，吾将于后说详之。

吾尝考自宋以来，以山水名者最多，次花鸟，又次人物，又次走兽，至专以虫名者，代无二三焉。岂以其易学而难工耶？乌亦雕虫小技壮夫不为耶？自宋元以来，盛倡士大夫画，于是解衣盘礴，一写其胸中丘壑，以自跻于高明。至如幺么小虫，农夫匹夫之所习见，小儿女之所习所知者，每以为不足以笔墨传；即传，亦不足以托于士大夫画。甚且斥此为妇人女子之描花样，绣弓鞋者之所为，一若非学者所宜写，其为谬误，不亦大可哂耶？吾尝谓吾国图案画自魏晋以前，世有专家，绝非出自工人之意匠。唐以后，一任工人之手，故陈陈相因，绝少生趣。赵宋间出新意，故宋之器物，时高于唐。元及有明，惟恃稿本。康乾之际，发明渐多，道咸以来，纯托之工匠。观于古雕刻、古漆、古瓦、古锦绣，可以循其迹。故吾今特以昆虫画揭出之，盖稍明于历代画风者，当知昆虫画实有提倡之必要焉。至若吾国图案画，吾将别为说以就正。

顾吾以一平民，辄欲举画之法襮诸世。当此画道大昌，画家辈出。老师宿儒所不屑为，画伯艺术家所不肯为者，吾则斤斤焉，昌言而无所忌。吾非能写昆虫也，其所言，不将为人所冷齿乎？夫吾之不自量，吾实知之。知而不敢言，则不如以所不敢者，试出而姑勉之。试出而姑勉，则吾之心常虚，多所受。受多，以其小可者，续续试以出，在吾或可几于小成，在人不妨供参考，是即刍荛意之义，匪以此自鸣也。

1930 年 2 月 23 日
《华北画刊》第 59 期
署名于非厂

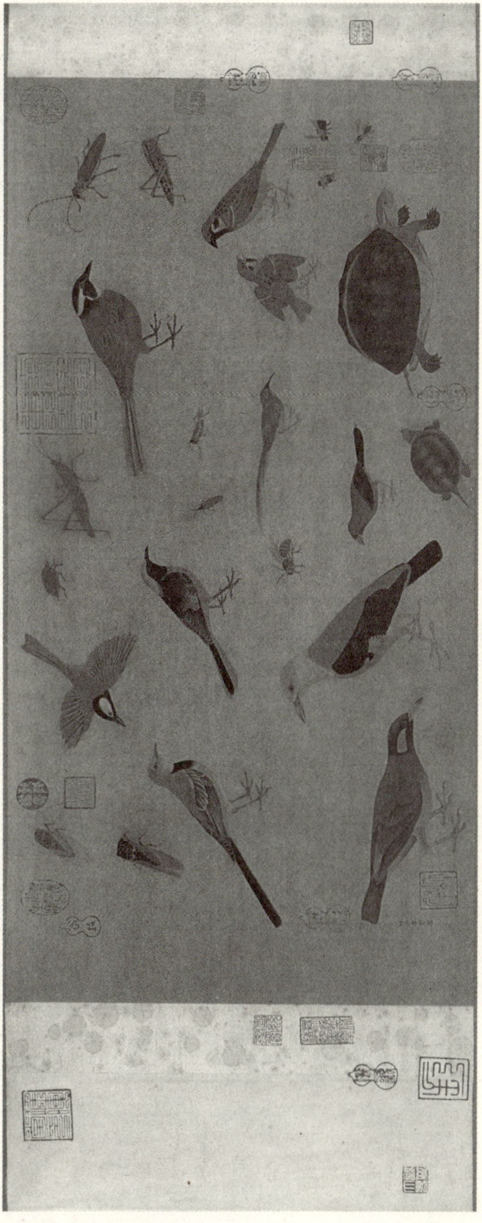

黄筌《写生珍禽图》（绢本设色）

校读《墨竹指》

以墨笔写竹，相传始自五代郭崇韬之李夫人，于窗前月影得之。然成都大慈寺有唐人张立墨竹。黄山谷云“吴道子画竹，不加丹青”，是则画竹且始于唐；惟以墨竹名家者，要自文与可始耳。其时有东坡居士，相与讲习。至元若李息斋、赵子固、赵松雪、管仲姬、吴仲圭、柯九思、倪云林等，明人王孟端、夏仲昭，清之诸曦庵、郑板桥等，皆以墨竹名，至若宋仲温之朱竹，程堂之紫竹，解处中之雪竹，完颜亮之方竹，则又画竹中之别派，而专工一体者。吾不能写竹，于其画法，言之且为门外汉。友人有以汪体斋[1]所为《墨竹指》一书属校者，

[1] 汪之元，清康熙至乾隆年间人，字体斋，自署白岳人，室名天下有山堂，海阳（今广东潮安）人。工翰墨。著有《天下有山堂画艺》二册，雍正二年（1724）成书。一为墨竹谱，一为墨兰谱，墨竹谱前有《墨竹指》三十二则，详论写竹之法。

读而善之，曰有是哉！可以为竹传神矣。其论用笔曰：“写竹之法，先习用笔，如书法之用中锋。中锋既熟，复以全体之力行笔，虽千枝万叶，偃仰攲斜，无不中理。……必须握管时心心在中锋，行笔时念念着全力。”又曰：“凡笔未着纸之先，必须悬起臂腕，紧握笔管，端然尽力为之。正如勾镶格抵，非运一身之全力不可。更须笔尖与腕力俱到，其梢叶足长五寸，秀健活泼，生气尽浮纸上，迎风听之若有声然。今人写竹其病全是臂腕无力。只将指（注中指也）推引笔管，轻轻撇捺开去。……不独写竹为然，则学书亦有此病，良可叹也。”又曰：“书家谓提得笔起，乃是千古不传语，墨竹亦然。提笔不起，安能作竹？书家谓无垂不缩，无往不收。墨竹使笔亦当如是。细心体会，久而自见。……子昂诗云：‘石如飞白木如籀，写竹应知八法通。’明王绂亦云：‘墨竹之法，干如篆，枝如草，叶如真，节如隶。’即知古人书法竹法，原无二理。……董宗伯云：‘画家以险绝为奇，此窍惟鲁公、杨少师得之，赵吴兴弗解也。’予谓墨竹亦然，风枝雨叶，亦以险绝为奇，此窍惟梅华道人得之，李仲宾弗解也。”读其为说，鲜有不以老生常谈目之者。然一艺之工，倾全力，积岁累年，悬臂腕，握管，坐起出入，形诸梦寐，兀兀求之，终其身有至有不至，故历代之工书者，可屈指数，而以书之法写竹影，宜乎其工者尤少也，则汪氏之说用笔，正所谓可为知者道耳。汪氏于其说之后，殿以其所指。曰：“书家有八体，山水家有六法，习墨竹者岂无体与法耶？然古人实未之有，俾学者何所持循？余因拟之，其法亦有六：一曰胸中成竹，二曰骨力行笔，三曰立品医俗，四曰气韵圆浑，五曰心意跋刺，六曰疏爽淋漓。又有六病：一曰笔力柔媚，二曰神品散漫，三曰源流不清，四曰体格粗俗，五曰未成自炫，六曰心手相戾。”其持论之尤精者，有曰：“写竹初以古人为师，后以造化为师，泽川千亩，皆吾粉本也。”其自述所见，则曰：“余尝见曦庵为曲阿陈君咸若作《墨竹》长卷，始而晴明，渐见阴晦，阴后风生，风后雨作，雨后继之以雪。溪径连络，渚碛流通，一卷之内，阴阳气候之不同，而使笔墨尽夺化工，虽古人亦未尝梦及也。”吾由其所指六法、六病而推其所论，汪氏之谓写竹，盖以书之法写竹影，为之传神，非三个四分，聚五攒六，桃枝柳叶，似竹非竹叶。近人之工写竹者多矣，敢以其说质之，以为可不？

1930 年 12 月 18 日
《北平晨报·非厂笔记·三》
署名非厂

画草虫

二十余年前，曾学工笔草虫于王润暄先生。先生富收藏，凡有所见，皆用油素勾出，积至夥。先生精研花卉，自南田、南沙入，晚年写昆虫，皆一一搜求而畜养之，都数十种，故先生不特画之精，其畜虫之法亦妙也。吾性好弄，每于秋冬杂畜蟋蟀、油葫芦、络纬之属，以罐以笼，时其寒燠、燥湿、食饮、阴晴，颇亦自负甚精。计从王先生学，迄今又二十年，而畜虫之法，反不如市井间之贩虫者，盖吾之力仅能遂其生，而贩之力且能生其生也。每当冬日，街头辄有置高二尺许之纸箱，其上列一二笼虫之葫芦，御宽博之衣，其胸隆然若袒，中实鸣虫之属，唧唧然。其人多穷困，色黝然黑，衣履不整洁，无以之致富者。其为技绝精，能一望幼虫，即知其成长后鸣声何似，若音

王润暄《蝈蝼图》

洪而阔，若音窄而仄，若鸣谙，若浏亮[1]，若者音有异，若者音太平，彼识既审，则洪者可使之阔，仄者可使之洪，鸣谙而浏亮，窄小而宽洪，乃十九而中。夫天之生物，由其寒暖、燥湿、饮食……之不同，虽同为一类，而各有差异。彼审夫寒燠、燥湿、食饮……足以左右虫之生，于是强者故扼之，弱者力助之，皆恣其意为之，不少差，其巧遂夺天工，其技遂为不传之秘。即以相虫之法言，吾自诩尚不弱，然而举吾所相，其失且半，虽兀兀求之，潜心冥索，至有终此虫之寿而不能知者焉。往者先生曾亦患此，出资为贩者饮，既醉饱，出所畜使鉴定，略一指点，其效每出所期，然皆属诸肤浅者。自后与订交，久久交且契，彼宁以佳者赠，亦绝口不言其所以使之佳，王先生每以为吾言，未尝不悒悒以为恨。吾既浅尝，自负且甚，以为虫之养，在吾为能尽其性，而不知此中尚有生其生之术在，秘之不以示人也。

今冬煴油葫芦者，闻曾得数异虫，一虫售于北平，余二虫售于天津，获二百余元。吾人闻之殊可惊，彼中人则谓此恒有事，年年若此，脱不如此，不足以见术之奇。然而孰又知鹄立街头，隆其胸，黝黑其面者，实操有生生之术耶？自恨钝根，不克穷其奥秘，则惟有一其心以画，画草虫遂为吾每日工作之一。扬子云言“雕虫篆刻，壮夫不为”，吾既喜雕虫，养虫之余，又及于画虫，其分乃至当。尝见汉人两面印有雕壁虎与蝎者，是即虫画之滥觞欤？吾一面雕之，一面画之，啾啾唧唧，无冬夏，无朝晦，觉庄生之化蝶，尚未免太著象也。虫之名，咏于诗，书于《春秋》，杂出百家之说，汇而记之，有《虫荟》一书在，兹可不详。其画法始于唐（见《唐朝名画记》)，至宋而有两派：

[1] 浏亮：明朗。

一派用勾勒，必具五色；一派重墨染，间施薄彩。宋南渡后，又复盛行减笔画，以粗笔写蛱蝶，主传神，已开明人写意草虫一派，郑所南其尤著名也。自元迄明，墨染一派不传，勾勒与写意，遂并驾齐驱于艺苑间，历清迄今不废。吾得见宋人墨染草虫纨扇，及怡寿堂藏《秋锦册》，项子京藏宋熙宁《百虫卷》，皆以墨晕染，显其阴阳向背，然后敷以薄彩，栩然欲活。其墨晕，有染法，有皴法，有提，有顿，有使转；其工细，若蚊若蚁，皆如其状为之，不少苟。吾尝谓写草虫工细易，生动难，生动见笔尤难。盖虫之进止动静，瞬息万变，为喜为怒，为饥为饱，在平日既须别之至审，当其未动，即已知其欲动；见其既动，即已知其所之；其为喜，则其翼、其角、其足若何；其为怒，则其翼与角等又若何，薄而观之，静而悟之，遥想悬拟而试之，必于瞬息万变之中，而皆摄得之，然后以书之法写之。篆法欲圆，以之写触角，虽飘然而有圆融生动之致。隶法趋于扁，以之写虫足，棱然而具攀缘摇曳之姿。目用点而筋用挑，飞蛾之须，法具撇捺。故虫之生动，赖笔以传，而笔之生动，又足以传其生，正如贩虫者之能生其生也。

草虫之为画，惟角与足为难；亦惟角与足为能传其生。曩者王先生曾谓吾：“写络纬之须，功力二十年，始能圆，始能动。”先生所谓须，即络纬、蝈蝈等之两触角：此触角长约二寸有五，为圆柱形，其尖端至纤细，凡有怒，则二者挺然向前；有惊，则矗然向后，其前与后，非全部挺直，亦非全部呈弧线，其一种自然之状，乃若游丝之无风摇曳焉。在草虫中最为难画，非用写小篆之法写之不可。今世擅长草虫者，当推齐白石先生。先生写草虫，有绝工者，有寥寥数笔，墨韵既足，便不着色者。吾所见先生画草虫，有远在十年前，有近才一

于非闇《园蔬图》（1938 年，北京画院藏）

月，年愈远，笔愈精到，然而求之七十老翁，其精能亦可贵矣。此外虽有作者，吾目未见，愧不能详。王先生又言：“画草虫以蝈蝈最难，色既繁复，笔尤拙巧难施；其次则为白蛾。盖蛾之白，须就素地为之，不得敷粉，是犹画蝶须用墨，不得用烟与通草灰也。”齐先生曾言：“蜻蜓腹节之数凡八，状其屈伸俯仰全在此。”兹以草虫实吾篇，辄拉杂记之。

1931年2月6—8日
《北平晨报·艺圃》
署名非厂

画理通于造化

读《瓯香馆画跋》[1]，不谓烟有如许妙理！其言曰：“余谓画雾与烟不同，画烟与云不同，霏微迷漫，烟之态也。疏密掩映，烟之趣也。空洞沉冥，烟之色也。或沉或浮，若聚若散，烟之意也。覆水如纩，横山如练，烟之状也。得其理者，庶几解之。”画理通于造化，文境亦须通于造化。

1931年2月26日
《北平晨报·非厂短简·七》
署名非厂

[1] 《瓯香馆画跋》亦名《南田画跋》，清代恽寿平著。

六法

六法之说，传自有唐，张彦远《历代名画记》曰“昔谢赫有六法”云云，恐系张氏托之晋人也。又其说“气韵生动”云云，乃专指魏晋以来人物画，非泛指后来花卉、翎毛、山水……而言，顾自元明以来，统称画学曰六法，犹之统称书法曰八法也。又近数年之画风，变化甚速，大涤子、八大山人等之逸民画，已成过去，马、夏等南渡后画大行，半壁江山，浸浸乎人人待招矣。

1931 年 12 月 4 日
《北平晨报·非厂短简·三七》
署名非厂

中国画之皴斡渲刷

数年来寄兴于画，颇似开倒车，自维才质，不敢与人竞也。迩者有《中国美术史》之辑，得异国友朋之交换切磋者，实乃有获，天寒夜永，摭拾一二以实吾篇，非吾之所能为也，用自励焉。

约翰生教授曰："贵国山水画最为名贵，最能表现一刹那之烟云幻灭，瞬息百变之状。有时遇到一种风景，在不甚注意时，是一种情状，在稍一注意时，又是一种情状，及至极为注意时，而它又变为一种情状。此等天地自然美，只有贵国山水画能表见之，我见过贵国山水画，返而视一般所崇拜风景画家之作品，觉得过于呆板极矣。……黄子久、董玄宰、王时敏、程穆倩、戴熙诸人，最能表见日暮烟起时暝合之暮色，诸人不但设色然，用墨尤为神秘。"

安特先生曰："中国山水，尤在用色之上，它很足以表征东方民族之和平调协与高尚。山水取景虽不合透视，但作者多半为山中隐士，凭栏眺望所得，信手一写，用笔心之特长，随以表见线条，最是在极淡之中，而能表征那一时或一刹那天地自然变化的美，此种美，确非西方画所能为所以为者。……我所见如吴仲圭、王时敏、梅清、戴熙诸人作品，如果诸人不是山中人，绝不能领会山中变幻的趣味。……但是王石谷、石涛诸人，未免一味用笔，墨色反不清明。”

按二君所言，自较英人白谢尔所著《中国美术》[1]为亲切，吾国画本自有其特长。其法足以状烟云变灭于倏忽者，惟在皴斡渲刷。郭熙《林泉高致》集曰：“淡墨重叠旋旋而取之谓之斡淡，以锐笔横卧惹惹而取之谓之皴擦，以水墨再三而淋之谓之渲，以水墨滚同而泽之谓之刷。”又曰：“运墨有时而用淡墨，有时而用浓墨，有时而用焦墨，有时而用宿墨，有时而用退墨，有时而用厨中埃墨，有时而取青黛杂墨水用之。”山水用笔墨之法，可谓尽于此矣，惟吾国含毫舔笔，始见于庄子。吮墨长年并见于东坡。自来画家皴斡渲刷未有不佐以唾液者，故能润含春雨，干裂秋风，其为神妙，正其破万卷书，行万里路，自烟云供养来也。吾数年来颇亦研习子久、玄宰、烟客之画，觉其墨愈淡而愈妙，几至不可捉摸。吾自信非必异国人所谓好者，吾始从而好之。吾惟恨不能入山维深耳。

1931年12月19日
《北平晨报·艺圃》
署名非厂

[1]《中国美术》为英国白谢尔（S. W. Bushell）所著，戴岳译。1923年，商务印书馆编刊《世界丛书》之一。

国画新旧的调和

我是四十以上的人，自然我头脑有些腐化——或是全部都腐化。但我对于国画比我年轻些的同道，容或比他们看得多些；惟不能因我看得比较多，就认我有些古典化——腐化。所以我特地先说明一下，做我这短文的楔子。

文人画之一词，虽不能全部代表国画的精神，但是装饰画、商标画……非以欣赏为目的的画，无论新旧派画家，谁都不承认它是我们所研究的画。那么，我们所从事研究的画——国画，至少也要够得上文人画，这大约是不发生什么疑义的。

不错，我的确喜欢研究古人的画。我自商周秦汉的装饰画，以迄什么曹衣出水，吴带当风，泼墨惜墨，渴毫湿毫，南宗北派，四家八家……凡是属于画的理论、纪事和他们的作品，差不多有三十年的研究，但是那些死板的东西，传统下来的衣钵，我自恨愚拙，自惭形秽，幸而未蒙他们收我做再传弟子。然而古人作品，我认为的确有不可磨灭的精神，诗的意趣，文人的笔墨，而他们那种不相沿袭不肯摹仿的精神，终于造成各自名家，独立不倚。

新派的画家，差不多是自称为革命的画家，以为中国从前的画家，都是摹仿的，都是陈死的，都是传统的，艺术是向前的，不是向上的，研究古画是造成奴隶的……这种论调，我至少也附和过三五次，而迄今我仍然有些附和着。不过在我个人的理想，我认为此种主张，至少可以说壁垒过于森严，实际上并未充分地看到什么是国画。我们国画的进程，有悠久的历史，不断地发明，并不是坐飞机直上三代，实是乘特别快（车）一往直前，这种精神，我们大略翻一下国画史，大约很可以见到这种向前的努力。就以画人像的线条来说，唐以前是一个样子，直到近清的中叶，差不多拓为三十六种，所谓笔的趣味，变化至于如此，所谓惟师造化，不落恒蹊，这种革新的精神，何尝不是国画的口号。

艺术是有时代性的，国画是艺术，自然国画也有时代性。唐朝的人像，戴唐帽，履凤头鞋，宋朝则峨冠莲蹻了，那么，现代画又何尝不可画美国帽、高跟鞋？汉朝得到了洋葡萄，马上造起天马葡萄镜，宋朝得到了南洋狗，马上画起了海白葵，那么，现代画又何尝不可画东洋菊、西番莲？不过中国画是有意义的——至少也有些诗意。不是马上拿起笔来，无聊地乱写，而尤其在构图上是经过很精密的构思，很经济地用笔墨，差不多是将古比今，有含蓄，有寄托，有怀抱，有情思……不过能看到的这种作品，使人们领略着趣味，感到了兴趣，并不是死板的以古为师的墨守家所能作的。

在现代的国画家，很难说话，很不敢大胆地去批评。在我的老师，或老前辈、老先生们，他们差不多是板着面孔，老实不客气地以古画怎样怎样，古人怎样怎样，昭告我们；而他们却是直进向前，差不多都做超过古人的工作。在现在的青年朋友，他们总是坚决地反对古人，很努力地不断地向前创作，国画的新旧派在同一向前上，俨然反成了界限。这种现象，实在有调和的必要吧。因为他们造成个人技术的方法不同，于是在他们作品上，形成了相对的现象。

在新旧派的国画家，如果您们承认不是做装饰，画商标……而是文人画，那您最好不要学齐白石画大虾，而您要找到古人所画的虾来比较一下，尤其是您要明了齐先生为什么要画虾。您如果看到了郑所南更祚之后的写兰，不画土根，那您也可以想到文人的寄托和国画上的创作了。似这种例子很多，我们如果研究一下，我敢大胆地说："新旧的调和，只在所取方法，有些不同就是了。"

1932年6月2日

《世界日报副刊·艺术周刊》第36期

署名于非厂

谈画

连天烽火，岂尚清谈，而临难勿苟，惟有与古城同其日月而已。是不可以不谈，更不可以不谈画，以画为古城荟萃所也。陋浅之讥，岂复宜故。

画人物者，多画古衣冠，吾亦为不妨画高跟鞋、美国帽，以吾国人，虽御此洋衣冠，究之身材面貌语言行动……在在足以表见其为中国人。除西画表见时代性外，中国人物画，则往往唐帽宋衣，其意以为今世人不足取，非特今世，三百年来皆不取以入画，恶乃笑话。吾尝观元朝人画，其人物独取宋衣冠，或远宗唐人。与其谓为民族之见，毋宁谓其为沦于披发人心思汉也。迨明人画衣纹，远宗唐宋，而衣冠之制，则为本朝，此稍明历代衣冠者，类能言之，而唐寅、仇英辈尤精审。及清入关，剃发易服，非复明制，而陈悔迟诸遗民，乃不屑屑于清代衣冠，其意可以深长思矣。不意三百年后之今日，画人物者皆画唐帽、宋披、明氅褶，鹑衣百结，自以为高古，此不可以不谈也。

读画最益神智，遇名迹静对，往往荣辱都忘，心身兼畅。顾吾所读画，只取雍乾以上诸人，而雍乾诸老，其画非不工，惟其出入之迹，似仍未脱昔人窠臼，转不如直取其所入者，静观之，默对之，涵泳沉吟于其间，觉有别趣也。

八大山人书学钟元常，含锋内敛，浑厚天成，允推大家。写山水以简古荒寒胜，仍未脱董思白、文休承、邹衣白窠臼，然其略不经意，以书法写山石林木，勿燥勿湿，可浓可淡，以气胜人，亦自堪玩味。写鱼鸟用泼墨，其点睛往往以白眼向人，或瞑然倦卧，知其胸怀所蓄，乃大有不可言者。按山人画，在当时赝者已多，同光之后尤众。以钟法求山人画，即岳雪楼孔氏所藏有大涤子对题者亦非真。观山人画，必以书法衡之，再观其画中所寄，虽不中，不远矣。高南阜[1]有临八大山人册子，惟肖。对题效山人书，有其皮毛。册末南阜题五古一首，极推崇。有好事者将南阜自题截去，仿山人印钤红，竟为某老人以数百金收录。今南阜此题，尚在某君手，诗与书绝精，可爱也。

见于著录之画，视之往往不甚佳，玩味且索然，尤以式古堂卞氏、漫堂宋氏、岳雪楼孔氏为甚。北平孙退谷[2]不愧法眼，所鉴定独能得作者之心灵。

写兰，人咸震于郑所南，其实所翁别有所寄，犹之屈子托香草美人也。吾最畏读蒋予检、郑板桥辈之所谓凤眼，所谓破；以功力论，固有非恒人所能者，然而荒寒幽寂，孤芳自赏，元明人画法，自是传

---

[1] 高凤翰（1683—1748或1749），字西园，号南村，晚号尚左生、南阜老人，山东胶州人。清代画家。

[2] 孙承泽（1592—1676），字耳伯，号北海，晚号退谷。山东益都人。清代学者、书法家、书画鉴藏家。

神之作。

近世高谈宋元画，等而上之，曰唐画，曰六朝画，惜吾所见者少，不敢妄指六朝、唐、五代画如何如何。精能之上有神品，其含义要眇，最耐人寻味者，要以元末清初诸逸民野老所作，往往使人静对；热念都消，直欲呼出而一话沧桑也。唐宋之画，非不能见，见而令人气沮，令人生疑，令人不安；而南渡之作，益臻颓废，工巧而至于穷极，画道微矣。友人曾叩以故宫藏唐解元《采莲图》[1]，吾辄笑，盖友震于其为故宫藏，而又有文氏三桥狂草也。

梅瞿山写山水，盖深有得于黄山灵淑之气，故与运笔构思，迥不犹人。瞿山与其兄雪坪，与石涛和尚往还最久，其笔墨得力于涛师者独多；特其气稍弱耳。人谓涛师画独以气胜，吾谓涛师之韵，惟瞿山能得一二。瞿山画喜临古，往往标出此梅道人法、此子久法……而其迹则绝不似梅道人、黄子久，若以神韵求之，乃独与神会，所谓以不似为似，摄其神而遗其貌也。瞿山写松，古今一绝，而其蹊径，则来自涛师。顷见一大册，写黄山，十二帧对题，渴墨燥笔，苍润欲滴，人小仅二分，而神行兼到，梅氏精品也。

青藤道士徐天池，予最爱其草书，以为得宋贤气息。写花果树石，别具风格，往往取极恒见之物，以水墨瀹数笔，已自淡雅绝尘，一经题咏，直觉没骨徐熙、勾勒黄筌为多事也。

1933 年 3 月 18、21、29、31 日
《北平晨报·艺圃》
署名非厂

---

[1] 指明唐寅《采莲图》，现藏台北故宫博物院。

学画

友人问我："画要如何学得?"我说："要读万卷书，行万里路。"友笑，我亦笑。友说："有否轻而易举的?"我说："月花几块钱作束脩，无论哪一家画馆，描描稿子，涂涂颜料，请先生再润色上几笔，请先生代题一个年月姓名的款子，再花上几角钱买一个化学印，代刻名姓，还送给一些印泥，钤起来，也未尝不是画。如此一学，六个月即毕业，若能继续到一年以上，那更好了。"友问："究竟该怎样去学?"我说："教初学，除使之看画和他讲画与他改画之外，至少也要指导他去读书。除掉直接关于画理、画法、画识、画考、画史等书籍之外，《水经注》要读，各家诗话要读，名人小记要读，汉魏赋要读……至于经史诗词，那更是根本之学了。跑公园，要看看花的发荣衰歇；赶起路，要领略些山野间朝暮晴阴的变幻；还要诌两句歪诗，诵两段古调，如此做下去，或者三年五载，可以养得出些画趣来。您请看，当代画家，岂不胜于明清？但是您再转眼在题识上看看，不用说六如[1]的清峭、石涛的豪放、南田的闲雅、老莲西庐[2]的幽逸找不到，就是乾嘉诸人的小诗短句，恐怕也很少见吧？”友笑颔，我亦笑着写出来。

1934 年 2 月 24 日

《北平晨报·闲谈·十三》

署名闲人

[1] 唐寅（1470—1524），字伯虎，号六如居士。明代画家、诗人。

[2] 老莲西庐：陈洪绶（1598—1652），字章侯，号老莲；王时敏（1592—1680），字逊之，号烟客、西庐老人。明末清初画家。

谈山水画

昨日于友人处宴谈，友人藏画多宋元名迹，当今之书画舫也。座间谈及画山水，客有以山水屋上行舟，树头架屋，为不合透视法者。主人大恚，以为出名迹飨客，竟不遇识者，未免伤雅。实则中国画超越迹象，神通造化，非西洋画惟迹象是务者所可比，不尔，有摄影机则可以不必画矣。案昔人有论及山水透视法者，惜后人不悟，叠床架屋，致山水画咸为鸟瞰式矣。宋沈括《梦溪笔谈》云：“李成画山上亭馆及楼塔之类，皆仰画飞檐，其说以谓：‘自下望上，如人平地望塔檐间，见其榱桷。’”此论与西洋画理合，由立足处望定点，上下左右前后咸中规矩矣。

1935 年 4 月 23 日

《北平晨报·闲谈·八三》

署名闲人

谈国画（二则）

一

或问中国画距事实大远，不相像。我说：中国画在魏晋南北朝之时，都是相像的，与西洋画之写生差不多，虽这些画不恒见，但是唐宋之工致画，尚有其遗型。张僧繇的没骨画，我们看不见，我们看见唐宋以来临本，也就可以想象一二，中国画如果像郎世宁那样画狗是狗，画马是马，那就早已无人愿看无人愿研究了。中国画惟其实遗貌取神的，是哲学的，是诗的描写，是把宇宙的一切一切都能抓住它那要点，所以就最近这一千四五百年来的中国画，的确在世界上放了异彩，绝不是东西洋所可比拟的。东西洋的画，是我们先民在魏晋南北朝已经过了初期的试验，我们抛却了“貌”而摄取了物的“灵魂”，这才造成了唐宋以来的中国画。外国的一切一切都是好的，差不多见着美国的月亮，都要说比中国见的大，独是我们这中国画，似乎要比外国来得高明，就以中国的纸笔墨色四者的进化，已使人可以惊叹了。

1934 年 11 月 3 日
《北晨画刊》第 2 卷第 12 期
署名闲人

二

我虽不能画，而我却于画理略知一二。中国画之微妙，绝非略识之无者所能解，至少须读些书，行些路，然后才能了解作者的苦心，画中的天趣。恽寿平（南田）对于画理发挥，最为要眇。

他说："宋人谓'能到古人不用心处'，又曰'写意画'，两语最微，而又最能误人。不知如何用心，方到古人不用心境，不知如何用意，乃为写意。"此是南田脱略迹象惟求神理之语。

又说："高简非浅也，郁密非深也。以简为浅，则迂老必见笑于王蒙；以密为深，则仲圭遂缺清疏一格。意贵乎远，不静不远也；境贵乎深，不曲不深也。一勺水亦有曲处，一片石亦有深处。绝俗故远，天游故静。"南田此论，最为名贵，"绝俗故远，天游故静"，此为文人画最珍贵处。

1935 年 5 月 1 日
《北平晨报·闲谈·八六》
署名闲人

国画是什么？

自全国美展开幕之前后，所谓“现代国画”——这名词大概是对于现代非国画而言——除掉画几架飞机，一幢洋房外，论者几乎根本要把这“国画”毁灭。本来这“现代国画”其中也真有画得太“那个”，而这宗年头，事事要革命，事事须创作，“国画”之不合时宜，也是和社会普通礼法一样的，一切应予以毁灭，更不用说什么新的故的！

我在“全美”之会前、会中、会后，很搜集了些关于“现代国画”的批评，归纳起来，大概是：临摹古法的，不合于现代；不合于透视，无时间空间之表见，不合于现代。干脆说，现代的国画，是要根本地改造，改造至于大众化，改造至于老妪都解。——统合京沪杭平各报章杂志而得到如上述。

“全美”之后，习“国画”的，既已得到如是严酷的批评，同时又感觉到空气之恶劣，于是（奔）走相告，以为“国画”若不亟早图存，将被东西洋画论，由开始总攻而致于全部毁灭。而持东西洋画说卑视国画者，也在那里跺脚捶胸，以为偶一不慎，致“全美”被“现代国画”倒占去了大部分，这殊非举办“全美”之初衷，这些东西，根本就不配这样的重视。这是我在南京，在上海，亲听来两方面的结论。

我是习过西画，读过关于西画书的。我现在是在研究“国画”。谁不曾镀过金，镀过银，但是我对于“现代国画”，我也曾和养鸽斗蟋蟀一般，下过一番研究的功夫。无论从哪一方面看，总觉得“国画”是和平的，是美的。这很像吃西餐，吃东洋菜一样，总没有粤菜、川菜、北京菜的变化多，味儿厚，引人入胜。假如坐几日火车，乘几天轮船，包你会想到中国菜太舒适，太美。

有一次，友人给我绍介了一位乡先生，我对于这位先生，自然要小小地做个东道。于是在一家很讲究的馆子，点了几碗清淡而有味的菜，以为非此不足以敬先生。比至开了账单，被这位先生看见，主客五人，吃了不及十二元，这位先生，很表示我似有些看他不起，他有这样两句话：“这并没有整鸡大肘，如何算得上筵席！”若用整鸡大肘来看“国画”，这“国画”早已就该毁灭了！

西洋画而要采东方画——尤其是中国画的味道——线条，色彩，笔法——这是现在法国学者最新的发见和趋势。我很和两三位西洋画专家讨论过这件事。他说：“这和中国戏一样的神秘而有味。中国戏的马，只有鞭子，上楼，坐船，捻针，挑线……并不曾真马上台，架上楼梯，撑个木船……但是意思神理，却真是有这些东西在着，中国画正和它一样。西洋人的新艺术，是要走向东方，而尤其是中国的文人画。”

本来学起中国画来，也实在的不太容易，并不是念两篇西洋绘画史，画画石膏像，调调红绿的水彩和胶粘的油漆，就可以毕业，可以说镀上金银的。至少的限度，要读几年线装书，要跑跑路，要写写字，要看看唐宋以来的古画，这是纯艺术，纯文学的，而并不是光靠着技术。若仅凭西洋画的技术论来看“国画”，那不但是看不懂“国画”，简直不知道中国文学是什么！

当我在南京听到了毁灭国画的妙论，很有些人要我写文章来辩护。我迟疑了很久，我觉得如果还有中国，还有纯中国人的话，那么，这“国画”是不会被毁灭的。但是经过两个月，我仔细地一考察，这毁灭国画论，是由于他们不知“国画”是什么。好在国画是什么，现在正由西洋人他们研究着，大概不久，西洋人自会说中国画是什么，到那时，有西洋人给国画保镖，这毁灭论者，或者到那时，他还是拥护论者的健将。我们生在这宗年头，更不用大惊小怪。

1937年6月7日
《舆论周刊》第1卷第8号
署名于非厂

谈缂丝

予颇喜宋缂丝，以为其拙厚处，直可窥见晋唐以来画法，至敷彩之瑰奇玮丽尤其余事也。按缂丝之与书画有关，其制盖始于唐，贞观开元间，人主崇尚文雅，书画皆以之为裱帙，即今所谓包首饰者是也。至北宋，以定州织者最为有名。按庄绰《鸡肋编》卷上云：“定州织缂丝，不用大机，以熟色丝，经于木椁上，随所欲作花草禽兽状，以小梭织纬时，先留其处，方以杂色线缀于经纬之上，合以成文，若不相连，承空视之，如雕之象，故名缂丝。”宣和时御府所出稿本，令工成制缂丝，尤为前古所无。靖康之难，多沦于民间，好事者见光彩绚烂，缕褥精致，虽绘事有所不逮，遂有辑成卷册，以供清玩者，周密《齐东野语》所记绍兴御府书画式，陶宗仪《辍耕录》所记书画裱轴，皆谓上等书画，乃用缂丝。宣和御府所用书画裱帙传于今者，如乾隆赐英熙斋相国之“迎阳介寿”缂丝，梁蕉林所藏“海屋添筹”缂丝，二

于非闇《梅鹊图》（仿宋缂丝，1938 年，北京画院藏）

者十余年前予皆曾寓目。至于右军《袁生帖》墨迹包首，与夫陆机《平复帖》包首，则久已脍炙人口，无待缕述。

宋南渡以来，高宗追步宣和，独崇羲、献之迹，于是缂丝名手朱克柔挺然特出，按克柔云间人，思陵时以女红行世，人物树石花鸟精巧疑为鬼工，品价高一时。其时尚有沈子蕃、吴煦、吴圻、朱良栋诸人，皆以缂丝名。是数人者，克柔雄强，子蕃绮丽，良栋瘦峭，二吴清奇。各擅胜场，独得妙谛。予曩曾为文记之，载《晨报》副刊。

至于书画出名手，织为缂丝，尤饶别趣，则南北宋乃优为之，虽其工手不详，而缂丝之妙，真所谓下真迹一等者也。惟两宋禁金彩，淡雅之趣，为其特征。其有金线者，皆元人所伪托，宋无有也。

元时世宗诏波罗国人阿尼哥率匠织御容及诸天梵像（事见《元代画塑记》），《元史·镇海传》云："时收天下童男女及工匠，置局宏州。既而得西域职金绮纹三百余户。"盖元代以武功震灿世界；各方织锦，时来进献，如缅甸锦、回族锦、波斯罽等等，已足使织工大变，而尊经崇佛诸饰，金彩足尚，故元代缂丝，独具诡异，两宋作风，为之大变。

明太祖以元人织刻徒尚繁缛，诏禁缂丝，缂丝一道几绝。幸赖宣宗，步法宣和，设内造司，摹仿唐宋名迹及御笔书画，缂丝之法，至是又复丕变，崇尚摹仿，无复有独创之趣。然而制作娴雅，视元人之徒尚诡异，直与回族锦、波斯罽无别者，则独为文人学士所重，而两宋雄强瑰丽之风，则已不绝如缕矣。吾尝谓宣宗以来之缂丝，其技巧实趋轶前代，其画稿尤为内府所藏书画之至精者，如故宫博物院所藏之崔白花卉轴，米芾诗轴，婴戏轴，其中有笔法，有墨法，而两宋雄浑之风则已微。

清袭明制，康熙朝尚得古法。乾隆以来，画皆院本，繁缛细密，视明加甚，古趣全漓。论其技巧，则突过前代，论其稿本，则囿于一时。世多崇尚，得勿以其巧技耶?

予尝谓瓷在康雍前者，是明朝画风；在成弘间者，是宋朝画，缂丝亦然。乾隆仿古之作，类明刻，明人仿古之作，则不敌宋人，以徒尚繁密，古拙之趣全失也。当光宣之际，缂丝之为士大夫所收，尚易一睹。民国十年前后，厂肆亦易遇之，紫江朱氏于此时得最多。寒斋所收，亦有数帧，颇堪玩味。

今苏州某织工，已老，尚是江南老手，予曾托其刻《玉堂富贵》一轴（崔白本），宋徽宗《桃花斑鸠》一小方幅，皆精妙，窃谓不在明刻下。盖缂丝之为物，全在稿本，稿本气韵限于时代，故予独不取乾隆以后缂丝。然今藏古物陈列所之《十六应真图册》[1]，以其稿本出于贯休□，故为乾隆缂丝者之至佳者。

1940 年 8 月 11 日
《新北京报·艺术周刊》第 77 期
署名于非厂

[1] 据中国美术学院出版社2018年出版的许嘉著的《绣画——中国江南传统刺绣研究》记述，该绣册皆以明代宫廷画师丁云鹏（1547—1628）所绘《罗汉册》(台北故宫博物院藏）为稿本摹绣。

漫谈花竹翎毛

陶九成《辍耕录》:“画家十三科：一佛菩萨相，二玉帝君王道相，三金刚鬼神罗汉圣僧，四风云龙虎，五宿世人物，六全境山林，七花竹翎毛，八野骡走兽，九人间动用，十界画楼台，十一一切旁生，十二耕种机织，十三雕青嵌绿。”按陶氏此说，不知何所依据。《宣和画谱》则总为十门:“一道释，二人物，三宫室，四番族，五龙鱼，六山水，七畜兽，八花鸟，九墨竹，十蔬果。”御府所收花鸟画，自唐以来凡四十六人，二千七百八十六轴，视他门为独多。说者谓宗宣独提倡花鸟画，至元季犹与山水并重也。

自元明以来，盛倡山水画，虽有王若水诸人力追徐黄，而务尚逸趣，全乏气骨；南田而后，高韵全失，花鸟画宜不为世所重矣。尝考《宣和画谱》，虽其撰者不详，要为北宋人无疑。其《花鸟叙论》云:“五行之精，粹于天地之间，阴阳一嘘而敷荣，一吸擎而敛，则葩华秀茂，见于百卉众木者，不可胜计。其自形自色，虽造物未尝庸心，而粉饰大化，文明天下，亦所以观众目，协和气焉。而羽虫有三百六十，声音颜色，饮啄态度，远而巢居野处，眠沙泳浦，戏广浮深，近而穿屋贺厦，知岁司晨，啼春噪晚者，亦莫知其几何。固虽不预乎人事，然上古采以为官称，圣人取以配象类，或以着为冠冕，或以画于车服，岂无补于世哉？故诗人六义，多识于鸟兽草木之名，而律历四时，亦记其荣枯语默之候，所以绘事之妙，多寓兴于此，与诗人相表里焉。故花之于牡丹、芍药，禽之于鸾凤、孔翠，必使之富贵，而松竹梅菊、鸥鹭雁鹜，必见之悠闲，至于鹤之轩昂，鹰隼之搏击，杨柳梧桐之扶疏风流，乔松古柏之岁寒磊落，展张于图绘，有以兴起人之意者，率能夺造化，而移精神遐想，若登临览物之有得也。今集自唐以来，迄于本朝，如薛鹳、郭鹞，边鸾之花，至黄筌、徐熙、赵昌、崔白等，其俱以是名家者，班班相望，共得四十六人。其出处之详，皆各见于传，浅深工拙，可按而知耳。若牛戬、李怀衮之徒，亦以画花鸟为时之所知。戬作《百雀图》，其飞鸣俯啄，曲尽其态，然工巧有余，而殊乏高韵。怀衮设色轻薄，独以柔婉鲜华为有得，若取之于气骨，则有所不足，故不得附名手谱也。”

此论不啻为画花鸟者张目。而自元以来，花鸟画，乃不能与山水相提并论，且卑之为非士夫画者，则以“工巧有余，殊乏高韵，设色轻薄，柔婉鲜华，独乏气骨”耳。吾前刊曾为安麓邨辩诬，其所为《墨缘汇观》，乃独不取花鸟画。安氏精于鉴赏，岂不以花鸟画之乏高韵，乏气骨乎？

有清三百年来，画花鸟者，吾得两人，恽南田以高韵胜，陈老莲以气骨胜，二人皆高品，而恽独绝。盖气骨可力致，高韵不可强也。

1940 年 12 月 1 日
《新北京报・艺术周刊》第 93 期
署名于非厂

画要有笔墨

日本画我认为只有“浮世绘”是日本人的画，毛笔画是学中国的，油画水彩是学西洋的。他们学了西洋画之后，觉得所学中国画（南画）有改良的必要，他们中菜西吃、西菜中吃，如横山大观诸人，在他们认得了不得，在我们看简直不得了，画成了没有笔墨！

我相信我不太守旧，也不太重保守，但是我对于日本人近代画，我觉得他们越改越不成东西，倒不如明治前后的几位画家，学学蒋南沙（南沙的画格并不高），学学吴小仙，较比来得高明。

当敌伪时期日本画充斥街头，艺专又有日本人专教图画写生，画时装仕女（画时装我并不反对，因为元朝人才画宋衣冠，清代人才画明衣冠，宋与明除故事画都是画的时装），但是所得的成绩，却是把构成图画的要件——笔墨失了。

我是画写生画的，我以为不但花鸟虫鱼要写生，就是画山水也要写生，但是忘了笔墨，却不成画，也不像话。

1946 年 10 月 27 日
《北平日报·太平花》
署名非闇

学国画

眼睛越来越花，远处倒看得清楚，近处却模糊；耳朵越来越聋，人家放炮，入耳后，仿佛放“小鞭”，所幸心脏跳动还正常，仍能勉强挣扎活几天。自一个月前，我收到了几封信，都是问怎样学习国画，并且还有一位愿意入画会。这问题在我脑中盘旋了一个多月，现在我为“清理积欠”，不敢说答，只好交代几句，做个过场。

学习国画，要有三步功夫：第一，习字。第二，观察。第三，兴趣。习字不用谈，观察分古今人的作品和实景实物。至于兴趣，却是须有为国画而国画的精神，这确要排除万难，举全力以赴之。要吃得起苦，要拿稳主意，要不骛名利，要不求闻达，要傻干，要虚心，要终身保持着学者的研究态度，要不为环境所左右，要不怕饿死……必这样方才能谈学国画。

我不愿意谈古代画家，我只佩服今代画家，因为古代生活比不上今代，今代的国画家，除有几位改途，入了贤达当了首长，收了门徒，有了办法外，据我所知道的国画家，谁不是度着清苦的日月而研究他的绘画？人家还骂画家开展览会，试问没有几个知己来维持，谁在管他的死活？一个画家，成名越大，他所花去养成他的资本也越大，他不自己想办法，谁来管这些闲事，管这些淡泊的画家!?

承问怎样学画，我据实交代，请您们自己斟酌。至于命我介绍画会的，我已在鼓楼版介绍中国画会了。

1947年2月23日
《新民报·土话谈天》
署名闲人

薔薇雖比況金沙一種風標富貴
家我有公哥君記取惜花須惜海棠花
非丁

负暄续录

负暄续录

自序

不幸不生当承平之世，不获追随嘉道诸前辈，从而考订金石碑版以及文房诸物，得一言以自壮；又幸而丁兹离乱，于嘉道诸前辈所不及见不可见者，得以考其得失，赏其精粗美恶。吾既多所好嗜，师友间昭告我砥砺我者，积之久颇亦堪为之纪。往者得元椠《负暄野录》[1]残卷，读之而叹其赅博。及检四库本，知陈氏此录于金石书画之余，兼及文房四事，务真实，不尚浮词，而其说又为考订家所奉为圭臬者。

[1] 陈槱（生卒年不详），长乐（今属福建）人。南宋光宗绍熙元年（1190）进士。著有《负暄野录》上下卷，多为书法方面的杂谈，涉及碑刻、篆书、近世诸体、杂感及文房四宝，多为己见，然不乏精辟之论述。

金君潜盦寓吾书，嘱为《湖社月刊》补余白，限其范围，仅及笔纸缣墨诸事，辄亦不自量其力，赓陈氏之说而题其篇曰续录。天寒昼短，负暄其时，狗尾之讥，又安知当代无嘉道诸前辈，为我一正其疵谬耶。辛未冬至月冬至日识于花萼楼。于照。

笔　料

笔之初，不知所自仿。《法苑珠林》以为仙人析骨为笔，成公绥以为仓颉所造,《物原》以为虞舜造笔书漆，要之当在蒙恬以前也。笔之料，自昔尚兔毫，故高诱注《淮南本经训》"以为鬼或作兔，兔恐见取毫作笔，害及其躯，故夜哭"。此外用鸡用雁，用胎发、人须者，复多见之载籍。类而考之，得若干种：

（1）兔毫。右军《笔经》云："中山兔肥毫长，故可用。"中山在溧水县东南十五里，宋以前颇重之。宋人精于选毫，谓兔有南北之别：产江南者毫短而软；产江北者毫长而劲。生于背领者其白如霜，谓之霜毫，绝有力。善制笔者，以北毫束心，南毫为副，外覆霜毫，斯乃尽善。

（2）紫毫、青毫。颜师古《隋遗录》曰："张丽华试东郭㕙紫毫。"段公路《北户录》载："宣城岁贡青毫六两，紫毫三两。"白乐天诗云："每岁宣城进笔时，紫毫之价如金贵。"又云："宣城石上有老兔，食竹饮泉生紫毫。"陈继儒云："宣城紫毫，澄心堂纸，相得益彰。"吾见乾隆御笔檀木管，刻曰"惟精惟一"，宣城紫毫也。青毫仅毫末为青色，与紫毫无大区别。

（3）羊须。陶隐居用羊须笔，见《天中记》，今不传。

（4）羊毫。以嘉兴硖石所产为第一，秀水次之。今用嘉兴羊毫者甚罕，间有之，亦仅覆外一层耳。羊毫笔之佳者最耐用，昔人方之如国家用君子人，久久其效乃见。广东有用青羊毫为笔者，利榜书，乾嘉时始大行，今遍国内。

（5）鹿毫。《古今注》："蒙恬以柘木为管，鹿毛为柱，羊毛为被，所谓苍毫，非兔毫竹管也。"晋王隐《笔铭》："岂其作笔，必兔之毫，调和难秃，亦有鹿毛。"鹿毫以蕲州产者为佳，宋元以来，多制为画笔。曾见道光时蕲州鹿毛笔贡品，锋长而锐，似俗所谓兰竹笔。又麝毛制笔，宋人颇尚之，其原始于广东。《树萱录》云："番禺诸郡为笔，或用麝毛。"郑虔谓："麝毛一管，可书四十张。"

（6）狸毛。《朝野佥载》："欧阳通用狸毛为心，覆以秋兔毛。"按此为兼毫之所自仿。郑虔谓："麝毛一管，可书四十张。狸毛八十张。"又邓石如以狸毛制长颖，宿羊覆之，时称兼善。

（7）鼠须。《法书要录》："右军写《兰亭叙》，以鼠须笔。"世说右军得笔法于白云先生，遗之鼠须笔。又云："钟繇、张芝皆用鼠须笔。"《归田录》："蔡君谟为永叔写《集古目录序》。欧以鼠须栗尾笔为润。"《明贤墨妙》："董文敏以鼠须笔写经。"自后迄今，鼠须笔不传。又宋时以诸葛高制鼠须笔最有名，见《山谷集》。

（8）狼毫。《考盘余事》："朝鲜狼毫笔最佳。"

（9）貂毫。明臧音叔以貂鼠令工制笔，圆劲稍觉肥笨。

（10）鸡毫。《负暄野录》："闽广间有用鸡羽雁翎等为笔，余尝用之，究其软弱无取。"《博物志》："山岭外少兔，以鸡雏毛亦妙。"《妮古录》："宋时有鸡毛笔。"道光时湖州有王文兴者，以制鸡毫名。鹅毛笔见白香山诗。

（11）鸡距毫。白香山有《鸡距笔赋》。黄山谷诗云“宣城变样蹲鸡距”，今不传。

（12）猪毫。王佐《文房论》：“永乐初，吉水郑伯清以猪毛为笔，健而可爱，其心则长。”

（13）胎发笔。《酉阳杂俎》：“南朝有姥善束笔，心用胎发，萧子云尝用之。”至宋时已不传。

（14）人发笔。《画断》：“岭南兔，尝有郡牧得其皮，使工人削笔。醉失之，大惧，因剪己须为笔，甚善；更使为之，工人辞焉。诘其由，以实对。遂下令，户输须发，或不能致，辄责其直。”

（15）竹丝笔。《负暄野录》：“吴俗近日却用竹丝者，往往以法揉制，使就挥染。”并见岳珂《玉楮集》。

以上所举，皆笔料之特著者。此外若虎仆笔（小兽，状若狸，善缘树，皮毛蔚斑如豹，取其尾毳缚笔最健，即九节狸也。见《六研斋笔记》），若蛹蛉笔（见《广志》），若丰狸、龙筋、猩猩毛笔（见《笔史》），若石鼠笔（见《广韵》），若狨毛笔、獭毛笔（见《山谷集》），若黄毛笔（见《文献通考》），若麻笔（见《博物志》）等，或则乾嘉以来，盛行紫毫，道咸而后，继以宿羊，今则不特古法尽失，即求一中山兔毫、宣城紫毫，亦不可得矣。

1932 年
《湖社月刊》第 51—56 期
署名非厂于照

羊毫笔

以羊毫作书，有期期以为不可者，有以为非此不可者。昔徐进之有言："用兼毫笔若小人，初用之颇见效，渐久渐敝，终则锋芒四出，无复成字。用羊毫笔若君子，乍试之虽无大效，或且格然不如意，渐久渐融，久久浑然收功于不自知觉。"吾虽不善书，颇喜湖州王一品笔，一品以制长颖羊毫名于同光间，吾有先人所遗，用之良得，今不知尚有继者不？

1931 年 3 月 19 日
《北平晨报·非厂短简·十三》
署名非厂

鹿毛笔

近时故都尚鹿毛笔，其精者用便而直[1]昂，颇耐久也。鹿毫中空，折之辄断，以之作笔，似不堪用，而制者用者皆指之曰鹿毛笔，吾滋惑矣。往者猎得鹿，取其毛随手折之，寸寸断，深叹古人格物之精。日本人造笔喜用马毛，毛坚韧而耐久，直亦廉，今故都用鹿毛者，乃制仿日本笔，而其名则鹿毛，甚矣吾国笔工之巧也。按宋时有鹿毛作心之说，但其法不传，无由考定。

1932年3月18日
《北平晨报·非厂短简·五四》
署名非厂

[1] 直：〈名〉价值。

用笔

名书画家，盛称北平各名笔者甚众，以为笔之精良，胥在各名家所制者，如贺莲青、戴月轩、李福寿、李玉田、李鼎和、胡开文等等。凡名笔肆，我皆试之，震于价之巨，装潢之精，我不敢非之，然而私心窃以为用之不大舒适也。

我所见六朝唐宋人以来书画，觉其笔与今日之貂毫纯羊异，而中山兔颖，直不知今作何状？我又见道咸以来名人书、翰苑书、国会议员时代人书，与夫今人书，及论笔之作，知我国制笔，一则王公贵人之好奇，一则公卿士夫之崇侈，于是古法全失，竞尚浮靡，而一笔之值，平民半月之食矣！

我以生活不能与“当铺”绝缘，观其所用笔，管巨而锋纯，非紫即貂，非鹿非兔，试以之效晋人书《曹娥碑》，唐人书《兰亭序》，力未至而笔已足全之，价则一元钱可得七八支，礼亡而求之野，知制笔古法之未曾全失者，端在专供工商人所用者耳。本社所用笔，其质料类当铺所用，第管稍细，闻价仅四分余，能写精楷，能效瘦金书，能摹古篆籀，用久且不敝，而皆卿士大夫文人墨客所斥为俗工者也。

1934年8月15日
《北平晨报·闲谈·二九》
署名闲人

紫毫笔

笔经之变，不自今始。兹篇所述，征诸古，见于乾嘉制，端以紫毫言，紫毫即兔毫也。手边书少，简陋知所不免。

笔自汉以来尚兔毫，汉蔡邕《笔赋》云："惟其翰之所生，于季冬之狡兔。"晋人《笔经》(《笔经》传为王羲之作，予另有说，姑定为晋人）云："汉时诸郡献兔毫，出鸿都，惟有赵国毫中用。"又云："诸郡毫惟中山兔肥而毫长，可用。"晋傅元《笔赋》云："简修毫之奇兔。"北魏贾思勰《齐民要术》云："先次以铁梳兔毫。"宋马缟《中华古今注》云："蒙恬笔非兔毫竹管。"唐韩愈之《毛颖传》之"中山人也"，白居易《鸡距笔赋》以"中山兔毫作之尤妙"为韵。宋董逌云："笔用兔颖，自昔不能改。"金元好问云："老毵力能举玉杵。"明屠隆《考盘余事》云："兔以崇山绝壑中者，兔肥毫长而锐，秋毫取健，冬毫取坚，春夏之毫则不堪矣。"明高濂《遵生八笺》云："秋兔之翰。"上之所征，自汉迄明，皆主兔毫。寒斋所藏“惟精惟一”“允执厥中”二檀管吉贡笔，皆兔毫。而清中叶以前尚兔毫之说，尤不遑枚举。

兔毫即紫毫笔，白居易《紫毫笔》诗云：“紫毫笔尖如锥兮利如刀。江南石上有老兔，吃竹饮泉生紫毫；宣城之人采为笔，千万毛中拣一毫。”《云仙杂记》云：“白乐天作《紫毫笔》诗云：‘宣城石上有老兔，食竹饮泉生紫毫。’余守宣时，问笔工，毫用何处兔？答云，皆陈、亳、宿数州客所贩。宣自有兔，毫不堪用。盖兔居原田则毫全，以出入无伤也。宣兔居山，出入为荆棘树石所伤，毫例短秃。则白诗所云，非也。”东坡题跋《记南兔毫》云：“余在北方食獐兔，极美，及来两浙江淮，此物稀少，宜其益珍。每得食，率少味，及微腥，有鱼虾气。聚其皮数十，以易笔于都下，皆云：此南兔，不经霜雪，毫漫不可用。乃知此物本不产陂泽间也。”据此则紫毫为笔，兔为北方野兔——赵国中山，即陈、亳、宿州客所贩明矣。道咸而后，书画愈坏，故特为此文以著其一原因。

1939年6月25日
《新北京报·艺术周刊》第23期
署名于非厂

再谈紫毫笔

予既为《紫毫笔》一文，仓猝走笔，意犹未尽。凡兹所论，皆所以补前说之未备也。盖笔自古以来，崇尚兔毫（紫毫），初无所谓羊毫、鸡毫、狼毫，既有之，亦不为士林重。今则随处皆羊毫，而净纯羊毫，且有以之驰名艺林者。笔制既坏，固无怪书画之不振。

按《考盘余事》云："笔以尖、齐、圆、健为四德。"以此四德品笔，惟精制之紫毫笔肖之，羊毫无此也。顾以羊毫入笔，晋时已有之。《笔经》云："诸郡毫，惟中山兔肥而毫长可用。先用人发杪数十茎，杂青羊毛并兔毳裁令齐平。"又《齐民要术》云："先次以铁梳兔毫及青羊毛。"惟所用羊毛，皆居于辅，且为青羊之毛，非如今日之白羊毛也。明末时瞿佑有《羊毫笔》一诗，诗云："毛颖年深老不能，中书模画叹难胜。管城忽现左元放，草泽不容严子陵。壁上榴皮功可述，门前竹叶事无凭。刚柔何必吹毛问，耐久真堪作友朋。"此为羊毫笔见诸吟咏者。

欧阳修《圣俞惠宣州笔戏书》诗云："圣俞宣城人，能使紫毫笔。宣人诸葛高，世业守不失。紧心缚长毫，三副颇精密。硬软适人手，百管不差一。京师诸笔工，牌榜自称述。累累相国东，比若衣缝虱。

或柔多虚尖，或硬不可屈。但能装管榻，有表曾无实。价高仍费钱，用不过数日。岂如宣城毫，耐久仍可乞。”东坡题跋《记都下熟毫》云：“近日都下笔皆圆熟少锋，虽软美易使，然百字外力辄衰，盖制毫太熟使然也。鬻笔者既利于易贩而多售，买笔者亦利其易使。惟诸葛氏独守旧法，此又可喜也。”《书孙叔静诸葛笔》云：“久在海外，旧所赍笔皆腐败，至用鹅毛笔，拒手狞劣，如魏元忠所谓穷相驴脚摇镫者。……今日于叔静家饮官法酒，烹团茶，烧衙香，用诸葛笔，皆北归喜事。”就上之所引，独尚紫毫，东坡且引为喜事。顾笔之材，在明屠隆时，曾总其他毫毛以为言，其言曰：“笔之所贵者在毫。广东番禺诸郡，多以青羊毛为之，以雉尾或鸡鸭毛为盖，五色可观。或用丰狐毛、鼠须、虎毛、羊毛、麝毛、鹿毛、羊须、胎发、猪鬃、狸毛造者，然皆不若兔毫为佳。”是笔毫虽有多种，究不如兔毫也。

吾曾观大内所遗乾嘉以来笔，间有以羊毛为被，其心皆紫毫也。其独用白羊毛为笔，征于往昔盖鲜。予家有道光初广东笔，笔被杂翠鸟毛一片，其心为紫毫。光绪初湖州王一品笔，多纯白羊毫，其笔以司空表圣诗品为目，曰红杏在林，曰碧桃满树，皆白羊为被心为兔颖。同光间盛倡净纯羊毫，倡者并谓：“用紫毫如国家用小人，初用效见，久则敝。用纯羊，初无赫赫功，久则效见而无敝。”其说最辨。光绪中琉璃厂贺莲青独以兼毫著，心用紫毫故也。

近顷笔益坏，几不堪用。古法既失，妄为效颦，借投人嗜，而具真识者，盖亦寡已，故复为说如上。

1939年7月2日
《新北京报·艺术周刊》第24期
署名于非厂

日本、朝鲜笔

本刊已刊行四十四期，际此，绝非区区而偏枯之《艺周》，所能供读者休假日之消遣。质与量既枯窘，图复小而不精，形尤欠美。且无时贤所谓第一流名画家大作在内，用光篇幅。呆头呆脑，妄评量古人，而不自菲薄。匪特为读者所不欢，实亦编者所痛心疾首，限于学与力而无可如何者也。本文所谈为日鲜笔，笔之说，予曾以拙作布之本刊，兹所论为日本与朝鲜笔，特举其合乎吾国“味道”者言之，言或非日鲜之名笔，名笔或不为予所见，或虽见而有不合乎“味道”者，概从略。凡所言，皆就个人之实验，聊以供书画家之参考耳！

吾国制笔之法坏，不坏于近日，而坏于道咸，此说予言之已屡。其时士大夫之工书者，自包安吴诸人独倡羊毫，羊之毫惟净惟纯，仍不足，习古有鸡毫之说，矜腕力，竞以鸡毫为能。笔工投所好，大变古法，笔之坏遂迄今而莫可救。予之先人，世擅书，先严尤工草法，所用笔以兔毫、紫颖、冬狼，切切以羊毫为戒。予自幼习《曹娥》《黄庭》诸晋人书，习用七紫三羊笔，习大小篆，习《礼器碑》，则以纯羊，先严屡戒不悛，偷于易见工也。比涉世久，观唐宋以来诸名迹，往往窃拟之，而苦于力与韵之不逮。积久，乃渐悟所用笔制之非。力既不足以举紫毫，复习知笔工投人之嗜变古法，其不变者，或非士大夫所习用之笔，或于笔肆无赫赫名者求之，可得未变古法之笔。予于是遍求诸南北，得有所谓柔笔者，向为胥隶[1]“画稿”所用，近则典当肆独用之，值既昂，法犹未变，以之写《黄庭》，写晋唐人草书较往咸宜。若令其选毫“加料”则犹健。友人张君大千在沪令笔工杨振华制狸毫笔，供山水画，遒劲而圆浑，此与予令杭州邵芝岩制兔毫笔，皆足以矫晚近之敝。

十余年前予得日本鸠居堂笔，刚健耐用，日本笔尤宜于草书，以之写《十七帖》，写吴郡《书谱》，圆转如意，独其笔不宜于篆隶，刚有余而圆浑不足也。画笔以日本为最精，为类亦夥。制笔者，如鸠居堂、昭文堂皆精妙。惟日本羊毫则不如吾国之精。友人近赠我朝鲜笔，友工于草书，于日本、朝鲜笔独有品评，谓日本笔失之刚，吾国笔则嫌太柔，笔在刚柔之间，久用而不敝者，惟朝鲜笔。予试之良然。

1939 年 11 月 19 日
《新北京报·艺术周刊》第 44 期
署名于非厂

[1] 胥隶：封建官府中的小吏和差役。

谈秦前用笔

吾既于上期答某读者论书，当此自来水笔、铅笔盛行之际，戋戋论吾国书法，无乃大愚。顾吾国民族如未至于全部灭亡者，相信书法一道，当不至于灭绝，无复人一顾之也。今之所谈尤荒谬，欲上溯秦以前书，人虽见斥为愚，为谬妄，不能顾不屑顾也。

欲论秦前书法，不可不先明笔之制。笔之制于古文笔字见其形，秦前人笔迹察其制。此无论近代所出两汉人木简、烟墨、毫笔与今无异也。晋崔豹《古今注》:“牛享问曰：自古有书契已来，便应有笔，世称蒙恬造笔何也？答曰：蒙恬始造，即秦笔耳。以枯木为管，鹿毛为柱，羊毛为被，所谓苍毫，非兔毫竹管也。又问彤管何也？答曰：彤者赤漆耳。史官载事，故以彤管，用赤心记事也。”诗:“贻我彤管。”笺:“笔赤管也。”是足证秦前之有笔。

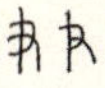殷器文“聿”字

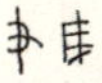甲骨文“聿”字

殷器文“聿”字

甲骨文“聿”字

按《说文》：“聿，所以书也。楚谓之聿，吴谓之不律，燕谓之弗，从聿，一声。笔，秦谓之笔。从聿竹。”今据殷器文及甲骨文知，“”“”为笔形，“”为易濡墨汁而收束之形，“”为未蘸墨浀而分散之形。“”“”“”皆为手持之意，执笔之形也。

甲骨文为刀锲，殷周铭文所谓金文者，据其既成之器言，则为范铸（石鼓是刀刻）。在未范铸以前，必有一物书之范上，其物为何？即“聿”是也。吾人见周部鉴，齐侯因资敦之细字繁画，精密爽朗，殷文丁敦之父康鼎雄大端严。周盂鼎、剳公敦、孟姜簠、大小克鼎等之茂密雄强。周□公、□钟、齐中姜镈、楚王孙钟、孟姜簠、齐陈曼簠、中妃敦，楚王□篁钟、平姬彝等之瘦硬峭利，已渐失殷季周初之雄大作风。追至周颂鼎、颂敦、史颂敦、齐孟姜敦、虢季子白盘、石鼓文、秦公敦之尚风趣，殷人之书法已泯矣。

孔子曰：“周殷于夏礼，所损益可知也；周因于殷礼，所损益可知也。”吾人详见秦前书法，颇可考观其所用笔之制与用笔之法。夏器不传于世纵无以证吾言，顾殷初之器传世者尚多，其雄大浑朴之作风，在周初虽小有损益，实未大变。东周而后，渐趋瘦峭，然而严正谨密，绝非秦汉以来所能及也。夏禹《岣偻碑》是伪迹可不谈。所征引各器，俱见钟鼎款识诸书，不备举。阅者谅之。

上期所引王右军诸帖，有日本影印者，请径询之东京博文堂。

1940年3月31日

《新北京报·艺术周刊》第60期

署名于非厂

紫狼毫

予书虽不能佳，而所用笔则喜用紫毫。紫毫值昂而不经久，夫人知之。予用紫毫有三家，初用李玉田、戴月轩，后用青莲阁。三家笔各有所长，吾皆喜用。且用之颇经久而不敝，今故妄言之，紫毫为野兔之颖，即所谓中山兔毫也。以生于近热带者为佳。三家笔皆有南毫，且有长锋者。予所蓄紫毫大屏笔，尚有十余支，小者更无论。此笔锋长寸有二三，初以之作小楷，继作寸楷，再则为行草书，每岁元旦启用一支，往往至岁除日尚不敝。盖用墨须佳品，笔只以其毫三之一蘸墨，用后则涤，不用笔帽，每临用，先涤其毫，用后涤净，务令其毫端正直，插筒中，干之。故笔经久不敝也。若用坏墨，复戴以笔帽，宿墨不涤，则笔未有不易坏者。又新笔夏日易蛀，予藏笔有远至二百年前者，皆不蛀，则每笔蘸墨，蘸后涤去，则永不生虫，惟墨亦须佳品耳。

1941 年 8 月 5 日
《新北京报 · 非闇漫墨 · 卷三》
署名于非厂

非厂谈墨

自邢夷创墨，代有传人。魏则韦诞，晋则张金，刘宋则张永，至唐而法弥备，制弥精，李阳冰等十九人，遂独步一时。李廷珪为南唐“墨官”，所制尤精妙。宋柴珣等百三十人，制墨皆称名手。而辽金高丽之墨，亦与中土相竞制。史称司马君实无所嗜，独蓄墨数百两，世至以“墨癖”谥之。苏轼在黄，合三十六丸为一品，谓之“雪堂义墨”。是墨之为用，固早为艺林所珍矣。宋李孝美撰《墨谱》，绘图附说，备极赅博。元陆友撰《墨史》，考核精详，至为渊雅。《墨法集要》，传古贤制墨之成规;《雪堂墨品》，为后人品墨之矫矢。乾嘉之际，蔚为极盛，直至清末，其道始衰。昔人谓:“君房幼博侠于墨，意专在名；方于鲁多为利，真赝杂出。”名为利夺，墨遂大坏。

闲尝考墨之为制，魏晋多“松煤”，唐间用“油烟”，至廷珪复用“松煤”，直至赵宋。故东坡得“油烟”墨，翻珍视之。自元迄明，“油烟”特盛。间有“松煤”，亦质轻善颓耳。董玄宰喜用“叶环源”墨。“环源玉

《非厂谈墨》题端

体”墨，余向藏一丸，亦“油烟”耳。宋牧仲《漫堂墨品》所称，如程君房、程孟阳、方于鲁、吴玄象等，皆明人之善制“油烟”者。于是明人所制，遂益为士大夫所珍，竞相搜集。“乾隆御制”墨，法本君房，质料精妙，远胜于明诸子。而随园风满楼……所制，工质亦胜。迨及道咸，墨法一变，合“松煤”“油烟”为一炉，以“守墨斋”为第一。同光间盛称休城胡氏墨。胡氏墨以“天香一品”为第一，而新安“佩苍室珍赏墨”，亦为艺林所重。有所谓“黄山松烟”者，法本廷珪，佐以“油烟”，尤佳妙。“光绪御制”墨，双螭之间，嵌以明珠，亦“油烟”之至精妙者。

光绪末叶，海禁大开，日本人以所制“天然墨”列于市，无研磨之繁，学子称便。京师一得阁向以制“墨汁”名——为殿试对策必需品。阁体书法，以“黑”“大”“光”“亮”为秘诀，用此汁即能“黑”，能“光”，能“亮”——出其渣滓，蓄以瓶，以与日墨相抵抗，为用特便。人情每喜避繁而趋易，“墨汁”遂大行于世，层出不穷。而以墨为利者，工料既腾，用途复仄，驯至日趋下流，无复佳制。求如君房、幼博之侠于墨，愈不可得已。

昔人谓旧墨旧纸乃相入，新纸旧墨光浮而泛，此指“松煤”墨而言，若“油烟”墨书新纸绢，光愈焕发。“乾隆御制”墨，工料双优，锻炼兼备，以之书“库笺”，往往浮出蓝光若翠，久而弥显，论者谓远出有明诸子，信不诬也。“光绪御墨”，光不如“乾隆”，黑而厚，有浑穆之气，二者均宜于旧纸绢。明人所制，有墨有“烟”，所谓“烟”，制墨之原料也。多范作汉瓦形，琪璧形……亦有年月及制者姓名，其质粗松，有渣滓，不能用。世人不察，辄误为墨，致损砚伤笔，书之纸绢，浮泛无光。若取此烟，如法制墨，当成佳制，固无论新旧纸绢也。

往岁与北楼谈墨，北楼深以佳制难得为恨，吾出所藏“玄元灵气”共赏，北楼亟称程幼博制，因相与叹今世特重利，求如程氏之“墨侠”，意专在名者，光宣以来，殆未之闻。吾因谓“用明人烟，以沈继孙法，佐以廷珪遗制，当视‘随园’所制为佳”。北楼深以为然。不幸北楼归道山，此议适以成吾之谈墨而已！

（记者按，北楼为名画家金城字也）

1927年2月13、20日
《晨报·星期画报》第2卷第71、72期
署名非厂

乾隆仿李廷珪墨

乾隆仿李廷珪墨，最佳者藏于大内淳化轩中，形制各别：一丸，镌一铭，精丽罕匹，上有“篆文”二字，题曰“御香”，两龙环之，视他御制墨尤精妙。此墨传世绝少，非王公世爵莫能得，故世知之者鲜，以吾所见，仅五丸。一高五寸，下部作长方形，宽二寸许，上部作圆形，上部镌“御香”，下部一面镌铭辞，一面镌柳堤渔艇。一高九寸，作圆柱形，以九龙回抱之，顶端直径二寸，内镌铭辞五十余字，细若蝇头，龙之间隙，镌篆文“御香”二字，一行镌“淳化蓄珍”四隶书。一高四寸，上部作半圆形，两螭环“御香”二字，下部作立方形，三面刻铭辞，一面镌秋山萧寺。一高六寸五分，作古琴形，一面镌琴文，及“御香”二字，一面镌淳化轩藏墨铭，约百七十字。一作长方形，高四寸三分，宽二寸五分，一面上部以两龙环“御香”二字，下镌铭辞。一面镌《蜀山行旅图》，细若毫发。闻此墨在庚子联军入京时，即已损失一部。而乾隆初拓三希堂帖，皆用此墨拓也。

1927 年 12 月 11 日

《晨报·非厂漫墨·卷二·九》

墨与印泥

吾尝好为墨之说，诚以邢夷创墨以代漆画，李廷珪又复变之，赵宋而后，历元明清，不过为烟小变耳，其所用原料与制法，迄未变更。自舶来品兴，人以天然墨、墨汁为便，质料既昂，用途复仄，墨法遂尽坏矣。乃在同一时代，同为文房之用，其为弊乃正同，即所谓印泥是也。京师一隅，在庚子联军之前，所有印泥，无舶来品。辛丑夏季，琉璃厂某南纸店友赴丰泰照相馆摄影，见随影器而舶来印泥，色质绝佳，价尤低廉（以玻璃盒盛印泥，重约一两，价仅一钱），即购一盒，献之肆主，主一见，诧为奇货，举所有尽购之，盛以锦匣，嵌以玻璃，签其上曰“顶上八宝印泥”，价三金，盖尤恐其遇严冬而凝也。即祁寒已过，不凝不腻，遽增其值为十金，识者争购焉。同业争相惊异，争相购求，国制印泥，虽欲购用，亦不可得矣。

1928 年 1 月 12 日
《晨报 · 非厂漫墨 · 卷二 · 十一》

谈方氏墨

友以程君房墨两丸见赏，皆效汉瓦形，质性与吾所见程氏墨无少异，吾嘱友善藏之。友谓所藏尚有两丸，为明人方于鲁制，视当更佳。吾因谓：“明人方程，制墨得古法，故并为世重。乾嘉诸老，每喜方氏墨。若翁苏斋，若叶云谷，若宋牧仲，皆推方氏为巨擘。吾于明人墨，论形状，论类别，论装潢等，自以方氏冠群论。而论其质料色泽，程氏墨可直追李廷珪，非方氏所可及也。方氏业于墨，以墨起亭园，故某所制在炫世；程氏雄于资，独有墨癖，逞嗜欲以为之，不惜靡巨资，故其墨质料双绝，并时无出其右。是盖侠于墨，非所以牟利也。乾隆时，独得方氏法，而参以李廷珪，松烟、油烟并用，辟淳化轩以制墨，质料遂直追程氏。故初拓三希堂帖，初印殿版书，历二百年，色香味仍然存在，是岂方氏墨所能及者。庚子兵燹后，先大父得程氏写经墨半丸，吾试研之，举室发奇香。先大父所书兰亭签，即用此墨，漆黑泛五彩，岂若方氏之乌暗乎？”友以吾言近理，为制两锦囊，吾知吾友之将珍惜之也。特书于此，以质诸世之品墨者。

1929年1月28日
《新晨报·花萼楼随笔·九十一》

曹素功制墨

歙人曹素功以制墨邀乾隆特赏，其“千秋光”一品，色若点漆，真可谓继程方之后，所制青绿各墨，尤为绝品，惜世人甚少知者。自其子孙列肆以售，曹氏墨遂不堪用。然求之今日，即肆中品，亦罕遇矣。

1931年3月24日
《北平晨报·非厂短简·十五》
署名非厂

谈用墨

近世之谈墨者，明制不易得，乃侈谈吴天章曹素功辈，以为足为宝也。曹素功在当时，最上墨每斤才京银二两，最次之“千秋光”，每斤京银八钱二分。而吴天章之“青麟髓”，每斤值京银一两二钱耳。予曾搜集有清诸墨人之“发帖”（发行定价表）所见如此，而近人得一两丸“青麟髓”，动逾五六十元，辄夸于众，以为足继雪堂墨品，不轻一试，则未免过矣。油烟墨，自光绪五年以前皆可用，其真能一点如漆者，清墨乃仅见。冬心再和墨[1]致佳，以之作画，浓如漆，淡若水，上海徐紫珊再和墨亦然。以皇帝之力，制为淳化轩诸墨，其佳者，亦不过吴天章、曹素功、汪近圣诸人而已。予年来为友朋作书画，新楮，用咸同墨已足；佳素，则用明制，或清初诸墨。楮素不佳，墨虽精，无所用也。

1936 年 2 月 15 日
《北平晨报·闲谈》
署名闲人

---

[1] 再和墨：指以旧墨重制。

清代墨

清代的墨，到现在已成为珍宝，精品也甚为难得。在御墨方面，康熙、雍正、乾隆最佳。但是“万松叠翠”御墨（嘉庆），我曾以“玉山佳处之研”试用，也能有“一点如漆”之妙。在王公邸第的墨，荣恪郡王绵亿自制，是再好没有。直郡王允禔“亿万斯年”墨，仪慎亲王永璇“镂月开云”墨，都是很难得的东西。至于清代士大夫自制墨，更是多而且精，程正路的墨是好的，周栎园、米紫来、宋牧仲、汪西亭、金冬心、高江村、汪心农、刘石庵、翁覃溪、钱梅溪、林则徐、黄秋士这些人，也都不失古法。清代的墨工，超越前代，所制的墨，虽不如御墨、士大夫墨，但精而细，黝然而光，也有他们的特长，如朱一涵、曹素功、曹定远、吴天章、汪希古、汪近圣、胡开文、詹达三，总计这一代的墨，可以说是荟萃众妙，蔚为大观。以上所举，不过是我个人曾经磨试过的，至于我虽然见过，而未曾试过的，那更多了。

1936 年 6 月 2 日
《实报 · 漫墨》
署名闲人

古墨

我不工书，我自幼糟蹋不少好墨，今虽略懂墨的好坏，大概是糟蹋太多的缘故。收藏墨只有京师这地方好，这和收藏旧纸一样，江南是绝对不行的。近来收藏墨的很有些家，考证的也详细，盛以锦囊，什袭以藏。往往一锭墨百数十金，一匣墨数千金，这也是顶有趣味的事。因为好墨只有越来越少，求的人越来越多，自然就比较的珍贵，这很和近日买翡翠，买宝石一样，因为票子存在行里，究竟利息有限，转不如弄点灵巧的东西，取携也方便。闻最近有人买了一匣乾隆颜色墨，很花了上千的洋钱票，经仔细一检查，原来是洋灰一类的东西做的。墨本是读书人用的，这种商品，要是和珠宝、面粉、煤块比起来，似乎总差一点。倒不如我那一天溜达小市，买了包碎墨头，里边竟有两块“吴天章”，一块乾隆御制小石鼓墨（石鼓墨有大小二种），这不用说是写字绘画，就是造万应锭[1]，也觉得有趣。

1938 年 10 月 20 日
《新北京报·哭之笑之随笔》
署名于非厂

[1] 万应锭，一名老鼠屎，以墨入药，有清热解毒之效。

清代墨工

墨这宗东西，是写字作画必须要考究的。明代墨之如何如何好，如何如何珍同奇宝，不必我去谈它。光绪五年以后的墨，因为焗油出口，不用它烧烟，而以进口的洋烟来造墨，这也是非我所谈的。我所谈乃是光绪五年已卯以前，顺治元年甲申以后的清代墨，而又是别于侈为富有，夸为豪藏的那些藏墨志。

本来似我这老北京，对于文房所用，无论是祖上所留，亲朋投赠，自己搜寻，或是偶然遇到，存一点光绪已卯以前的墨，是比较容易的。我在小的时候，因为好写字，常常因偷用非指定我所应用的墨，而受先君的责罚，我因此才知道墨是有许多分别，不是随便乱用的。先君画兰花，在未画之前，总是把砚——一块鳝黄的澄泥砚，涤得净洁，汝窑的水丞，滴上几滴净水，用那金光四面的墨，慢慢磨起来，凉凉的香气，偶然送进鼻孔，墨磨在砚上，总是毫无音响。用长管的笔，笔尖儿蘸着墨写起来，真是墨彩要分作几色。先君尤长于草书，若是写扇头，他即不用那块澄泥砚，而另换一块我幼时与它起个诨名的浑卤砚——此砚为金星歙石砚，其金星成不规则之大片，有浓有淡，仿佛吃浑卤面卤上所浮之卵黄，故云。墨不是长才一寸的汪近圣、寥天一，即是细如笔管的曹素功。等一扇写完，迎着亮光一看，那墨总是蓝汪汪的放光。我因此才渐渐知道用墨之妙和墨的原质之不同，因此我才注意到墨工。

清代墨约可分为“御墨”“宗藩墨”“名流自造墨”“名流自用墨”“良工墨”五大类，前四类市肆既罕见，我也留着慢慢地再谈。现在我所谈的是良工墨的良工。他所制墨，比较容易觅取，容易取证。不过我不曾见过用过的墨工，虽见于前人或近人著作中的，我也绝不抄来，以夸博洽。

汪和倩、汪希古、汪胥原、汪近圣、汪兆瑞、汪乾章、汪节庵、汪守之、汪斗山。

吴孔昭、吴天章、吴舜华。

程馨九、程傣、程虚谷、程步青、程丽仲、程位槐。

曹素功、曹定远、曹琛、曹尧千、曹饮泉、曹德酬、曹子鹿。

詹淳善、詹子云、詹瑞、詹素文、詹达三、詹大有、詹益三。

胡开文、胡大醇、胡裕盛、胡秀文、胡爱棠、胡子卿。

鲍季函、鲍文淳、鲍乾元。

此外如朱一涵、方季子、金梅溪、金讷人、潘始和、宋子叔、范芬士皆为良工。

自顺治至乾隆初年，墨法仿明，自乾隆中至嘉庆初，盛倡唐人法，其精者如胡开文、汪近圣、詹达三、汪节庵诸人，直欲超越和倩、希古、一涵诸人而上之。嘉庆而后，胶法先坏，至道咸益不能佳。同治中如胡爱棠、胡子卿、曹尧千出稍稍复古，与雍乾时墨比较，在精细方面，尚不大差，胶性亦好，不过色泽不如罢了。

乾隆时的汪节庵，用漆造烟，用鹿角制胶，这和汪心农的菊花香阿胶墨一样的为墨中特品。不过心农的墨，色泽有余；节庵的墨，色泽不足，用起来都不见得十分适用。

1939年6月18日
《新北京报·艺术周刊》第22期
署名于非厂

墨盒

磨墨为汁，以盒纳绵储之，其为制造盖在近百年间。唐秉钧《文房肆考》，书成于乾隆戊戌，其言用竹管预贮墨汁，以便临用，是其时尚无墨盒之证。说者引赵瓯北《檐曝杂记》载乾隆间军机章京赶鸟墩一条，谓是墨盒之始，此或不尽然。墨盒盖上镌刻书画，则始于咸丰，盛于同治，此在厂肆墨盒店类能言之，携用较便，利于应试，故人争用之。墨盒之弊，最易坏墨，故书画多不能用。予有砚癖，尤好磨墨，每当风日清和，涤砚磨名墨，熨斗拓蜡之妙，其乐无穷。予家有紫铜墨盒，同治时制，入墨经久不坏，坏墨皆白铜、黄铜或合铜者。当同光之际，磨墨为汁入盒中，纳冰麝少许，祛腐坏，墨虽佳品，黑而无光泽。其时一得阁创制墨汁，入盒经久光泽如漆，士子多喜用之。光宣以降，墨汁大坏，迄今为甚，蚀盒坏笔，直无一长可取。而秽恶之气，开卷盎然，予于接友人信用此墨汁者，往往不愿复之，友人知吾迂拘不合时宜，亦勿怪也。

1941年6月1日
《新北京报·非闇漫墨·卷三》
署名于非厂

五色墨

予作画，每以墨趣为得，而人辄喜予重色，以为色出故内，复擅雕嵌，所画类“油漆彩画”者之所为，遂独为人所齿及耳。予所用之颜料尚非至精者。先人斠画所遗，若明库朱，若宣德青绿墨，每当窗明几净，啜苦茗，展绛丝袂，出数丸把玩，好色之好，其乐乃至无穷。

今夏，海王村出乾隆牛舌形色墨数丸，青绿尤佳。又有嘉庆时制五丸，为友以廉值得去。石青石绿，本为滇越所产，久已绝迹。京中青绿，为好事者搜罗亦略尽，彩色墨本至有数，复为勘画所专用，以之作画，殊嫌胶重。顾色料既不易得，求之色墨，融而用之，亦未始非一道也，而其值亦颇可观。闻乾隆牛舌形墨数丸，值至三千。以视嘉庆五色墨，值五百元，而轻重悬殊，则又确乎不昂。盖此墨青绿是明库所藏也。日者友自南来，以姜思序所制朱砂见贻，予笑却之，友问故，予谓此朱只宜初学涂鸦者用之，质既不纯，漂尤未净。友笑谓

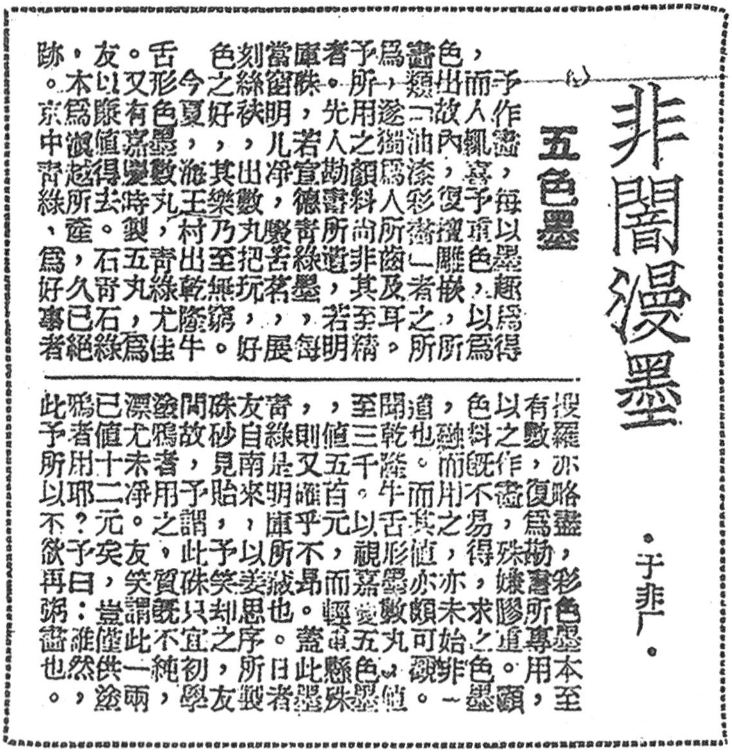
非闇漫墨

五色墨

于非厂

《非闇漫墨·五色墨》(1941 年 6 月 16 日《新北京报》)

此一两已值十二元矣，岂仅供涂鸦者用耶？予曰：确然，此予所以不欲再鬻画也。

1941 年 6 月 16 日

《新北京报·非闇漫墨·卷三》

署名于非厂

古墨答问

本报读者朝阳君要我谈谈中国墨，这种顶不科学的东西，在这原子时代谈起来太不够味了。不过与其说“既承下问，辄贡其愚”，不如说“您赏下题目，由在下志志诚诚伺候您这段中国墨”比较干脆。

谈起中国墨的起源、制法、历史、收藏、墨人……这像《文房四谱》《墨法集要》《墨谱》《墨笺》《墨表》《墨品》《雪堂义墨》……是有专书可查可考的。就是在下在十几年前，也写过一篇《明清两代所见墨》在《晨报》上。现在我先简略地谈谈制墨原料的烟。烟分松烟、油烟两种，松烟分松子烧成的烟，如松脂（即松香）烧成的烟。用松烟（又叫松煤）制成的墨，乌黑中含有翠黛色而无光泽，用浓墨极其黑，若用淡墨（指作画），则暗而无神没有光彩，年久会遇水湿渗出或减色。油烟墨也分两种，一种是桐油烧成的烟，一种是生漆烧成的烟，漆烟制成的墨，写出字来泛紫蓝的光，桐烟只缺少这紫光，都是写在纸上入水不濡不变的。前者叫松烟墨，后者叫油烟墨。因为这种缘故，所以自南唐奚廷珪（赐姓李）即采用漆桐松烟合制墨，到了宋朝人潘谷，简直不用松烟，完全是油烟墨了。宋徽宗还有苏合油烟墨，价比黄金。所谓“一点如漆”，虽是说奚氏制墨的妙处，也就是油烟墨的妙处。

明朝墨的制法，越发加了工细，炼制胶液，胶用鹿角要清轻，年份要陈，并且加入药品，本着南唐奚廷珪、北宋潘谷的制法，借着皇帝的力量，制出来的墨，不但是样子好，墨也特别的好，尤其是小块的墨，如罗小华、邵格之、程君房、方于鲁、潘景升这些人，都是明朝制墨的最佳品。至于宣德 ×× 年制、嘉靖 ×× 年制的御墨，转不如罗、邵制的好。

清朝的墨，以康、雍、乾三朝最佳，皇帝制的御墨，是康熙制的最好，乾隆制的最多也最杂。那时的墨工有曹素功、吴天章、汪近圣、汪节庵诸人，而汪节庵的漆烟墨，是在乾隆晚年墨苑中顶好的一种。乾隆所用的墨，多是明朝墨。他又独出心裁，把元明遗下来的碎墨再合再制，这墨就太好了，他在乙卯年以后所用，多半是这种墨，所以我们看乾隆御笔，只看他写出来的墨色，就可以知其“的非凡品”。在那时有异军突起的胡开文“苍佩室”，是私家制墨的，他的墨一直到现在，但是除了乾、嘉、道是好的——道光以后成色也差了，现在的墨根本不佳。

墨为什么今不如古呢？这是自明朝即设下官烟厂的，到了乾隆时更加恢宏。光绪八年为节减经费，把这江南官烟厂给撤销了——实际在这以前，已掺用“洋烟”，桐油为了出口，价昂贵，漆烟更不用。中国墨至此遂宣告断绝。

北平讲究“玩”墨的，是要考证制者历史年代和墨式常见不常见……盛以锦匣，不时把玩。在过去如同袁励准先生，现在如同寿石工先生，都是以明朝墨为中坚，康乾作配享的。究竟这墨怎样好，据说是不用磨而可以知道的。另一派是讲究用墨的，所谓用墨，是无论怎样有名的好墨，一样拿起来用，不好的墨，他们辨别得更严格，他们把用墨叫“试墨”，无论多么珍贵的墨，他们一样地磨起来试试，看它究竟好到什么程度，是不是真好。张大千先生就是属于这一派的。

至于说古墨（这古字指着嘉道以前说）如何的鉴别法，这是不需要用起来才知道的。第一要坚实，第二要细腻，第三要泛紫蓝光，第四要清轻（分量），第五才看样式，第六才看名款（连书法都要看），第七看漱金或是填青填绿，至于有没有年款，那是没有关系的。

我没有看见过宋元墨，我不便妄谈，明清墨，我都用过，并且好墨不仅是黑得发紫，而且是淡得有神。所以我只用乾隆时胡开文制的墨，而不用同光时胡开文制的墨。冬赈艺展我写画用的是明墨，至于古墨治病和万应锭用古墨，这我也听说过，愧不能答。

1946年12月5日
《新民报·土话谈天》
署名闲人

清代墨

我写了篇《古墨答问》之后，承读者不弃，又问我清代墨，这我只好就我所知再写些出来，不过，我不是拿着它好玩，而是讲究实用墨的。所以就我所知道可以使用的墨，用起来要焦、浓、渴、润、淡五色分明，而极淡之中，是要有光彩的。清代墨并不次于明代，明代墨也只是以少而见珍，但是藏墨家却不以我这话为然，因为他们只是藏而不用，而我却是用行舍藏，几十年未曾用过坏墨。

现在我把清代墨分成五类：御制墨、宗藩制墨、名流制墨、良工制墨、名流自用墨。在这五类之中，只限于我所用过的，并不是可以概括清代墨，但就我这几十年的访求，也许差不了许多。

御制墨

清代御制墨，以康熙、雍正、乾隆三朝为最佳，也最多。而康熙御制墨，更是浓如漆，淡似水的妙品。昔人只知墨要如何浓——一点如漆，殊不知好墨要能极淡，淡得似水而有神采，这惟学画的人才领略得到。

康熙墨有“端凝鉴赏”“渊鉴斋清赏墨”“订正古文墨”“评选古文墨”“佩文斋藏墨”“畅春园精造墨”“亿万斯年”“乌玉玦”“桐烟”等，这些墨都有年款，没有假的。“太平雨露”“光披四表”，也有年款，但假的很多。“耕织图御诗墨”这墨很好，也易购。

雍正朝墨，差不多都有“御墨”，和雍正某年制数字，可是“文园秘宝”和“天府璆林”二墨，那更是代表作品。

乾隆朝墨最多，而且瑕瑜互见，“墨妙斋”“三希堂”“淳化轩”各墨，以淳化轩为最佳。这些墨都有年款，都有漆边。“玉粹轩珍藏”“遂初堂珍藏”“养性殿藏墨”“延趣楼藏墨”“蕴真斋藏墨”“乐寿堂藏墨”“会经堂藏墨”，“古华轩”“敬胜轩”“颐和轩”“景祺阁”“涵光室”“旭辉庭”……藏墨，不但墨质精好，而且聚积了精工妙手，刻绘文字。我最喜欢用乾隆的“石鼓”墨和淳化轩“御香”墨。

嘉庆朝墨，我只用过“名花十友”一种，不太好。

道光朝墨，一面双龙，一面“御墨”二字，旁书道光某年制作的，我用过，不佳。

咸丰、同治、光绪三朝墨，不多也不佳，只有一面五龙，上嵌小珠的尚好。

此外有臣工恭进的，也可算御墨，如康熙时郝玉麟进的“天章云焕”，曹定远进的“太平清玩”；雍正时范时绎进的“龙章万载”，那彦图进的“太平如意”“天下万年”，尹继善进的“宝翰天章”，刘伯恭进的“万年长青”；乾隆时岳浚进的“亿万斯年”，查克丹进的“宸翰辉煌”，张连进的“天子万年”，汪由敦进的“圣朝至宝”，陈銮进的“万寿无疆”；嘉庆时王汝璧进的“麒麟送子”，金光悌进的“万松叠翠”。这些墨在我试起来，都比乾隆御制墨大块的高明。

宗藩制墨

康熙长子直郡王允禔有“直王府书画”墨。乾隆第八子仪慎亲王永璇有“镂月开云”墨，第十一子成亲王永瑢有“诒晋斋”藏墨，荣纯亲王永琪之子、荣恪郡王绵亿自制松烟，都很精妙。咸丰时定王所制墨，却不堪用。

名流制墨

这一节所述，若在侈谈宏富方面而言，自然有很多很多名流，见于《志墨》诸书。不过，凡我所未曾见过的，我实在不敢妄述，这和前一节所述御制墨一样，我只是述我所见，供诸大家可以实用而已。因陋之讥，在不所辞。

程正路——“程义，字正路，号耻夫，一号雪斋，别号晶阳子。歙人，官湖北县丞。”(《徽州府志》)“程君正路有书画癖，因而癖墨。尝自言：‘胶陈杵到，烟远药匀，按时气，节阴阳，得墨家心法。’所制天关煤书画墨，既称上乘，驰名四远。其品目多用古人格言，又取太极河图洛书及六经，各引数字为名，统名之曰：伊洛渊源，皆墨之至

者。”（施闰章《愚山文钞》）

查去愚——顺治丁酉举人，生平非顶烟不用，制亦多，曾见一囊琴式墨，极精。

刘源——祥符人，字伴阮，康熙年间人，内府所制博古墨，出其手。曾官刑部主事，自制清烟一种，远出名人之上。

任鹳峰——定远人，姚鼐《惜抱轩集·论墨绝句》第六首自注云：“先君外家任大理公，藏书甚富，皆鹳峰先生所蓄，今有鹳峰墨，奇品也。”任氏墨极小，上有康熙某年制。

汪梓琴——渔洋山人门人，为渔洋制“蚕尾山房图”墨。

曹鼎望——“丰润曹冠五太守，名鼎望，顺治己亥进士，选庶常，改部属，出守徽州，俸额所入，悉以制墨。其次子宾及舍人名鈖者，博雅好古，亦有所制，较太守为亚之。德州孙峨山先生《使黔日记》中，有《得江津石砚》诗云：‘我有曹氏墨，一金易一铢’，盖指太守父子也。有误读此诗者，遂以新安曹素功当之，峨山之诗。为素功增利市三倍矣。”（孙承泽《研山斋墨谱》）又：“鼎望号澹斋，官终陕西凤翔府知府，妙诣墨理，自制墨有玻璃光、掌珠、书画舟、天保九如诸款识，背有‘曹冠五藏墨’，下刻‘澹斋印’，其刻‘瘿庵印’者，公子鈖所作也。”（陶梁《红豆树馆诗话》）

廖莲山——“莲山名腾煃，将乐县（闽）人，著有《慎修堂集》。康熙时宰休宁。己卯同考，首录方望溪侍郎，遂大知名。喜造墨。”（《百十二家墨录》）按：莲山字占五，由休宁知府累官至户部侍郎。

汪西亭——汪立名，字西亭，婺源人，官工部主事。通六书，有《钟鼎字源》行世，又精校《白香山诗集》及汉简，仿宋雕版。所制墨有“气华斋珍藏”“汪西亭仿易水法”等款。

金冬心——金农，字寿门，号冬心，所制有墨五百斤油，背书“冬心先生自造”，赝者极多。

方密庵——“方辅，字密庵，徽州人，工诗，书法苏米，善制墨，来杨主徐氏，有诗文集，刻以行世。”(《扬州画舫录》)方制有桐膏、开天容、点漆、方険糜等。

程易田——“程易田以所制礼堂写经墨惠寄。”(翁方纲《复初斋集》)“族兄易田，见古法沦没，搜讨诸家遗意，参以心裁，绝不珍奇，归于适用。所作大小剂，不下数百种，题其面曰一卿氏，海内宝一卿墨者，黄金不啻也。后以司铎嘉定，遂不复作。……怡甫受法于一卿氏，造墨于尺木堂，一守其法，选烟酌剂，俾勿替焉。”(程怡甫《尺木堂墨》)

王味𫍯——名亶望，临汾人，父名师，字莪园，官江苏巡抚，有青天之称。味𫍯选烟极佳，与随园往还,《小仓山房诗集》中见之。官至浙江巡抚，以贪墨败。

汪心农——汪谷，字琴田，号心农，晚号渐门，休宁人，官至中书科中书。加道衔，善书工画，寓吴中，刻有《试砚斋帖》。“心农得阿胶一巨簏，有菊花香，遂自制墨。最上乘曰白凤膏……其次曰菊花膏，背书“乾隆辛亥心农氏制”。……随园每托心农以菊香膏料，分贻名公巨卿……背书随园叟袁枚制。”(《前尘梦影录》)

程音田——“程音田自磨墨，半截小象，科头，阳文，约两许。音田名振甲，为名进士，歙人，侨居吴门。曾充铜商，而大折阅，因自号音田，取无心意思，而不知作何解。”(《前尘梦影录》)按：音田又号也园，乾隆甲辰举人，初官中书，终工部郎。音田墨歙皆属嘉庆某年。复工绘事，曾为翁方纲画《苏斋图》。

钱梅溪——“钱梅溪善赵吴兴体，曾为成邸捉刀，尤蒙苏斋赏识。

梅翁为武肃王裔，王曾铸金涂塔，翁因选隃麋佳料作金涂塔墨，塔形，一片，厚半寸，面金涂塔三篆字，背几十几世孙泳制。”(《前尘梦影录》) 又：钱与江秋史（德量，歙人）合制墨。

俞稼园——“嘉庆间馆阁作书，盛行俞稼园墨。面笏斋胶法，背‘稼园俞氏造’。重六钱，长方式。一时备殿试朝考之需，一挺易银一两。北方风燥，惟俞墨可免坼裂。”(《前尘梦影录》) 稼园名大猷，吴门贡生，并精造纸，能仿宋元名笺。

黄秋士——“老友黄秋士，娄邑小蒸里人，道光中叶游吴门……善山水，工人物，擅诗书画三绝之誉。于吴门设颜料印泥笺绢列肆于门，厅后为画室，名花瓷盎，几无纤尘，日有宾朋踵求书画。所制墨，一曰‘湘华阁’选烟，背有年月，细边，五钱重。料最细，乃自用者。一曰‘衍波阁’选烟，分两同，肆中应客之求。”(《前尘梦影录》) 秋士名鞠，道光时所制墨，以精细闻。

徐杉泉——徐鼒，字圣植，号杉泉，仁和人，官南汇知县。善制墨，得易水法。著有墨源墨辨。子鸿谟，字若洲，亦有自制墨。予在其哲嗣花农侍郎处，曾见杉泉自制墨。

上所举十八家，虽不能及十之一，但是著名的名流自制墨，这些人也可说是代表作了。我在使用上，曹鼎望的墨，并不弱于罗小华，而俞稼园、黄秋士的墨，止宜于书，用它作画，墨有余而淡却不足。

良工制墨

清代良工制墨，乾隆以前，精妙不减于明代，嘉庆以后，料既粗糙，工亦不精。但我们在使用上，得不到乾隆以前的墨，那么，断代而求，在同治末年以前，虽感觉胶太重，但也比光绪以后直至现代的墨强得多多了。因为光绪以后的墨，烟既非佳，胶尤不好，这是我们所习知的。不过，同治以前的墨，已有定数，而求之者既多，用之者又众，在这样形势之下，只有日少一日，日缺一日。我们若不在这时搜求一点存贮起来，墨荒的困难，一定会感觉到的。下面是我所知道的良工制墨，我把顶著名的举出来。

汪和倩——顺治时的良工，有“髓精”墨，为清朝第一。

朱一涵——顺治时人，有“乌玉玦”“双渟化光”“青麟髓”，款或书“考古斋”。

曹素功——“素功，字圣臣，歙人，岁贡生，工于制墨。”（《四库全书提要》）又：“曹素功，休宁墨工，继程方而起于康熙朝。驾幸江宁，进呈所制墨，蒙赐‘紫玉光’三字，后充贡——曹氏后裔，列肆于皖于吴门，当在乾隆年间。余尝携旧所得者示之，云：此种康熙时制作，今不但烟料久断，即墨之木模，亦遗失久矣。”（《前尘梦影录》）有“艺粟斋墨品”。

曹定远——定远，字西侯，为素功族孙。“西侯受法于吾兄素功，越二传，得其三昧，不难掩程方而跻罗邵，艺粟之名满天下，盖西侯上视功，犹廷珪之于易洲鼐也。”（曹庆墨说）西侯墨皆康熙年款。

曹琛——素功后人，乾隆时人，亦用艺粟斋。

曹尧千——素功六世孙，乾隆末年人。

曹饮泉——素功六世孙，亦乾隆年款。

曹德酬——素功六世孙，亦乾隆年款。

吴天章——吴雯，字天章，休宁人，康熙时与曹素功齐名。有

“正角流馨”墨，与素功之“紫玉光”，堪称双璧。

汪希古——康熙耕织图墨，房书“草莽臣汪希古恭摹”。希古，歙县人。

汪近圣——“汪近圣，绩豁人；制墨精妙。有《鉴古斋墨品》。子兆瑞，乾隆间被招入京，于内廷监制，名播一时。”（《徽州府志》）

吴舜华——墨工吴舜华，以卖墨葬父养母，沈归愚为作《吴孝儿》诗。翁方纲有《赠吴舜华制墨歌》。墨铭“诗境”二字墨。

胡开文——“开文，名正，以字行，绩豁人。为人孝友乐善，精于墨法。先是歙人曹素功造墨名一时，曹业替而胡代兴，所制‘苍佩宝墨’充贡品，子大醇世其传。”（《徽州府志》）“劫后惟胡开文盛行，微嫌用胶过重。”（《前尘梦影录》）按：胡开文墨约分三期。乾嘉时所制，真可追曹素功。道咸所制略次，确有胶重之弊。同光制，则又分同治初年与光绪初年。同治初元之墨最坏。同治五年后并光绪三年，又稍稍复古，所制亦多。

汪节庵——歙县汪节庵所制墨，自乾隆末迄嘉庆中叶，无一不佳，直与康熙时良工，无少轩轾。嘉庆中叶以后，墨法稍衰，迄道光中叶止，汪节庵墨遂不复造。而其墨虽称衰竭，仍不失为上品，尤其是漆烟墨。

詹素文——徽州詹素文，为嘉道时制墨能手，素文所制，墨法甚精，宜书宜画，肆至咸丰时废，故人士颇宝爱之。

詹达三——徽州詹达三，为乾隆时所制墨名手，所制墨不弱于曹素功，惟胶稍新，故时有断裂之虞，但其色泽光彩，亦乾嘉墨工中能品。

詹大有——徽州詹大有，起稍后，嘉庆末，颇负盛誉。咸同之际，已不甚佳。

胡魁章——徽城胡魁章，起于道光，墨品与詹大有相仲伯，同治中，墨已坏。

詹益三——视达三稍后，墨尚堪用。同治时已无存。

胡秀文——徽城胡秀文，起于道光时，初制极佳，同治时制者亦尚可用。

胡爱棠——爱棠，咸丰时人，制墨嫌粗。

胡子卿——子卿，咸同时制者颇佳，但不敌同时之胡开文。

鲍乾元——乾元墨盛行于同治末光绪初，亦堪用。

上所举诸良工，皆以其时代而异其制，如康雍制自胜于乾嘉，乾嘉制自胜于道咸。惟其同时，曹素功、詹子云、方密庵、汪节庵诸制亦显分轩轾，盖方、汪初制之墨，固又胜于墨法浸衰之雍乾曹素功，故讲清代良工墨，要以其人为单位，而一人又有早、中、晚三阶段。譬如早年的胡开文，直远过于晚年之曹素功，而晚年之汪节庵，实不如中年詹达三，这惟我磨墨人知之，玩墨者不知也。又光绪五年官烟厂废，桐油出口价昂，洋烟入中国，此为制墨者万劫不复之遇。故光绪五年以后之墨，绝不可用。退而求其次，咸同及光绪初元的墨，虽比不上康雍乾嘉道五朝，但以洋烟较之，其为胜何啻千百倍？故詹大有以次诸墨，我亦收之。墨法虽坏，而仍是油烟墨。

此外尚有良工，如康熙时之吴孔昭、程馨九、程�。乾隆时有汪胥原、詹淳善（字古愚）、金梅溪、詹子云、程虚谷、金讷人、汪乾章、程步青、潘始和、程丽仲、方季子。嘉庆时，有宋子叔、汪守之、汪斗山、鲍季函。道光时有鲍文淳、范芬士、詹瑞（字小溪）等。以上良工，我未见其所制，不敢妄评。

名流自用墨

名公巨卿，学士大夫所制墨，那更是汗牛充栋。见于各家著作的，凡是我所未见过未用过的，概不列入。我所见所用的，此一类墨，有极好的，有不堪用的，这和名流制墨，显然有区别。因为名流自用墨，多委托良工制造，工料咸精的自然是好墨，或工不精，或料不佳，这在名流自用墨里，也很常见。

周栎园——周栎园大牛舌墨，细而光润。

宋牧仲——有“绿波村题诗”墨，有“绵津山人”墨，有“清德堂”墨，均佳。牧仲尝托华亭钱介维代为制墨，见《绵津集》。

翁覃溪——有“苏斋”墨、“诗境”墨，均可用。

毕秋帆——有经训堂定制墨，不甚佳。

黄小松——有“小蓬莱阁”墨，甚细润。

陈曼生——种榆仙馆墨，嫌胶太重。

林文忠公——公有判牍之墨极精。

李文忠公——有少荃起草墨，胶稍重。

梅兰芳——胡开文制梅畹华自用墨，不堪用。

自御制墨至此，就我所知，似未至十之一。不过，在我们研究写字画画上，选择墨去应用，也就够了。

1947 年

《一四七画报 · 非闇漫墨》第 9 卷第 7 期至第 10 卷第 5 期

署名于非厂

再谈墨和颜料

前次所写关于墨的里边，很有些错误，最显著的是吴天章名倬，误成雯，雯和倬，均字天章，时代也差不多，可是造墨的名家，却是名倬，我特在这里更正。

我在从前，既然喜欢用好墨，所以卖墨的往往拿些磨过的、断裂的、失群的、残缺的，甚至碎裂成为打消零碎块，包起大包来，一时都难拼凑的，我总喜欢设法把它买下。这种墨，有的是明朝的、清初的、康乾的，这和我买旧颜料是一个办法，无论你是古玩铺、挂货铺，只要你肯送来，我看着可用，要价，我照例是不还价的。可是他们也绝不“漫天要价”。北平这种商人，直到现在这种念头，也还有这种好商业道德。并且他们全是先把“磨过”“断残”……指给你看明。我买墨最得意的是一包“碎墨头”，论斤卖，共四斤十二两，最大的墨块，才够一寸三四，最小的简直可称它为墨渣，二分有余。我买到之后，正在守伺着先君的病，灯下无聊，弄这碎墨慢慢地对碴，居然被我对出了三块有（明）万历年款的墨，七块康熙年款和乾隆年款的墨，虽然都不大完整。

至于我买颜料，石青、石绿、朱砂都是“论斤”，也有黄纸包原装，上面写着“贡品”的，那我就“论包”，尤其是入漆的上好银朱，每包（一大包内装十小包）才五十枚铜元。这些颜料，我除了送朋友，我和墨一样，竟用了三十多年，不曾匮乏。我最好的是一种宝石红，我买的时候，是用一对乾隆“青花白地”洋烟瓶盛着，我本注意这瓷瓶，形制很美，及至拿起来，分量很重，里面满盛着红色粉粒，我花了十块钱买回去，略为制炼，其红如火，但是颗粒再也不能研细，因知它的硬度很大，用它画虽显着稍粗，却也隐泛宝光，大概是烧瓷用的。

玩墨本来是比较专门的学问，我们看古代名人流传下来的墨迹，如“流沙坠简”，如“唐人写经”，如宋人墨迹，如明清人所写的，在纵的方面，固然觉得墨法是进步的，但是唐人写经传到现在一千多年，那墨的颜色，用明清的墨磨起来写在纸上对看，总觉得没有写经的浓厚沉重，但是要用现在所制的墨来比，那简直不成比例，现在的墨反比成暗淡无光了。

我最怕写这类似专门的东西，因为这种类似专门的东西，“引经据典”的写得太专门了，行家固然看着不值什么，可是一般人看了就觉得看不起劲。必须在想种种的方法，要一般人都看着中国墨越是明清之际（尚容易购），越历久，写在纸上不变，不怕水湿，不怕霉渍，这和石青、石绿颜色一样的是世界上的特别之物，可是还要顾及内行人看来，还不至于“笑掉大牙”。

1947年

《一四七画报·非闇漫墨》第11卷第7期

署名于非厂

书画用纸

往岁得纸一束，长二尺余，宽不及尺，中有长方朱文印，文曰“乾隆年仿金粟山房藏经纸”，质薄若玉版，书画咸宜。又一纸，长九尺，宽三尺余，有朱印，文曰“乾隆十二年臣李吉恭制”。又一小印，文曰“仿澄心堂”。并所藏方于鲁墨两丸，均已赠风雨楼主。主人以所藏宋“碧罗笺”为报，施亦吾近年酬答中不可不纪者也。

1927年2月25日
《晨报·非厂漫墨·二六》
署名非厂

澄心纸

当吾游张垣时，友人持所藏澄心堂纸来吾家，及归，忽赴友人所，则售去矣，仅余两小幅，吾持之归，为友人作两箑报之。澄心纸在赵宋时，虽至名贵，明人所仿，质已全非。清乾隆时，曾得宋法，两次监制，一在三十四年，一在四十三年，前制质较脆，为李善监造，后制质较粗，论者谓后胜于前。监造者为徐枋。此均见诸御制诗序者。友人所藏，为其先德获自端邸，共两束，稍稍为人乞之去，余十四纸，不甚爱惜，嘱吾为定其所值，竟不遇，遂落估人手，值仅十余元，惜哉！此纸洁整如新，无风矾潮滞之弊，左角下方有长印，文曰“澄心堂藏”，旁有楷书“臣李善恭制”五字长印。吾所见乾隆仿古各笺，均用朱文印，其文均书“某年仿某某”或“某年臣某某恭制”，从无有收藏印者；此或后人所加。又乾隆所制扇面，亦朱书“某年臣某某恭制”。各方贡品，如高丽发笺、日本棉笺，亦必于其左角印有“某年月日贡臣某某监收”等字，嘉庆以后者则否。

1928 年 4 月 17 日

《晨报·非厂漫墨·卷二·十九》

乾嘉前罗纹纸

乾嘉前罗纹纸，其帘文有宽至二分，轻若蝉翼，韧若棉笺者，阙后则帘文愈密，纸遂愈坏。故鉴纸者以帘文之宽仄，定其质料年代，乃百不失一。近在汪江瀚家见皇庆本《大戴记》，每叶衬以碧罗笺，帘文与乾嘉等，是知纸质之坏，断自嘉庆。

1931 年 3 月 22 日
《北平晨报·非厂短简·十四》
署名非厂

罗纹纸

世人多尚宽帘罗纹纸，质厚而柔，极受墨，谓是康乾时用铜帘制者。今在一故家，获见其先德所藏宋元明纸，自以澄心、白麻等为珍，而明人所制罗纹纸有密帘一种，纵五尺，横二尺余，薄而韧，细而坚，下角有“隆庆年制”朱文印，真佳品也。曾见董文敏山水册，每帧对题一诗，即是此纸。

1931 年 12 月 21 日
《北平晨报·非厂短简·四十》
署名非厂

谈纸

“铜驼既在荆棘，玉碗亦出人间”，此孙退谷感而为销夏记[1]也。连日暑蒸，时与二三同好，坐斋中，挥蒲葵扇，煮普洱团茶，出古帖数行共赏，不觉日之西下也。同好以予藏旧楮，嘱为纸说，愧我识浅，恐无以当大雅一睐，只以故内库纸，散亡略尽，聊为之说，借以塞同好之责耳。

一、纸料

古未有纸，汉以来依书短长，书于缣帛，谓之幡纸。《后汉书·蔡伦传》：“自古书契多编以竹简，其用缣帛者谓之为纸。缣贵而简重，并不便于人，伦乃造意，用树肤、麻头及敝布、鱼网以为纸。元兴元

[1] 指明末清初收藏家孙承泽（号退谷）著《庚子销夏记》，共八卷，对其收藏或过目的唐代至明代的书画名迹、法帖、碑刻拓片进行著录和评骘。

年，奏上之。帝善其能，自是莫不从用焉，故天下咸称蔡侯纸。”后汉刘熙《释名》曰：“纸砥也，谓平滑如砥石也。”晋嵇含《南方草木状》：“蜜香纸以蜜香树皮叶作之，微褐色，有纹如鱼子，极香而坚韧。水渍之，不溃烂。泰康五年，大秦献三万幅。”《博物志》：“王右军写《兰亭》用蚕麻纸。”唐段公路《北户杂录》：“罗州多笺香树，身如柜柳，皮堪捣纸。士人号为香皮纸。”《拾遗记》：“海苔纸，晋南越所贡，以苔为之，名侧理纸，后人言陟厘。”《法书要录》云：“萧公名诚，兰陵人，梁之后，拜右司员外郎，善造斑石文纸，用西山野麻及虢州土谷。”《东坡志林》云：“昔人以海苔为纸，今无复有。今人以竹为纸，亦古所无有也。”又云：“川纸取布头机余，经不受纬者，治之作纸，故名布头纸，此纸冠天下。”《广川书跋》云：“以生布作纸，名麻纸，以树木皮作纸名縠纸。至檗汁涅染，点治槌装，则为经纸。自汉魏遗字多作幡纸，晋宋多作麻纸，而隋唐用经纸。”《负暄杂录》云：“今中国惟有柔皮纸，蜀中藤纸，越中竹纸，江南楮皮纸。南唐以后纸作澄心堂纸。”《本草纲目》李时珍曰：“蜀人以麻，闽人以嫩竹，北人以桑皮，剡溪以藤，海人以苔，浙人以麦面稻秆，吴人以茧，楚人以楮为纸。”元鲜于枢《笺纸谱》云：“萧成采野麻土谷作五色斑纸。……日本国出松皮纸，又扶桑国出芨皮纸……蜀中藤纸越中竹纸，江南楮皮纸。”元费著《蜀笺谱》曰：“……今天下皆以木肤为纸，而蜀中乃尽用蔡伦法。笺纸有玉版，有贡余，有经屑，有表光。玉版、贡余杂以旧布、敝履、乱麻为之，惟经屑、表光非乱麻不用。”又云：“广都纸有四色，一曰假山南，二曰假荣，三曰冉村，四曰竹丝，皆以楮皮为之。”

上之所引，纸之为物，其原料曰树肤（桑皮、楮皮等在内），曰麻头，曰敝布，曰鱼网，曰海苔，曰蚕茧，曰破履，曰土谷，曰竹，曰机余经不受纬者，曰藤，曰麦面稻秆。而侧理纸、麻纸、茧纸今皆不传也。

吾既述纸之原料，皆断自清初前。自嘉道以来，造纸之原料，既不按成法，致纸质之“绵性”日少，“帘纹”亦骈密，书画所用，遂无佳纸。既不延年，又难施用，欲书画者，乃不得不旧纸是珍。试观嘉道以来纸，因其料之日恶，缺少绵性，故“帘性”不得不加密，于其上又涂以白芨，施以胶矾，粗涩燥脆，不能得心应手，纸料之关于纸之良莠，可见也。

二、明清纸

明朝御用监，造各种御用纸，按《明会典》：“工部派办，年进七十三万余张。”宣德时仿南唐澄心堂纸，俗谓宣德镜面笺。按《明会典》：“宣德十年令，不依原式及水湿不堪者赔补原数。”又：“宣德九年以福建进造纸札，不合原式及粗薄不堪，令按察司治提调官罪。”可见其时对于造纸功令之严。

明又有白榜纸，纸极细，绵性尤重，虽亚于宣德镜面笺，而张梦晋、唐子畏诸人极喜用之，按《明会典》：“凡白榜纸，高四尺四寸，阔四尺，十年一次，题派各省办送。”又有随行龙沥纸，即宣德金线榜纸，董玄宰所谓“龙沥玉光华”是也。

明有疋纸，长丈一，亚于白榜纸。其仿宋罗纹，不如康熙时制。康熙所制罗纹，有蓝边者曰贡罗，供御用，尤细润。

乾隆时有仿澄心堂纸、宣德镜面纸，皆细润。其仿端本堂纸、明仁殿纸，皆用隶书金字印。按端本堂为元之奎文阁，后改端本堂，为太子读书处。其纸如金粟笺，而少薄，其帘纹可见，上有“端本堂”三篆字蜡印。明仁殿纸与端本堂纸略同，上有“明仁殿”泥金隶书三字印。乾隆仿明梅花玉版笺，极光滑，宜书。乾隆仿玉粟笺，质如龙沥，为画苑中最喜用之纸。又有仿造圆筒侧理纸，色如苦米，摩之留手，长有至丈余者。

清内库之白榜、龙沥、疋纸、罗纹，嘉庆前皆精妙，堪与明纸相匹。至如雍乾以来，饬高丽所仿之白麻纸、染色麻纸，细而薄，不可揭，则大幅者尤难得也。

予喜蓄旧纸，宋以来如白麻，如法喜大藏，如澄心堂，如镜面笺，如龙沥，如白榜，如罗纹等，只偶一把玩，不敢乞人书画也。

1939年7月23、30日
《新北京报·艺术周刊》第27、28期
署名于非厂

阿文成旧砚

此砚周身焦眼如蛛网，为阿文成公[1]外祖家物，一传至文成家，再传至奕绘家，再传富察氏家，皆以为奁中物。至富察氏而伤其角，遂为友人所得。太清太素夫妇两铭，并见《芸窗琐记》[2]，及敦君礼臣诗章。友人近拟以之易柴米，吾特为拓出，镌工极佳，惜稍平浅，不易拓耳。非厂志。

1929 年 1 月 13 日
《新晨报副刊·日曜画报》第 24 期
署名非厂

[1] 阿桂（1717—1797），清满洲正白旗人，章佳氏，字广廷，积功封诚谋英勇公。死后，谥“文成”。其故居在北京东四灯草胡同路北。

[2] 《芸窗琐记》为清代富察敦崇撰。

阿文成旧砚

寿山石

闽之有寿山石，犹浙之有青田石，皆印章之美材也。寿山石之佳者，吾曾为文书于画刊，其精品真有使人夜眠不着者。友人属云楼主归自闽，历三旬之搜讨，得寿山石数十种，携来寒斋共赏，晶莹温润，无美不备，真奇观也。因商之主人，以一部标格公诸同好，虽复散金零玉，而“田黄”“黄水晶”“天蓝冻”“玛瑙红”“白芙蓉”“鳝草冻”“鹿目格”“连江黄”“吊笕”“月尾紫”……诸名坑，应有尽有，备具于是。而标价之廉，视浙石（非青田）闽制者，低且二三倍。世不乏求真闽石而不得者，特书之为绍介。

1935年11月2日
《北平晨报·艺圃》
署名闲人

谈扇

贡扇

予喜用故内贡扇，以黑面而无书画者为最善。暑热，人所同感也。遇宴会，冒炎热奔至（汽车或否），甫入室，与主客寒暄，鞠躬，抱拳，通姓字，递名刺，“客气”一阵，堂倌递巾，递烟茶，热已不可耐，出扇欲挥，客或主笑容满面，罄折而前曰：“拜观拜观！”只好敛其折叠，双手呈献，㧑谦曰：“扇骨不佳，书画不足观。”若为不知名者书画，尚可速持挥，若为当代名家，则互相传观，批评，讲述名家故实，而热汗涔涔，直透重衣矣。扇有不为扇（平声），而有所谓“搿”者，以手持折扇，自右向左横也，有声沙然。杂剧中艳阳楼之高登，“定场诗”念毕，则将扇一搿，然后报名，即是此类。扇至立秋，纸面久已搿破，则以菜刀就纸下缘横切之，只余半骨，搿尤有趣，俗谓此搿曰

“秋凉儿”。如是佳扇，遇有摺扇之瘾者，一摺，则穿骨处已裂，数十摺，则只好作秋凉儿矣。贡扇，轴心紧密，不易摺，又无书画，既免损伤，又不易受热。

扇骨

予无香妃竹扇骨。扇骨用湘妃竹，红花蜡地，花有纹理，华美富丽，非书生所宜用。予无刻竹骨，刻匠粗犷则伤雅，“毛雕”者（刻竹法之一种，以纤细流利，刀锋笔致兼而有者为佳），则又失之纤巧。若故内紫檀骨刻字填金者，尤非书生所宜用。予喜用棕竹，棕竹之佳者，仿佛端溪砚之大西洞，蕉白，火捺，玫瑰紫等咸备，而其纹若桃丝，若春水之漪澜，若薄縠，若秋云之笼月，自然之美，有胜于雕琢者万万也。廿余年前有老扇工某语人曰：“吾于同治九年学制扇骨，据闻一竹骨扇之成，须工十二道。比学，为师者仅能详工六道，其他六道已不能详。”彼所谓道，谓制一扇骨，经过一次技术耳。同治九年前所制者，经工十有二道，则其股之佳，颇可想见。今距同治九年又历七十有一年。治乱不常，影响于美术工艺者至巨，宜其制之日近窳敝也。

扇面

扇面用纸，在昔用“六吉棉连”，凡造纸，张幅有定制，制时有破损，则剔出之，以之制扇，价廉而任折叠，不易破损。在昔扇面有用七层棉连、六层棉连而不觉厚重者，凡纸，棉料重则易为薄，反之则厚，故佳楮无粗厚者。制扇面，胶须清轻，蛤粉须细，胶清则不脆弱，粉细则不窳厚，道光以前之扇面皆如此。自洪杨事起，造纸先坏，扇面遂不复如昔日。咸同之际，掺用洋金，胶矾重浊，扇面益不如前。光绪初，制纸渐复，扇面亦随之而差胜。入民国，纸又坏，种楮者转而种鸦片，棉料遂日缺。然尚胜于今日也。十年前有用旧纸制扇者，以藏园老人为最佳。大风堂制以鱼子金为胜。又有某君制扇面自画，其扇特薄，甫折叠穿骨，其折叠处已破裂，此即棉连纸不佳，不用蛤粉而胶矾重浊之故也。

书　扇

凡书折扇，必先就光处透视其所制扇面之字号，然后就字之正面书之。盖制扇字号，就彼面透视，字正相反，非特谦，未有不书诸字号之正面者，所谓先书而后画也。扇穿骨，若骨为竹制而非“合竹”（竹有表里，表细而里粗，两里粘合而正反皆为竹之表皮者，俗谓之合竹）。则表之一面必穿书之一面，亦所以示先书后画也。近日书家日就凋谢，画道日就衰微，往往意想中以为求某某画尚易，而其正面乞某某书，则颇费推敲。予喜明人书扇，明人书扇以气为主，不拘于“单行”“双行”（所谓单行者，如十六骨者，则为二十九个单行，双行，则每一单行内，又分两行也），予亦喜康乾以来书扇，其细楷实足以觇一时之文风。至书扇用墨，乾嘉而后，殊鲜佳者，光宣之际，群尚墨盒，更无论矣。

明董玄宰画箑

书扇用墨

予愧不工书，而喜研磨，此盖自幼而然。先曾祖至先君子皆工书，予磨墨往往入梦乡。既长，读关于古人用墨者，见近世之善于用墨者，故于墨之为用，知之颇详。寒斋好蓄墨，非侈富有，非供把玩，试磨乃成癖嗜。书扇用墨，欲其黑而有蓝光闪闪者，最好用乾隆御制墨（乾隆御制墨，内含明故内残墨，特黑。事变前买残墨，不过两元钱一两，在北京最易得）。就砚池中磨半熟，然后再以道咸时胡开文等墨继磨，至于浓熟，以之书扇，真有一点如漆之妙，闪闪作虹彩。惟砚必涤静，水必清泉耳。在暑日，砚不佳者易干，干则须涤去磨痕，注水再如前法磨熟再写。若不涤，泛光。书镜面高丽纸或发笺，用墨如上法，裱出后亦黑而有光。

1941 年 7 月 7—12 日

《新北京报·非闇漫墨·卷三》

署名于非厂

椎拓古器

椎拓金石古器全形，前古未有能者。道光初，浙江马傅岩，能椎拓全形，阴阳向背皆妙。吴门释达受字六舟，从之学，为阮文达所赏。阳湖李锦鸿得其传，一时吴平斋、吴荷屋、吴子苾、刘燕庭诸人，争相延致。潍县陈寿卿延锦鸿拓十钟，锦鸿所钤手拓印，即陈氏刻赠。亦一代之发明史也。

1931 年 12 月 25 日
《北平晨报·非厂短简·四一》
署名非厂

装潢

吾国工艺，在浅尝者，概斥为不科学，而其极，有非真精于科学莫能至者，今请以装潢之术证，其证非仅乎此也。

往者见六朝人写经，其装潢历千余年不蠹不开拆，楮质素丝，若与裱褙之纸融化浑而为一，虽经霉烂，莫可以分开，则其术有至堪研究者。吾家有宋拓元装淳熙秘阁帖，其装背及边皆用皂色笺，卷末之背，有“阊阊王氏避蠹鼠装”八字，试以舌舐其纸味苦涩，迄今不坏。往见倪云林《招隐图》，为王弇州故物，包首用宣和糊窗棂，引首用金粟笺，镶以澄心堂纸，覆被用碧罗纹，盖出吴门强氏手也。时强氏与汤氏名重一时，收藏家卑辞厚币，礼为上宾，二氏亦各出其能以报。继之者则有庄希叔，亦精装潢，其为术与汤、强颉颃，而皆善用纸，以古雅朴淡胜，有强之用绫绢者，则斥为俗鄙，拂袖不顾去，故人尤重礼之。前岁见宋牧仲所藏子久春山卷，皆用纸装，或者笑其陋，谓宜锦镶，且有疑为伪者，是盖不知古装独重纸也。古人用纸，有时用旧楮，有时用旧试卷、账册，且有纸已污，或有文字涂乙施朱者，非取其廉俭，纸已历时日，其性已柔，易粘合焉。岂若近世即俗恶之作，亦必镶以绫锦，未及数年即开坼矣。

尝考古人治糊之法，以淮海周嘉胄所言为正。其言曰："先以花椒熬汤，滤去椒，盛净瓦盆内放冷，将白面逐旋，轻轻掺上，令其慢沉，不可搅动。过一夜，明早搅匀。如浸数日，每早必搅一次，俟令过性，淋去原浸椒汤，另放一处。却入白矾末、乳香少许，用新水调和，稀稠得中，入冷锅内，用长大擂槌不住擂转，不令结成块子，方用慢火烧。候熟，就锅切成块子，用原浸椒汤煮之，搅匀再煮，搅不停手，多搅则糊性有力，候熟取起。面上用冷水浸之。常换水，可留数月。"（《装潢志》）周氏此论最精，若用川椒尤妙。盖一则防虫蛀，一则变化淀粉，使成泾县连史纸之性质也。糊制既成，不善用之则失于硬。

裱之术，其料在选纸调糊，纸与糊皆精，用不得当则亦不能齐其美。于是粘合之术，乃为装潢者之术的问题。所谓术，必如何而可使两者合和若钞成，夫然后方能历千年而不敝，于是知古人用旧纸装旧物，不惜用有文字涂抹之废物为背托焉。治墨之精者，曰捣十万杵，治印泥之美者，曰旋十万转，糊之用善，则舒卷自如，历千百年无僵挺、生硬、坼裂之弊，其为术只在于刷耳。刷愈多，糊之沁入纸理愈润，覆装纸，则又刷之，虽不必十万刷，而必两两合和，直同钞成，糊之用始显，装之妙始见也。今日之装潢者，岂有此耐力乎？脱有之，而已为物主严期所格矣。春间吾杂临宋元山水草虫十六帧，用旧纸，托厂肆有名之装潢者为一册，既成，彩色全坏，纸且不连合。吾既托人为介，使转询，径曰此非名作，又为纸装，故令学艺者试装，致遭此失云，可笑也。

1932年1月9日
《北平晨报·艺圃》
署名非厂

表背

吾人生当只宜谈风月之年，而风月之宜为吾谈者，吾又卑之不屑谈。不屑谈，袖手默坐，仰视天，观白云之变幻，傲然以自舒其气，长啸划然，若无以终日，而势又不得不有谈者，吾于是谈书画装潢之表背。

表背为吾国最精之艺术，圣经贤传，巨迹名图，历千余年而完好如新，转相授受而流传有绪者，要皆恃表背之力。至于兵火、丧乱、微烂、虫蚀、豪夺、计赚，历万劫而始一传，而其传又以楮之易腐，素之易折也。司命者惟恃乎表背，是表背之于圣经贤传，巨迹名图，其保全之功，不可不讲也。而此圣经贤传，巨迹名图，假俗手劣工为之，不特不足以保其全，亦往往割裂渍晦，断魄失神。是犹既烂且蠹，经名手为之，古迹一新，乃同再造。然则表背之为艺术，岂不宜表而出之，勿令其终秘耶？

往见六朝人写经卷，其两纸相合处，才及一分，而历千余年不脱。宋人画卷，其装潢边缘皆以纸，历八百年表背与图素合，若天衣之无缝，其上下边缘，经久且不脱，是知吾国表背艺术，精研至密也。寒斋藏宋拓《绛州帖》，元代表背，表背纸已黯，与所藏《艺文类聚》同装一箧，书则为虫蚀，帖独否。古昔装潢，其防护之密且备也又如此。

昔人云“古迹重装，如病延医”，良以名迹历传，不免残脱，觅工改装，如病笃延医，医善则随手而起，否则转足戕贼。然而残脱之迹，亦有经名手转而神采奕奕者，此其道如后说。

一、慎审

书画非至残脱，不宜付装。既付装矣，先须审慎周详，观其气色。气色焕发，神采奕奕，纵装潢残脱，亦止宜就残脱处加以修补。若色黯气沉，或烟蒸尘积，则须浣洗令净，而浣洗之法，在表背上为最关艺术之手段焉。

二、浣洗

审视其非洗不可以去黯涤尘也。或连托纸命洗，或将托纸揭净，敷油素平置案上，一面泻水，一面以糊刷蘸酒淋去黯垢，或用枇杷子，或用皂角，惟以清水淋净，急以新纸印去水气令速干，如此已足。其有用水槽泡若干日，或用漂白粉者，皆恶道也。

三、揭补

书画性命，全恃乎揭，绢尚易为，纸最难工。惟良工懔临渊履冰之戒，施迎刃治丝之功，揭之务透，斯存之滋水。既揭之后，纸有残缺，绢辄崩折。纸有帘纹，绢有粗细，然后审纸配绢，丝缕既对，补乃莫分。

四、全

古代书画，不无残缺，楮素残缺而无损书画者，惟恃补之工。笔画残缺，则以笔墨颜色补足之，谓之全。全非书画家所能，工于全者，且不必工书画，而能色泽墨光，与原迹无别，斯臻上乘。

五、覆

古代表背，于选纸用糊，固极精密，而覆背之法，尤极用工，故能表里贴合，历千八百年无浮脱之弊，其足以保护原迹者，全在乎是。覆背之纸，宜用棉料，洒水润透，用糊相合，全在用力多刷，务使表里如一，合成一片，乃见超乘之技。古人表背精妙，胥在多刷。

装裱字画［赫达·莫里逊（Hedda Morrison）拍摄于1940年北平］

六、上壁

上壁须平，天时宜润，以愈久愈佳。昔人有历春、夏、秋三季者，燥湿阴晴，胥不能变，斯为得焉。

上之所述，略举大概，惟北平表背之不如苏州，一方固限于天时，一方则艺术上有显然之区别焉。

1935年12月7日
《北晨画刊》第7卷第4期
署名闲人

记某装潢

自我病足，不能自由行动者又两阅月。友朋既疏，见闻益陋。艺苑动静，闻若无闻。顷有人谈装潢者，颇可发噱，亟为录存。亦艺苑中佳话也。

陶文毅公（澍）[1]所藏法书名画，向少失散。数年前予友黄君得一黄玉印，文曰“印心石屋”，予为考为文毅公物，盖“赐书楼”中最精之品也，曾为文纪之。友故后，此物转让于其友。自中日事起，文毅公物始散之人间。某者以阿芙蓉膏易得数卷，一赵松雪六骏、赵雍番马合卷，一米临《十七帖》等，某本无识，特以其机遇获此。有某装潢者为某言，卷太破旧，非易装不能得善价。某属某□装，既竟，书

[1] 陶澍（1779—1839），字子霖，号云汀、髯樵，谥号“文毅”。湖南安化人。清代经世派主要代表人物，道光朝重臣。

卷神幸不失，收藏印记半毁。某责之。装潢者言，脱不易装，不毁收藏印记，倘他日者，不将执此以追究耶？某唯唯。友知装潢者裱此数卷，出二百纸币市其包手，尾纸，得一宋锦，两缂丝，一黄玉签，一檀匣，一康熙锦袂。而装潢者尚向某索装潢费百数十纸币，某亦欣然得计，□付之。记至此，忽忆一事，予家向有康熙釉里红龙碗一对，绿龙碗一对。龙之足爪本为五，则皆以色涂改为四，甚拙恶，磨之涤之不能去，不知所用何物涂改。盖此物出于圆明园，咸丰庚申火后，得者惧罪涂改也。又友人有一天蓝釉苹果尊，釉色之精，式样之美，直可谓横绝古今。除大内外，民间哪能有此。惟底款磨去净尽，但一望而知为康熙御窑也。事与装潢者愚某颇相类。

天津洪水为灾，灾及书画者尤众，某君有王荆公自书卷，绝品也。予曾获观。为水所困，君忧之，商于某装潢者，某装潢者为言，若自浊水中取出，勿曝干，密包携来当可治。君疾足往，径携之归，亟付装，尚淋淋然。装潢者以清水涤去，且涤且理，得不坏。闻洪水浊流有红如火，有黑如墨，有黄若橙者，一曝即不能涤去。君与装潢者独能悟其燥湿，俾此名迹得保存，不为洪水所毁，深可庆也。某装潢者言：“宋元明诸名迹，凡乾隆以前装潢者，绝不畏水。墨与色均精，一也。纸之质非麻即棉，二也。有此二者，故虽浊水浸蚀，不特原迹无损，即托裱之质亦无损也。”此论最确，并存之。

1939年11月26日
《新北京报·艺术周刊》第45期
署名于非厂

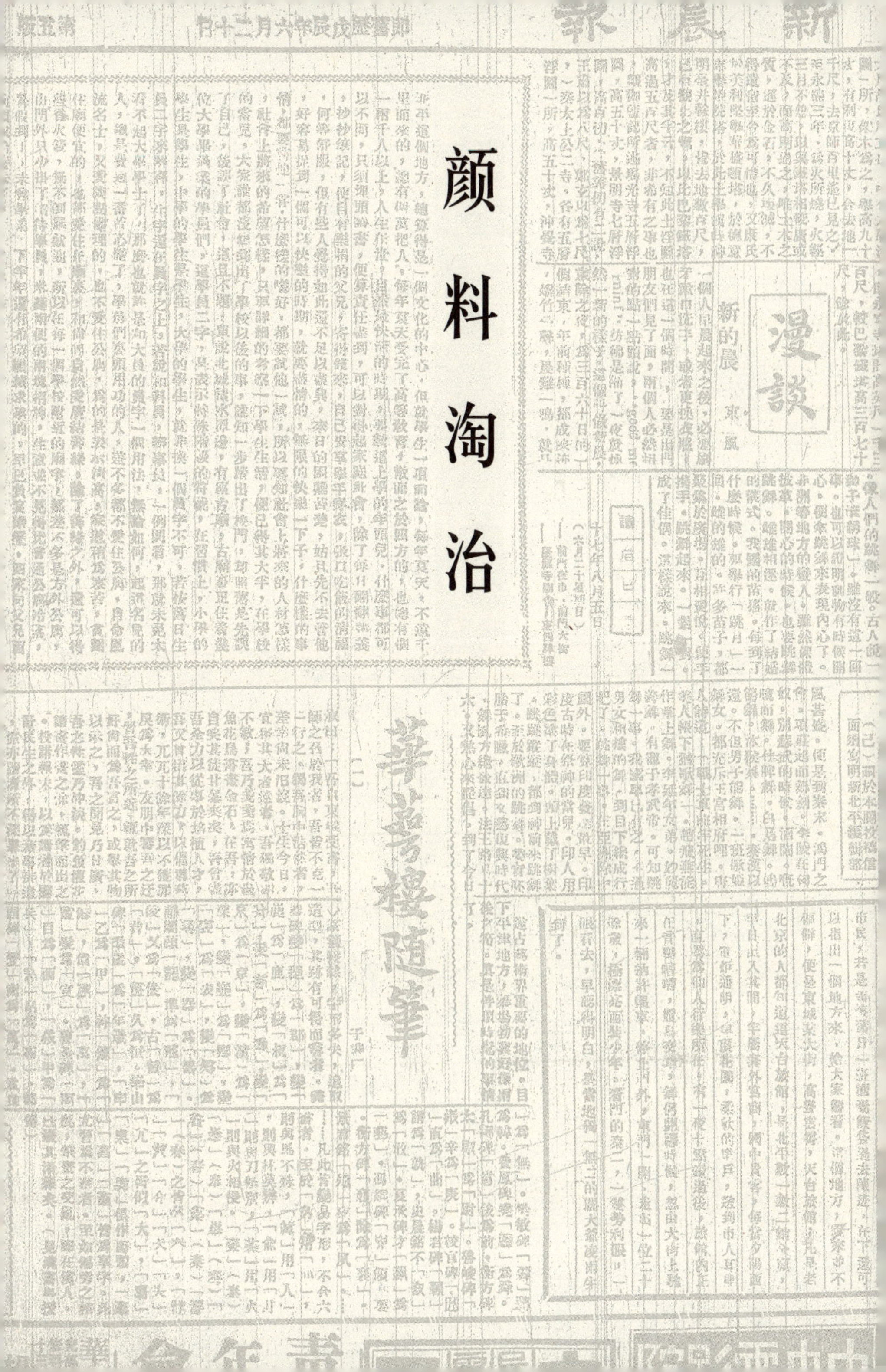

颜料淘治

吾国之色

吾恒就吾国所有物，以与世界较，虽吾所见世界物，或非其至精之品，第觉吾国产者，实较优，请即以颜料言之。吾国彩绘，至轩辕时已大备（公历纪元前二六九七年），此见诸载籍者。其为色与质，虽不可知，要于最低限度，认色彩在轩辕时已有其物，当可征也。周之时，色彩为用，至关政教，自是迄今，数千年来，为品愈精，为用愈广，而目迷五色，几无处不用色彩以文焉。吾尝就唐宋以来诸画，与缯……而研讨之，比较之，匪特可以考见一时习俗之所尚，即其取择之精，调制之美，历千有余年而不少变其色。且有历年愈久，色乃愈精者，吾敢谓吾国艺人，其为技，固迥非今世所谥谓科学家者比。盖其研讨之精，期效之远，求传世非求售世也。古绵缯、古绘画、古瓷、古漆、古藻饰等，当其敷染之初，其心目中，固已充分考悉色彩之精粗美恶（指色彩质料言），辨既审，匠心独运，以求如何研墨，如何敷染，其色乃佳，乃能历久不变。吾国工艺家、制作家、美术家，均同此心，同此旨。不特不变，久且弥彰焉。取以与世之所谓发明家、科学家……者比，仅利用原理方法以取得一色彩，博一时之鲜艳，初未顾及历年久远者，真为意不同也。

古绵缯、古绘画等，非吾力之所能得，吾不能聚合而作较析之比较。碎瓦片，败藻饰，吾尚能尽吾力以搜集之。吾拟于来春始，先就败壁颓垣中，拣拾其为风雨人畜所剥落之破碎藻饰，吾详注其藻饰之年代，与剥落之时日，分别部居，以类相从，或亦在吾所识中，差堪小有获也。况再历十数年，将并此而不能见乎？近来各建筑，在主者与工匠，非不力求其色彩之佳，无如质佳之色，在制之者，已不能纯，甚且不知所谓纯。其较纯者，价虽十倍，亦不易得，即得，亦已稍属糟粕矣。此尚就国产之色料言之。近世建筑者与工匠，其为术既不精，其用品，只求一时之鲜艳夺目，不复计历久，且亦无此能力而使之历久。因之羼杂洋色，以求鲜艳，而国产色料，翻亦无人过问矣。

吾年虽已四十，头脑自知尚不十分腐旧。吾十八九岁时，观王润暄先生画花卉，所用色彩，均自调制。俗有所谓“头青”“二青”“三青”者，以姑苏“姜思序”漂制为佳，先生独不用，谓此非所以神其用，历十余年，且暗晦。先生以“石青”自研制，一色之成，每两阅月，及调敷，往往因炉火之未纯净而弃置者，盖时见之。先生研“西洋红”，以红置掌中，缓缓以指揉按之，自午至申，始滴沥若汁者得数点，以笔就掌心蘸染，与未研者未大异。时吾颇笑其故作态。今先生死才十余年，观所敷色，独鲜丽，已见变化。是知吾国之色，实较世界为独绝也。

1929年2月8—9日
《新中华报》第8版《非厂识小录·十四、十五》
署名非厂

我国颜料

我家在清际，得了不少的旧纸旧颜料，后来虽连房子也卖掉，桌椅板凳都属了人家，但是这些东西，还得以保存着一部分。我国的颜料，在矿质方面如石青、石绿、石黄、朱砂……这类的，是用在画面上经过时间越久，而越要它鲜明的。这是一方面要它的原质好，一方面要调制得宜，如果在调制上讲究，而原质不好，那也是不能经久而鲜艳的。我国的古画，都是讲究用颜料的，尤其是佛画，差不多正面用什么颜料，背面也涂上些相似的颜料，所以唐、五代、宋画，越是经久越好看。可惜现在这种产颜料（矿质）的地方，大部分都不出产了，所以这旧颜料，是比较宝贵的。日本人研究中国颜料，在矿质方面调制得很精，不过他们所用的原质，似乎是利用科学制成的一种类似玻璃质的东西，恐怕不能经久。

1936 年 7 月 31 日
《实报·漫墨》
署名闲人

谈石青、石绿（四则）

一

闲尝考究彩色，以为世界彩色，其历久靡艳者，厥惟吾国，罗马诸神画弗如也。六朝人画佛，唐人画人物，经千数百年，虽其麻葛绢素已黯，而敷色晶莹，若与天地同其不朽，则吾国彩色之原料，大都取之矿物故也。唐张彦远《历代名画记》云：“武陵水井之丹，磨嵯之沙，越雟之空青，蔚之曾青，武昌之扁青（上品石绿），蜀郡之铅华（黄丹也，出《本草》），始兴之解锡（胡粉），研炼澄汰，深浅轻重精粗（按此句即是石色之制法）；林邑昆仑之黄（雌黄也，忌胡粉同用），南海之蚁铆（紫铆也，造粉，燕脂，吴绿，谓之赤胶也），云中之鹿胶，吴中之鳔胶，东阿之牛胶（采章之用也），漆姑汁炼煎，并为重彩，郁而用之（古画皆用漆姑），若炼煎，为之郁，于绿色上重用之。古画不用头绿，大青（画家呼簏绿为头绿，簏青为大青），取其精华，接而用之。”吾人遍征往籍，此当为论色之始。其曰丹，曰沙，曰空青、曾青、扁青、铅华、解锡，皆矿物质也。矿质能历久，又复益以研炼、澄汰、漆姑、汁炼、煎郁而用之，取精汰粗，故其色弥久而弥鲜。今人不解研炼之法，遂谓晚近所产，不如康乾，何其惑也。夫康乾之物，诚超越前代，后世望之莫及，特工于制耳。若夫原料，则今日之所产及康乾之所产，亦即唐宋以来之所产，初无二也，不明其制，遂谓不如，此吾所以聊贡一得，以供参证也。石质之色，以丹砂为首，青绿次之。青与绿为用较广，姑举之以为言，用待三反。石青、石绿向产滇中永昌，自汉已然（见《地理志》），迄今仍以永昌为大宗出产。其产于广东、南海者，则始自明永乐中，明人所谥为梅花片者也。二地所产，其质与色，依法制之皆同，无有轩轾。康乾之际，二者皆入贡，皆为所制青绿之原料。自后画家所用，与夫吴中所制，要不外取自二地（或曰他处尚产之，愧未能知）。然而晚近画所以不逮古者，其研炼未合，实为主因。

石绿之佳者，首推片状体，其成块而若水成岩之有断层深浅者，亦为上品。下此则成为方解形，最下为不规则形，然皆可用。盖佳不佳谓出色之多寡也。法以上品二两，中下各一两，以沸水煮之，约二十分钟，取出水中若有色，澄出之，和以鹿角胶，约一钱，入乳钵研之，务细，研之功至少须四十八小时，空气温度至少须满七十五度，以竹筒一端留其节，灌入之，塞以软木，入釜中蒸，约五十分钟，蒸时以节之端向下，勿倾侧，勿摇动，取出曝之，或入草灰中干之，俟极冷，微以手扣，已干或凝固，然后劈开竹管，则所制之色，显然各有区划，最低一端为头绿，古人多弃之不用，其上一段为二绿，再上为三绿，三绿之上，尚有薄雾一层，最细而最清轻，所谓浮子绿，即四绿是也。当其煮沸时，水上浮一层灰绿之色，研细时亦有之，此为油子，宜汰去，去后复以磁石入乳钵中搅拌之，吸取所含铁质，如此研炼，石绿之精英，尽为所摄矣。张彦远所谓“研炼澄汰深浅轻重精粗”者，即为此法。石青之研炼澄汰亦如之，亦可得四青。至若朱砂，其研视此尤为著力，研之后亦须去油提铁，惟入胶宜少，入筒中蒸，须时较多，大约一句钟即可劈而出之，汰其最下，取其中，提其上，上者曰朱标，标之上若乳浆之黄橙色，最细最精，赵承旨每喜用之状马色，历久不变，所谓栗子黄也。当二十余年前，吾学工笔花卉草虫，先夫子润暄先生即以此法相授，其制色尚有研西洋红之法，亦堪述之。

西洋红又谓之猩猩红，初不产于西洋，印度、安南、滇边均有之，取其乳细者，倾掌心中，以中指研之，借掌心之温度热力，研之久，渐成饼状，然后和以鹿角胶，细腻顽艳倍恒色，然需时久也。吾年来获见名迹较多，知一艺之工，非其功力积深不可，率尔操觚，非能传也。向者，吾卖画，一日之间，画便面十余，以为可以致富有，及吾观古人之迹，其惨淡经营，调朱敷粉，绝非一时一日所成。吾乡丁彝斋所藏燕文贵《江干雪霁图卷》，细若蚊足，各具情态，运墨敷彩，望之目眩。燕氏在宋画中，仅成一体，其功力已非可以企及，遑论其他。吾因之扼抑致富之念，舍而读书。往者齐白石先生言：“近人不但不知用色，抑且不知用胶。”此论盖有所指。先生于色，研之颇勤，其用西洋红，视吴缶庐为近，惟以卖画忙，未水乳交融耳。尝见某专家画，胶光浮耀，望若涂脂，倘亦先生所谓不知用胶者欤？故并及之。

1931年1月27—29日
《北平晨报·艺圃》
署名非厂

二

石青产云南，色淡而娇艳者曰竹叶青，最难得，为石青中无上珍品。其次曰佛头青，其清轻不亚竹叶，其渣滓亦绝无所谓头青者，惟砂青为石青中下品，色重浊，乳细漂为头、二、三、四青，光绪以后，已视为珍品，实则不堪用也。寒斋藏石青最精严，无有以砂青漂制者。盖竹叶、佛头二者，道咸以后既不出产也。有籧斋主人者，得佛头青若干，精制请试，予为作《双雀图》，虽不如寒斋竹叶青，要亦晚近所未有。主人标价极廉，用公同好，托琉璃厂集粹山房代售，市肆间数十年不见此物，特为绍介如上。

吾家所藏石青、石绿，皆内库贡品，到吾家在咸丰庚申年。漂治法自王润暄先生，王先生能画工笔草虫，所治颜料有独得之秘，予以其法调治，补唐宋人旧画，若无缝天衣。予尝谓吾国颜料若石青、石绿者，皆利用天地自然之美，佐以人工漂治，故其色历久愈鲜，而静雅之趣，远非世界颜料所能比拟。真石青久已同麟角凤毛，时人偶得砂青，辄珍同球璧，庸讵知砂青之色浮而不实乎？日本人以人工造石色，其法以化学冶玻璃，磨为粉，敷用，色艳冶，不静雅。若“鸡牌绿”者，尤其下下焉。近年来有以“青金石”代石青，“孔雀绿”代石绿者，色视日本人之玻璃粉稍佳，其不堪用则同。

1935年1月8、9日
《北平晨报·艺圃》
署名闲人

三

石青在今日，其珍贵乃不亚于珠玉，不必悲乎战乱也。在昔予石青，概以斤计，“佛头青”“片青”，斤不过四五元，今则以分计，其佳者，分需一元。至于淘治之法，敷用之术，亦鲜精能，因撰为此文，以与知者共研讨之。

吾国画色之最珍贵，而种类亦最繁复者，莫如石青。观唐五代宋以来画，其所用青，匪特弥久而弥鲜，而唐五代宋之用石青，因其所取之质不同，亦可定其为某时之物。顾西蜀为产青之地。黄筌所用，与南唐周文矩所用，虽其时相距不遥，而周与黄质精，一则以地处产青之地，一则借以南唐后主搜讨之力，故所用皆精品也。又宋徽宗以前所用青，视宣和画院所用为少逊，则以宣和画院所用为贡青，视民间所得较精也。考石青之种类，见于吾国载籍者，有空青、扁青、曾青、白青诸名，而江淹《空青赋》，尤状写致精，兹特分别述之。

（甲）原料

石青为铜质之矿物，《本草别录》云：“空青生有铜处，铜精熏则生空青。”《造化指南》云：“铜得紫阳之气而生绿，绿二百年而生石绿，铜始生其中焉。曾空二青，则石绿之得道者均谓之矿。”近世学者认石青产亦铜矿，与往籍合，兹再析其种类为空青、扁青、曾青、白青。

1.空青

《本草释名》：“杨梅青。”李时珍曰：“空言质，青言色，杨梅言似也。”

《本草别录》：“空青生益州山谷，及越树山有铜处。铜精熏则生空青，其腹中空，三月中采。”

《范子计然》曰："空青出巴郡，白青、曾青出弘农、豫章，白青出新淦，青色者善。"

《博物志》："徐公时令人于西平青山采取空青。"

陶弘景[1]曰："越嶲蜀益州。益州诸郡无复有，恐久不采之故也。今出铜官者色鲜深，出始兴者弗如。凉州高平郡有空青山亦甚多。……诸石药中，惟此最贵。医方乃稀用之，而多充画色，殊为可惜。"

苏颂曰："今饶、信州亦时有之，状若杨梅，故名杨梅青，其腹中空，破之有浆者绝难得。"

苏恭曰："出铜处兼有诸青，但空青为难得。今出蔚州、兰州、宣州、梓州，宣州者最好，块段细，时有腹中空者，蔚州、兰州片块大，色极深，无空腹者。"

李时珍曰："张果《玉洞要诀》云：'空青似杨梅，受赤金之精，甲乙阴灵之气，近泉而生，久而含润。新从坎中出，钻破中有水，久即干如珠，金星灿灿。'"

《庚辛玉册》云："空青阴石也，产上饶，似钟乳者佳，大片含紫色有光彩。次出蜀严道及北代山，生金坎中，生生不已，故青为之丹。有如拳大及卵形者，中空有水如油，治盲立效。出铜坑者亦佳，堪画。又有杨梅青、石青，皆使一体，而气有精粗，点化以曾青为上，空青次之，杨梅青又次之。"

《造化指南》云："'铜得紫阳之气而生绿，绿二百年而生石绿，铜始生其中焉。曾、空二青，则石绿之得道者，均谓之矿。又二百年得青阳之气，化为鍮石。'观此诸说，则空青有金坑、铜坑二种。或大如

[1] 陶弘景（456—536），字通明，丹阳秣陵（今江苏南京）人。南朝齐梁时道教思想家、医学家。

拳卵，小如豆粒，或成片块，或若杨梅，虽有精粗之异，皆以有浆为上，不空无浆者为下也。”

江淹《空青赋》:“夫赤琼以照燎为光，碧石以葳蕤为色，咸见珍于东国，并被贵于西极，况空青之丽宝，挺山海之不测。……于是写云图气，学灵状仙，宝波丽水，华峰艳山，阳谷之树，崦嵫之泉……亦有曲帐画屏，素女彩扇，锦色窃郁，绮质蔓衍。点拂浓薄，如隐如见。山水万象，丹青曲变，成百镒而可珍，亦千金而不贱。”

总观上述：空青之状若杨梅而中空，即后世所谓佛头青也。其产地在《本草别录》谓出益州山谷及越嶲，计然谓出巴郡,《博物志》谓出西平青山，至陶弘景时谓“越嶲属益州，益州诸郡无复有，今出铜官者色鲜深，出始兴者弗如。凉州高平郡有空青山亦甚多”。苏颂则谓今饶、信州亦时有之。宋苏恭则谓“出铜处兼有诸青，今出蔚州、兰州、宣州、梓州，宣州者最好，蔚州、兰州无空腹者”。李时珍引《庚辛玉册》谓产上饶。自此产空青之地不详，今无中空者，予得内库石青，即佛头青。

2.扁青

《本草释名》：石青，大青。

《本草别录》:“扁青生朱崖山谷，武都朱提，采无时。”

陶弘景曰:“朱提音殊匙，在南海中。”

《本草集解》曰:“生蜀郡。”

苏恭曰:“此即绿青也。朱崖已南及林邑、扶南舶上二来者，形块大如拳，其色又青，腹中亦时有空者。武昌者，片块小而色更佳。简州、梓州者，形扁作片而色浅。”

李时珍曰:“苏恭言即绿青者非也。今之石青是矣，绘画家用之。

其色青翠不渝，俗呼为大青。楚、蜀诸处亦有之，而今货石青者，有天青、大青、西夷回族青、佛头青，种种不同，而回族青尤贵。本草所载扁青、曾青、碧青、白青，皆其类耳。”

此扁青，即王概所谓梅花片石青，此色今亦无之。予于内库石青中捡得斤许。

3.曾青

《本草释名》：“李时珍曰：曾音层，其青层层而生，故名。或云其生从实至空，从空至层，故曰曾青。”

《本草别录》：“曾青生蜀中山谷及越嶲，采无时，能化金为铜。”

陶弘景曰：“旧说与空青同山，疗体亦相似。今铜官更无曾青，惟出始兴。形累累如黄连相缀，色理相类空青，甚难得而贵。”

苏恭曰：“出蔚州者好，鄂州者次之。”

李时珍曰：“但出铜处，年久即生，形如黄连相缀，又如蚯蚓屎，方棱，色深如波斯青黛，层层而生，打之作金声者为真。”

《造化指南》曰：“曾青生铜矿中，乃石绿之得道者，肌肤得东方正色。”

《衡山记》云：“山又曾青冈，出曾青。”

此曾青，即青之有层次者，呈块状有层纹，最难得。盖青以浅翠为贵，此最浅而翠也。

4.白青

《本草释名》：碧青，鱼目青。

苏恭曰：“此即陶氏所云空青，圆如铁珠，色白而腹不空者，是也。研之色白如碧，亦谓之碧青，不入画用。无空青时亦用之，名鱼目青，以形似鱼目故也。今出简州、梓州者好。”

李时珍曰："此即石青之属，色深者为石青，淡者为碧青也。今绘彩家亦用。《范子计然》云：'白青出弘农、豫章、新淦，青色者善。'《淮南万毕术》云：'白青得铁，即化为铜也。'"

此碧青，不入画，入画之浅青，多自曾青提取。

5.沙青

沙青不见于古籍，明清以来多以之饰梁栋。道咸而后石青日罕，以之研漂，择其稍淡者入画。其状如细沙，产云贵两粤，充贡品，以纸包置，重斤余，商贩来者亦然。在昔为涂饰阁殿及绘画佛像，填染绫绢之用，今则即此，亦视为罕物矣。

（乙）淘治

清王概《芥子园画传》："石青，画人物可用滞笨之色，画山水则惟事清轻。石青只宜用所谓梅花片一种，以其形似故名。取置乳钵中，轻轻着水细乳，不可太用力，太用力则顿成青粉矣。然即不用力亦有此粉，但少耳。乳就时，倾入磁盏，略加清水搅匀，置少顷，将上面粉者撇起，谓之油子，油子只可作青粉用，着人衣服，中间一层是好青，用画正面青绿山水，着底一层，颜色太深，用以嵌点夹叶及衬绢背，是之谓头青、二青、三青。凡正面用青绿者，其后必以青绿衬之，其色方饱满。有一种石青，坚不可碎者，以耳垢少许弹入，便研细加泥，墨多麻，亦用此，出《岩栖幽事》。""石青须择梅花片者，敲碎入乳钵细研，用水漂成三号，晒干，最上清轻色淡者，用染正面绿叶，方得深厚之色。其中为质粗细得宜，为色深浅正当者，用着纯青花瓣及鸟之头、背。最下质重而色深者，用着鸟之翅尾及衬深绿叶后。凡着鸟身、花瓣，青浅者以靛青分染，深者以胭脂分染。"

清沈宗骞《芥舟学画编》曰："石青有数种，但皮粗而成块者皆可入画，其细不必如朱砂而漂制之法则同，故不多赘。但研至将细时，必以滚汤泡过，搅匀，候一顷尽倾去面上所浮出者，然后再研。若不去则画上久必有如油透者。每见旧画上用青绿处若油透笔痕外者，皆绿如此。”

清邹一桂《小山画谱》：“石青取佛头青捣碎，去石屑乳细，用胶取标，即梅花片也。其中心为二青，染花最佳，其下为大青，人物大像用。”

清迮朗《绘事琐言》：“漂青之法，略与漂朱同。乳钵内沉脚再研，加胶再撇如前，仍分三层与前用同，越研越青，不可轻弃。凡乳青须细细轻研，不可力重，力太重则青皆成月白粉。其撇水时，须随搅随撇，不可久待，待之久，则青沉不出，石质重滞故也。惟第三碟内撇去浮标，不必指搅。至于用石青时，胶水须稠，火上熔用，用后满加清水，火上烘之，胶浮于上，撇去净尽，是谓出胶。出胶不净，则下次再用，便无光彩，故必胶出净尽。俟再用，则临时再加新胶水可也。若夫用青由淡而浓，宁可数层渐加，不可一次浓堆，前人论之详矣。”又曰：“头青亦名青标，亦谓之油子，只可入粉内作月白色。二青可作蝴蝶花及染荷叶正面老绿诸色。三青可作牵牛翠眉等花，又嵌点夹叶杂草及人外衣，并衬绢。其青深者，用胭脂勾染；其青浅者，用花青勾染。前人衣折用墨勾，花草用脂勾，古画可细玩。”

上所征引，石青淘治之法，大略相同，惟漂时须兑胶，屡漂屡兑，以兑胶而无黑灰色类泥者上浮为度，然后再分头、二、三青。三青既分，以沸水兑入，火上微烘，胶即上浮，再将上浮之胶水撇去净尽，曝干贮之备用。用时兑胶，用毕出胶如上法，则青永保持其鲜艳也。

1939年10月29日，11月5、12日
《新北京报·艺术周刊》第41—43期
署名于非厂

四

石绿产四川、云南、贵州、广西，其色娇艳，不泛灰白色，在绿色中，仿佛初春棠叶，秋后梅子，非如近时画家所用泛灰白色者也。近今所用，多掺孔雀石、坏松石，故色转青白，无纯绿色，不可以不辨。然而即今之孔雀石、松石碎屑，已不易得矣。兹分述如后：

（甲）“绿青”释名

《本草释名》：“石绿，大绿。”

陶弘景曰：“此即画用绿色者，亦出‘空青’中，相挟带，今画工呼为‘碧青’，而呼‘空青’作‘绿青’，正相反矣。”

苏恭曰：“绿青即扁青也。画工呼为‘石绿’，其‘碧青’即‘白青’也。不入画用。”

《异苑》：“杜绾《云林石谱》云：信州铅山产‘石绿’。”

又一种融结如山。其“石青”则堆滇中者佳。货“石青”者，有天青、大青、西域回族青、佛头青，而“回族青”尤贵。其如碧者曰“碧青”，谓之“白青”，又曰“目青”，画家不用。

宋范成大《桂海虞衡志》：“绿，铜之苗也，亦出右江有铜处，生石中，质如石者名‘石绿’。又有一种脆烂如碎土者，名‘泥绿’，品最下价亦廉。”

上之所举，绿青即石绿，质如石者为贵。《异苑》所引与石青混而为一，故录于此，以补石青之不足。

（乙）产地

苏颂曰：“旧不著所出州土……今出韶州、信州。其色青白，画工用为绿色者，极有大块，其中青白花文可爱，信州人琢为腰带器物，及妇人服饰。”

李时珍曰：“石绿，阴石也。生铜坑中，乃铜之祖气也。铜得紫阳之气而生绿，绿久则成石，谓之石绿，而铜生于中，与空青、曾青同一根源也，今人呼为大绿。”

《明一统志》：“汉中府土产‘石绿’。”

又《本草》：“石绿出波斯国，生石上，谓之‘石绿’，装色久而不变。”

钱杜《松壶画忆》：“青绿两色，以滇中永昌为最。”

上之所举，苏颂谓有青白花文者，乃指孔雀石而言，与《本草》所谓出波斯国者正同。往予所得石绿，皆滇中贡品，故色特纯正。川桂产者多泥绿，向不入贡，京师油饰多用之，以其值廉也。

（丙）淘治

《大明会典》云：“青绿石矿，淘净绿一十一两四钱。暗色绿每矿一斤，淘净绿一十两八钱。硇砂一斤，烧造硇砂绿一十五两五钱。”

清王概《芥子园画传》：“石绿，研石绿亦如研石青法，但绿质甚坚，先宜以铁椎击碎，再入乳钵内，用力研方细。石绿用虾蟆背者佳，亦水飞作三种，分头绿、二绿、三绿，用亦如用石青之法。”又曰：“石绿研漂，法同石青，易分三种。其上色深者，只宜衬浓厚绿叶及绿草地坡。其中色稍淡者，宜衬草花绿叶，或着正面，罩以草绿，或着翠鸟，用草绿丝染。其下色最淡者，宜着反叶。凡正面用石绿，俱以草绿勾染。深者草绿宜带青，浅者草绿宜带黄。”

王概《芥子园画传二集》：“凡用石青、石绿将干者。用广胶水研开，胶不可多，多则粘滞不任笔；不可少，少则稀淡易脱。须审度用之。如绢上正面用草绿，只宜背衬石绿。若于扇头纸上用浓重之色，不能反衬。则用于正面，再加草绿染罥，方觉厚润，未可一次浓堆，不妨数层渐加，则色匀而无痕迹，用后必将滚水漂出胶，次日再加色，方鲜明。”

邹一桂《小山画谱》：“石绿取狮头绿，用法如石青，多用漂为用，若蜻蜓翅则无标矣。”

沈宗骞《芥舟学画编》：“石绿以沙少而色深翠者为佳，系是青绿山水要色。研漂之法，与石青同，而加细焉。其底之最粗者，以嵌夹叶与墨疏苔及着人物衣服。凡山石青多者，用石绿嵌苔；绿多者，用石青入石绿嵌苔。若笔意疏宕，则设色亦宜轻。合用青绿，以笼山石；纯用淡石绿，以铺草地坡面，而苔可不必嵌。”

清迮朗《绘事琐言》：“漂绿之法与漂青同。用时点胶，用后出胶，亦与石青无异。谚云：‘绿不绿，胶不宿；碧不碧，胶不出。’似石青以出胶净尽为妙，石绿即不出尽，亦无妨也。”又曰：“至于用绿，亦宜数层渐加，不可一次浓堆。纸上正面着绿，宜以草绿罩之，绢上正面草绿，背面衬以石绿，只宜淡用，不可厚涂，致夺草绿本色，翻觉减趣。”又见于李衎《画竹谱》：“若夫对合浅深，斟酌轻重，更在临时。调绿之法，先入稠胶研匀，别煎槐花水，相轻重和调得所。依法濡笔，须轻薄涂抹，不要厚重及有痕迹。亦须嵌墨道遏截，勿使出入不齐，尤不可露白。若遇夜则将绿盏以净水出胶放干，明日更依前调用。若只如此，经宿则不可用矣。”

上之所举，其淘治之法，与石青同，惟入胶出胶之法，则所举略异，按其正石绿，漂为头、二、三色，着色之法亦随之而异。头绿与二绿，俱宜宿胶，即初着胶时，不妨稍重。用毕不须出胶，干置之亦可，再用，只兑清水，以手指研化，如是胶愈久，用愈润，即所谓“绿欲绿，胶须宿”也。惟三绿颜色娇艳，兑入之胶须清轻，用毕出胶，尤宜务尽，如是则淡绿之色，笼罩白光愈形鲜丽。总之，绘画所用之胶，惟取清轻，以滚水泡开不用火力熔化为贵。此胶既极清轻，以之入色，自无粘滞之弊。

1940年5月5、12日
《新北京报·艺术周刊》第65、66期
署名于非厂

花青

花青在颜料中，可谓草色最贱者。惟其用最广，无论山水、花卉、人物、鸟兽、虫鱼，胥不可缺。顾自洋靛兴，染人以其便，不复用土产，植者既渐稀，治者复以洋靛便，于是数千年来吾国固有蓝，几经陶冶，精严谨密之淀，遂无人过问，而市间只花青，罔不为洋靛所制矣。洋靛施染布帛，迄今不及三十年，花青入洋靛，尤在其后，然而遍觅南北，求吾国之靛花有所谓广花者，已无人知，固无怪近世画迹历五六年即暗淡变色也。

按蓝之发明最古，见于《月令》，解于《说文》，后汉时植蓝之风甚盛，故赵岐为之赋曰："余就医偃师，道经陈留，此境人皆以种蓝染绀为业。蓝田弥望，黍稷不植。慨其遗本念末，遂作赋曰：'同丘中之有麻，似麦秀之油油。'"降及宋时，几乎处处种植，故苏颂曰："蓝处处有之，人家蔬圃作畦种。"历元明以迄同光，蓝之用益广，种植愈多。

今数十年来，种蓝者咸竞种鸦片矣。兹将关于蓝、蓝淀、花青见于载籍者，条析于后：

（甲）原料

1.释名

《说文》:“蓝染青草也。”《汉官仪》:“貌园供染绿纹绶，蔆，小蓝也。”唐苏恭曰:“蓝有三种，曰木蓝、菘蓝、葱蓝。”《本草》:“按陆佃《埤雅》云:《月令》：仲夏令民无刈蓝以染。郑玄言恐伤长养之气也。然则刈蓝先王有禁，制字从监，以此故也。”《通志》:“蓝三种……葱蓝……大蓝、槐蓝。”《秦城县志》:“蓝《尔雅》曰‘葳蓝’，今为淀者也。种有大蓝、小蓝、槐蓝。”

又蓝之名，曰蔆，曰葱蓝、菘蓝、大蓝、小蓝、木蓝、葳蓝、槐蓝。又宋苏颂本草:“菘蓝可为淀，亦名马蓝，《尔雅》所谓葴马蓝是也。”别本引《尔雅》均为葴马蓝，惟《龙城县志》引《尔雅》，则为“葳蓝”。葳不见于字书，葴则见于《说文》。按《尔雅》葴马蓝注:“今大叶冬蓝是也。”陶弘景曰:“今染襟碧所用者，以尖叶者为胜。”

2.种类

唐苏恭曰:“蓝有三种：一种叶围径二寸许，厚三四分者，堪染青，出岭南，太常名为木蓝子；陶氏所说，乃是菘蓝，其汁抨为淀甚青者，《本经》所用乃是蓼蓝实也，其苗似蓼而味不辛，不堪为淀，惟作碧色尔。”

宋苏颂曰:“蓝处处有之，人家蔬圃作畦种。至三月、四月生苗，高三二尺许。叶似水蓼，花红白色，实亦有若蓼子而大，黑色，五月、六月采实。但可染碧，不堪作淀，此名蓼蓝，即医方所用者也。别有木蓝，出岭南，不入药。有菘蓝，可为淀，亦名马蓝。《尔雅》所谓‘葳，马蓝’是也。又福州一种马蓝，四时俱有，叶类苦荬菜……不可谓淀。”

《通志》:“蓝三种：蓼蓝染绿，大蓝如芥染碧，槐蓝如槐染青。三蓝皆可作淀，色成胜母，故曰：青出于蓝而青于蓝。”

《群芳谱》:“蓝，染草也。有数种，叶如槐叶，皆可做靛。秋月煮熟，染衣止用小蓝。”

李时珍《本草》:“蓝凡五种……蓼蓝叶如蓼，五六月开花成穗，细小，浅红色。子亦如蓼，岁可三刈，故先王禁之。菘蓝叶如白菘。马蓝叶如苦荬，即郭璞所谓大叶冬蓝，俗中所谓板蓝者。二蓝花子并名蓼蓝。吴蓝长茎如蒿而花白，吴人种之。木蓝长茎如决明，高者三四尺，分枝布叶，叶如槐叶，七月开淡红花，结角，长寸许，累累如小豆角，其子亦如马蹄决明而微小，迥与诸蓝不同，而作淀则一也。别有甘蓝可食。苏恭以马蓝为木蓝，苏颂以菘蓝为马蓝，宗奭以蓝实为大叶蓝之实，皆非矣。”

《百科新辞典》:“蓝，蓼科，一年生草本，茎高二三尺，叶为椭圆形，叶柄基部有包茎之筒状托叶。秋抽长茎头叶腋，开穗状红色之花，有带红色之萼，叶为青蓝之原料。有藜蓝、山蓝、木蓝等种类。”

《中华百科辞典》:“蓝，蓼科植物，一年生草本，高者达三尺，我国为原产地，栽培甚广，以江西为特多。叶椭圆形，广卵形，或狭卵形，互生，有托叶鞘。十月间开小红花，总状花序。果实小而黑，三角形。”

《植物学大辞典》:“蓝，蓼科植物，一年生草本。为中国原产，栽培于园圃间。茎高二三尺，叶卵形或椭圆形，互生，叶柄之基府，有鞘状之托叶，包被于茎。十月间，茎头叶腋抽出长梗，缀以总状花序。花小无瓣，仅有红色之蕊，花后结小果实，赭褐色，有光泽。叶供染料。名见本草经。纲目谓蓝色凡五种。(见前李时珍)《植物名实图考》载二图，一为平绿叶，一为锯齿叶，按蓼属之蓝，当系蓼蓝。但各家则仅称为蓝，今从之。又五种蓝可为蓝淀，以供染料。”

《辞源》:“菘蓝，二年生草，随处有之。菘蓝黄花，茎叶制染料。”

蓝之种五：蓼蓝、菘蓝、马兰、吴蓝、木蓝。大蓝即马蓝，槐蓝即木蓝，小蓝即菘蓝，苏颂谓蓼蓝“但可染碧，不堪作淀”，非。

3.制淀

《本草释名》:“李时珍曰：‘澱，石殿也，亦作淀，俗作靛。南人掘地作坑，以蓝浸水一宿，入石灰搅至千下，澄去水，则青黑色。亦可干取，用染青碧。其搅起浮沫，掠出阴干，谓之靛花，即青黛。’”

《历城县志》:“蓝种有大蓝、小蓝、槐蓝，以石灰和之，成质，曰靛，可染青。蓝上浮者为青黛。”

《中华百科词典》:“蓝制靛，晴日收割茎叶，切细后晒干之，置锅内煮沸，搅拌数次，盛净缸内，即成蓝靛。”

《辞源》:“蓝靛以蓝草制成。其法以蓼蓝、菘蓝等叶，厚铺板上，渍之以水，使起酵发热，待至干燥。上下搅和，又渍水发酵，如是多次，至酵全息，则成暗青黑色，为之天然蓝，染色能耐日光，两广所产颇多。”

按淀又谓之靛，其制，中国古法则曰沤蓝，即李时珍所述者也。蓝淀则供家用者，以广东为佳，俗谓之广花。《辞典》《辞源》所述，则其法颇新。尝闻制淀者言：“蓝如蓼者佳。深秋，采叶晒干，水渎之，约七日夜，已发酵，以石灰投之，力搅，泡沫上浮，沥清水，又七日夜，力搅视前加密。蓝附灰上浮，撇取曝干，是为靛花。当其渍水也，水贵徐内，忌骤加。搅欲匀，搅愈频，蓝之附灰愈厚。渍水附灰为之沤，沤之时长，则蓝之色愈浓，搅之力，则蓝与灰附愈腻，广花之取，即是此法。取出头蓝，尚余渣滓，再渍水再搅，色视前者稍淡，所谓二蓝。三蓝则再渍再搅再取者也。”

（乙）淘青

清王概《芥子园画传》：“靛花，福建者为上。近日棠邑产者亦佳，以沤蓝不在土坑，未受土气，且少石灰，故色迥异他产。看靛花法，须拣其质极轻，而青翠中有红头泛出者，将细绢筛滤去草屑，茶匙少少滴水入乳钵中，用椎细乳，干则再加水，润则又为擂。凡靛花四两，乳之必须人力一日，始浮出光彩。再加清胶水洗净杵钵，尽倾入巨盏内，澄之，将上面细者撇起，盏底色粗而黑者，当尽弃去。将撇起者，置烈日中，一日晒干乃妙。若次日，则胶宿矣。凡制他色，四时皆可，独靛花必俟三伏。而画中亦惟此色用处最多，颜色最妙也。”

清王概《芥子园画传二集》：“靛花，在青绿金朱中可谓草色最贱者。然其合成众绿，加染石青，于青绿金朱中绝不可少。其色必须精妙，较众色为难。众色俱可一日合成，惟靛青必须数日。众色四季俱宜，惟靛青入胶研漂去滓宜于夏日，以便烈日晒成，不假火力。若急用，则以火熬，但勿致枯焦为妙。画花卉人，只知粉脂之色为功居多，然花与叶各相映带，若叶色不佳，花容亦减。靛之有俾于绿，绿之有俾于红，交有赖焉。”

清邹一桂《小山画谱》：“花青，用广青略带葡萄色者为佳，罗筛去滓，用胶研细，淘取其标，倾碟内，文火烘干，夏日分碟速干，恐胶臭也。凡烘颜料，须一人守之，时时侧动，则不枯焦。”

清沈宗骞《芥舟学画编》曰：“花青即靛青，盖取其浮于面上之彩谓之花。凡色皆有质，此独无之，故不能自存。取者以石灰为其所附而成颗，是即所谓螺子黛也。其色青翠灵活，画家之要色也。先捣碎如沙，用滚汤泡过，先泡出黄黑水，后泡出青黑水。所出者皆其翳，虽泡数次，而其本色仍牢附于灰，入乳钵细研后，倾胶水搅匀于大盏，候一时许，倾其浮出之色于别盏，以其底之所碇者，不必加胶，仍如前细研，复以前浮出之色倾入；候一时许，倾于别盏。照此法凡数次，至其底色稍淡乃止。盖花青既是附灰而成者，则所出之色，愈后愈佳，且一二次不能尽出，故必数次取也。又其色离灰而附于胶，则灰之极细而不即碇者，尚留于色，如何得尽？且亦不必太尽，本色既全无质，若灰太尽，则又嫌于胶重矣。须合将倾出之水，总候半日许，倾入磁盆，复去其所碇者，将磁盆安于护灰炭火上炖，将干，以物细细搅匀，若听其自干，而不细搅，则上半多胶，下半多灰。必搅于将干之时，则不尽之灰，与胶之粘性相和矣。”

清费汉源《山水画式》曰：“擂花青法，先将靛花筛过，取去石灰及草，待净，入胶水少许，用朽木槌擂细，如千擂不转。再入胶水少许，再擂。如此数遍，看无渣滓，再倾清水，不可多，又不宜少。再擂，候水澄清，去水，以花倾入净器内，晒干，如无日色，将微火烘干听用。”

清迮朗《绘事琐言》：“漂花青之法，近日画谱多略言之，然皆用乳钵，未闻手泥。手泥之法，盖从泥金悟得也。青绿丹砂，天生石质，非碎以铁椎，研以乳钵不能细。细靛则草质，至轻至细，以乳钵研之，刚不克柔，以手泥之，柔以克柔，渣滓尽融为汁浆，故制淀者利用泥。始用绢筛，筛去草屑，化胶水极浓。约花青四两，胶二两，研敛成丸，如小弹子。粘于大磁盘底，不可日晒，不可火炙，俟其自干，然后用澄清河水浸一日夜，黄水自出。每朝撇去黄水，换入清水，十余日黄未尽而胶已尽。烘干复用胶敛水浸如初，又十余日，以黄水出尽为度，烘干收藏，以待乳明。盖蓝叶方嫩，人即刈之，投诸土窖，以水浸烂，取其浮于上者晒干入画，其下即以染衣，故黄乃嫩叶之本色，乘胶而出，于蓝无损。若黄水不出，则合绿时总带黄影，不克发其精光。青出于蓝，而未必青于蓝，职是故耳。此制淀以去黄水为第一要义也。由是热手炉上，先化极稠胶水一大碟，滴四五点于空碟内，入淀少些，以指细泥，如泥金法，泥至将干，指上蘸水再泥，至于极细，精光耀目，始加数滴清水泥开，不可多水，亦不可太少，少则胶重，多则太稀，宜慎用之，宁多毋少也。泥开之后，归存大碗，而碟底既湿滑不粘指，须俟烘干再用。另取一碟泥之如前，轮流替换。若得四五人聚而泥之，一日可泥两大碗。大碗既盈，上须遮盖，澄过一夜，至来日清晨，用薄生纸拖去碗面浮翳，轻轻撇去清水，另贮一大碗中，不可稍带沉脚，候用三寸碟子分盛清水，置手炉上，旺火烘干。中间不可添入冷水，将干之际，候其方干，即行取下，不可烘焦。俟其既冷，将碟覆于潮湿地上，约半日，稍得湿气，刮下为丸或散，碎纸包藏，以待用。用时置磁盘子内，滴入清水，随滴随化，逐时用去，毫无疵累。此泥花青者较胜于乳钵百倍也。前大碗底所留沉脚，晒干再泥，尚有佳色，不过青气多而红气少耳。往见人用花青渣滓不净，一叶之中颇多块礌，非惟不见精光，而且毫无融化，色先不佳，而欲求其画之纯粹也，得乎？靛花内胶不可太重，重则色淡而浮，用于纸上已觉浅薄，用于绢上更不浓厚。是在泥靛时酌用胶水，宁可胶轻，不可胶重。”

上淘治花青之法，最详者为王概、迮朗。王氏之前无言之者。王氏谓福建者为上，棠邑者亦佳。邹一桂则主用广青，余如沈宗骞、费汉源、迮朗，均未明言产地。至于淘治花青，除迮氏主泥外，余均乳研，而去灰之法要以迮氏为密。昔人谓花青有色而无质，惟其然，故淘取之术，去其黄水，淀其渣滓，惟事撇取清轻。至谓忌火忌烘，则尤须审慎也。自道光间，吴门设肆，制膏行世，于是丹青之色，权操估人，色既不纯，胶尤恶劣。徒以便于取用，遂独为惰者所喜。今且风靡艺林，不特淘治之术未谙，即广花螺子黛之名亦鲜有知者矣。近人每观宋元人画，其为色青翠欲滴，而每归咎于近日花青膏之不佳。夫古人用色，鲜有不自治者，征特宋元人然，即道光以前人亦何独不然。治之精，则其色弥久而弥鲜；治较粗，其为色亦粗，古之人皆然。今则色出市估，求如古之粗者且不可得，更遑论乎宋元。闲尝考之，道咸间市估制膏售者，以花青言，尚是靛花。虽色稍黯，而青翠犹聊为用。迨乎光宣之际，洋靛大行，植蓝渐少。售颜料者，初则半掺洋靛，半用广花。迨及今日，则罔不以洋靛制膏。夫洋靛非不可用。惟视所用如何耳。然花青则绝不宜掺洋靛。

《本草释名》："靛花，清蛤粉。"《本草集解》："青黛从波斯国来，今以太原并庐陵、南康等处，染洒瓮上沫紫碧色者用之，与青黛同功。"李时珍曰："波斯青黛亦是外国蓝靛花，既不可得，则中国靛花亦可用，或不得已用青布浸汁代之。"

上二则在医药上虽与青黛同功，而在绘画上则显有区别，故迮朗于其所著靛花之后，曾附论洋靛曰："有一种洋靛，来自西洋，鬻于东粤。其色较中华靛青更青，几与石青相似。先用乳钵干研极细，后入胶水再乳。以水化开，可画远山及阑干之类，其色甚峭。然只能单用，不能调和他色也。"

观乎此，则今日之花青膏，只能单用，不宜合众色也。

1939年8月13、20、27日
《新北京报·艺术周刊》第30—32期
署名于非厂

铅粉

宋元以来名绘，其用粉迄今不变。近人作花卉人物，不数年，粉往往黝黑，俗谓之返铅。宋元多用蛤壳制为粉，故历久不变。明以后煅蛤之法浸失，铅粉易为用，故多变，其不变者，治之善也。治粉之法，初不甚难，法以上好铅粉二两，取豆腐平切之，以刀为凹，内粉于中而合之，承以碟，入笼蒸时许，豆腐现黄色，取出研细，铅性全失，永不返，以之作绘，细腻腴润胜恒制。

1931 年 10 月 27 日
《北平晨报·非厂短简·三二》
署名非厂

谈粉

画中用粉，其法最古，晋唐以来画，无不重视用粉，其粉以珍珠粉为上，白垩粉次之，此法迄明皆习用之，自清初画家苟趋简易，以铅粉简而便，于是古人用积粉之法，用珍珠粉法胥失之，兹分述如后。

一、珍珠粉

珍珠粉即蛤粉，蛤为文蛤，生浅海沙中，大者二三寸，壳略如心脏形，内面白色，足有强力，仅一二分时，能掘沙土埋体其中，研壳为粉，谓之蛤粉。

按蛤粉之制不传，仅李时珍有其法，亦略而不详，其言曰："凡用蛤粉，取紫口蛤蜊炭火煅成。"

二、白垩

白垩为画粉中最恒见之品，其色与蛤粉同，可以历久不变，兹分述之：

（甲）释名

《本草释名》:“白善土，白土粉，画粉。”

（乙）产地

《本草别录》:“白垩生邯郸山谷，采无时。”

苏颂曰:“胡居士云：始兴小桂县晋阳乡有白善，而今处处有之，人家往往用以浣衣。《西山经》云：大次之山，其阳多垩。《中山经》云：葱聋之山，其中有大谷，多白黑青黄垩。垩有五色，入药惟白者耳。”

宋寇宗奭曰:“白善土，京师谓之白土粉，切成方块，卖于人浣衣。”

古画用白垩，故陶弘景曰:“即今画家用者，甚多而贱，俗方稀用。”

三、铅粉

自蛤粉、白垩不为画家用，清以来画遂独用铅粉，按《墨子》:“禹造粉。”《博物志》:“纣烧铅锡作粉。”《古今注》:“三代以铅为粉。”《抱朴子》:“民不信黄丹胡粉，为化铅所作。”是铅粉之发见最古，然皆施之美容，或为医药之用，古未闻以之入画者，特分别述之。

（甲）释名

粉，一名胡粉，胡糊也。又名铅华、定粉、瓦粉、光粉、白粉、官粉。空瓦言其形，光白言其色，俗呼吴越者为官粉，韶州者为韶粉，辰州者为辰粉。

（乙）造粉

李时珍曰:“今金陵、杭州、韶州、辰州皆造之，而辰粉尤真，其色带青，彼人言造法：每铅百斤熔化，削成薄片，卷作筒，安木甑内，甑下、甑中各安醋一瓶，外以盐泥固济，纸封甑缝。风炉安火四两，养一七，便扫入水缸内，依旧封养，次次如此，铅尽为度，不尽者，留炒作黄丹。每粉一斤，入豆粉二两，蛤粉四两，水内搅匀，澄去清水，用细灰按成沟，纸隔数层，置粉于上，将干，截成瓦定形，待干收起，而范成大《虞衡志》言：桂林所作铅粉最有名，谓之桂粉，以黑铅着糟瓮中罨化之。《何孟春余冬录》云：嵩阳产铅，居民多造胡粉。其法：铅块悬酒缸内，封闭四十九日，开之则化为粉矣。化不白者，炒为黄丹。黄丹滓为密陀僧。三物收利甚博。《相感志》云：韶粉蒸之不白，以萝卜瓮子蒸之则白。"

上所述铅粉，即西人所谓亚铅华。吾国制粉最精，提铅较净者，首推香粉店中敷面之官粉，质既纯净，色尤艳丽，坊间所售专供绘画用之铅粉，质既不纯，色尤欠明艳，不如官粉多多。兹分述其淘治之法。

清王概《芥子园画传》："古人率用蛤粉，法以蛤蚌壳煅过，研细，水飞用之。今闽中下四府垩壁，尚多用蚌壳灰，以代石灰，犹有古人遗意。今则画家概用铅粉矣。其制以铅粉将手指乳细，蘸极清胶水于碟心摩擦，待摩擦干，又蘸极清胶水。如此十数次，则胶粉浑溶，搓成饼子，粘碟一角，晒干。临用时以滚水洗下，再轻轻滴胶水数点，撇上面者用，下则拭去。研粉必须手指者，以铅经人气，则铅气易耗耳。"又曰："敷粉，用杭州回铅定粉擂细，再入胶细研，以水洗入碟内，少定片时，另过一碟，将下面沉重者不用。置微火上，俟面上浮起黑皮，此乃铅性未尽，以纸拖去，再起再拖，黑尽乃止。加轻胶水和研，微火炽干。画时滚水洗用，或着白花，或合众色。凡绢上正面用粉，后面必衬。"又曰："又蒸粉去铅法：将老豆腐一块，中挖空，安成块铅粉，入锅内蒸之，蒸后取粉研用，则铅之黑气，豆腐内收尽矣。”又曰：“着粉法：正面着粉，宜轻宜淡，要与墨框相合，不可出入。如一层未匀，再加一层，故宜轻，便于再加。若先已重敷，再加则掩去墨框，无从分染；且不可太重，太重则有日久铅性变黑者矣。”又曰：“染粉法：如牡丹、荷花，虽经传粉，必再以粉染其瓣尖，方有浅深层次。诸花之瓣如求娇艳，亦必先于粉上加染。”又曰：“丝粉法：花如芙蓉、秋葵，瓣上有筋，须钩粉色染。菊花每瓣亦有长筋，以粉丝出，并钩外框，再加色染。众花心须，从中先圈一圆圈，由圈四围，丝出粉须，须上点黄。”又曰：“点粉法：写生花不用钩框，只以粉蘸色浓淡点之。宜意在笔先，与勾勒花不同。其枝叶俱宜用色笔画成，名为没骨画是也。若点花蕊之粉，须合藤黄，不可过深，入胶宜轻，点出黄蕊，方外高内凹不晦暗也。”又曰：“衬粉法：绢上各粉色花，后必衬浓粉方显。若正面乃各种淡色，背后只衬白粉。若系浓色，尚觉未显，则仍以色粉衬之。若背叶正面色用浅绿，背面只可粉绿衬，不可用石绿。”

清邹一桂《小山画谱》：“上匣真杭粉，微带碧色者，以指甲破之，其棱如锋，此上品也。色白而无锋者，火候过而质反粗，青色而坚者，火候不及，铅气未尽皆不可用。粉好只用清胶研成团着槌上，以水化之，即能发亮，不可蒸陶，忌烈火烘，冬月隔宿可用，夏月宿胶不宜。”

清沈宗骞《芥舟学画编》：“古者用蛤粉，今制法不传。不如竟用铅粉。但有铅气未净者，变成黑色，最大害事。先将铅粉入胶水研细，搅成浆水，候片时，倾去面上粉水，少顷，复以面上清水还入粉，再搅，如前倾出，凡数次，则轻而细者皆出，而重滞之渣滓则去之。将粉并水，上冒以纸，置大饭锅上蒸数次，出黄色者佳，蒸至黄色尽乃可用。出青色者是铅气最重，不可用，即用亦必俟有黄色出，再候黄色尽乃可用。蒸讫，必满贮清水，冒纸于上，安于静处，将干则加水，愈久愈妙。”

清迮朗《绘事琐言》：“造粉存乎工匠，莫如苏州、杭州为最，而去铅泥养之法，则存乎作画之人。盖粉以铅造，是粉皆铅，不能尽去铅性，亦当杀其铅气。取真粉置大碗中，满贮清水，锅内蒸之，水面浮去黑油，即铅气也。以纸拖去，换入清水，浸一日夜，再蒸再拖，十数日黑气渐少，白气如银，斯为铅尽。撇去清水，晒干待用。或有用豆腐蒸之，以盐卤石膏所点味入粉中，易于霉泛，不如清水蒸之为洁，此去铅气法也。欲用粉时，必先乳细，以粉少许，入浓胶水，于碟心泥之，如泥金然。泥至将干，又蘸清水，再泥，至于细极生光，兼出香气，然后滴入清胶，渐渐泥开，撇上面者，另作一碟，用薄纸拖去黑气，而后用之。冬月胶宜轻，夏日胶宜重。现乳即用，不可久停，惟恐粉沉于底，胶浮于上，胶性已褪，着纸易脱。冬冻凝，可用磁器盖密，以待隔宿烘开，略加清胶再用。夏日随用随加淡胶，胶重略添清水，若用而有余，即将清水冲开，澄之一夕，明日即撇去铅水，宿胶亦去。复以清水养之，每朝换水，候复用时撇去清水，再用胶泥如初，乃复可用。总之，胶不可太重，重则色黄；亦不可太轻，轻则易脱；轻重合宜，自然调和，细腻受染，色亦精白。故黄脚可弃，而用剩之粉，必不肯弃。或以水浸，或出胶后，留待自干，仍用新胶水再泥再撇，愈细愈白，以着白花，立起有光，点珠更妙。旧传粉经人气，则铅气易耗，故研粉者，用乳钵不如用手泥之为妙。古人作画，多用蛤粉，亦用白垩，今人概用铅粉矣。近有以白炉甘石代粉者，或亦用滑石，虽无铅黑之气，未免板滞之色，曷若铅粉泥细，有汁浆，有光彩，为第一耶。”

又曰：“用粉胶轻则脱，胶重则薄。胶太重则色黄，胶适中则色白。绢上胶宜轻些，纸上胶宜稠些。积粉之法，如画牡丹芙蓉花之类，素绢蒙于粉本之上，以粉遂瓣染成，每瓣边上浓粉，另笔蘸水，染至根头，是曰积粉。积成之后，用各色从根染出，留其白边。染成之后，真如瓣瓣悬空，迎风欲动，工细极品也。点珠，用笔蘸厚粉点去，干时，每点中有凹下处，不妨也。由是以推，画大红牡丹，亦有丹砂积成，如积粉法，用脂及洋红染瓣边至根后，以淡朱标衬背，其红自鲜厚。”

上所举淘治之法，要以去铅为最重，实则画上泛铅，去之极易，在昔用酒烧之法。此法繁重，且一有不慎，往往损画迹，近日科学日昌，泛铅极易去，盖略明化学者自当知之。

1939 年 12 月 17、24 日，1940 年 1 月 14 日
《新北京报·艺术周刊》第 48—50 期
署名于非厂

谈燕支（二则）

一

唐宋以来画用红色者凡三：曰朱砂，曰银朱，曰燕支。前二者自唐迄元为一脉，其色凝重而正。明人用朱砂，已不能精，往往历久而暗黝。清人画朱砂多轻浮，无凝重之气。执此以定历朝画，莫能失。吾国燕支用草色，能历久不变，最鲜艳。咸同而后，洋红大行，海上画家，尤喜用之，而燕支无颜色矣。往者习见吴昌硕、白石山翁用洋红画朱梅红菊，又以未得芜支，辄亦效之。及悟其色之匪正，于是乎又“多买燕支画牡丹”矣。

1931 年 12 月 28 日
《北平晨报·非厂短简·四二》
署名非厂

二

自有洋红以来，燕支为画家所取用者渐少。顾燕支之为色较洋红为沉静，洋红浮艳有余，不如用燕支有沉静之趣。兹将关于燕支之见于古籍者，条列于后。

（甲）原料

1.释名

燕支今作胭脂，古通焉支，阏氏，燕脂，又作䏰赦、䌹脂。

《本草释名》：“蒨，茅蒐，茹藘，地血，染绯草，血见愁，风车草，过山龙，牛蔓。”

《说文》：“茅蒐，茹藘也，人血所生，可以染绛。”

《本草释名》：“红花，黄蓝。”

《本草释名》：“泊夫蓝，撒法即。”

又《本草释名》《说文》，皆有制燕支之原料。红花，黄蓝，即红蓝花；泊夫蓝，撒法即，即番红花。

2.种类

《二仪录》：“燕脂起自纣，以红蓝花汁凝作脂，以为桃花妆。”

《古今注》：“燕支叶似蓟，花似蒲，出西方，土人以染，名为燕支，中国人谓之红蓝。《西河旧事》云：‘失我焉支山，使我妇人无颜色。’北方有焉支山，山多红蓝，北人采其花染绯，取其英鲜者作燕脂。”

《本草》：“红蓝花即红花也，冬月布子于熟地，春苗夏花，花作彙，多刺，花出梂上，乘露采之，采已复出。梂中结实，白颗如小豆，其花暴干，以染真红，及作胭脂。”

《博物志》:“张骞得种子于西域。”

《通雅》:“茜，蔓草，叶似枣而锐，对生，节间根紫色，可染绛，通作蒨。郑玄曰:‘齐人谓蒨为韎，瓯人谓䵗口刺。’《诗》:‘茹藘在阪。’又曰:‘缟衣茹藘。’《尔雅》曰:‘茹藘茅蒐。’陆玑曰:‘一名地血，齐人谓茜。’”

《本草别录》:“茜根生乔山山谷，二月三月采根，曝干。又曰苗根生山阴谷中，蔓草木上，茎有刺，实如椒。”按：苗根当是茜根之误。

陶弘景曰:“此即今染绛茜草也。东间诸处乃有而少，不如西多。诗云‘茹藘在阪’者是也。”

蜀韩保升曰:“染绯草叶似枣叶，头尖小阔，茎叶俱涩，四五叶对生节间，蔓延草木上，根紫赤色，今所在有，八月采根。”

苏颂曰:“今圃人亦作畦种莳，故《史记》云：千亩卮、茜，其人与千户侯等。言其利浓也。”

李时珍曰:“茜草，十二月生茜，蔓延数尺。方茎中空有筋，外有细刺，数寸一节，每节五叶，叶如乌药叶而糙涩，面青背绿，七八月开花，结实如小椒大，中有细子。”

李时珍曰:“燕脂有四种：一种以红蓝花汁染胡粉而成，乃苏鹗《演义》所谓燕脂叶似蓟，花似蒲，出西方，中国谓之红蓝，以染粉为妇人面色者也。一种以山燕脂花汁染粉而成，乃段公路《北户录》所谓端州山间有花丛生，叶类蓝。正月开花似蓼，土人采含苞者为燕脂粉，亦可染帛，如红蓝者也。一种以山榴花汁做成者，郑虔《胡本草》中载之。一种以紫矿染绵而成者，谓之胡燕脂。李珣《南海药谱》载之。今南人多用紫矿燕脂，俗呼紫梗是也。又落葵子亦可取汁和粉饰面，亦谓之胡燕脂。”

张华《博物志》:“张骞得种于西域，今魏地亦种之。”

苏颂曰:“今处处有之。人家场圃所种，冬月布子于熟地，至春生苗，夏乃有花，花下作梂猬多刺，花出梂上，圃人乘露采之，采已复出，至尽而罢，梂中结实，白颗如小豆大。其花暴干，以染真红，又作胭脂。”

李时珍曰:“红花二月、八月、十二月皆可以下种，雨后布子，如种麻法。初生嫩叶，苗亦可食，其叶如小蓟叶。至五月开花，如大蓟花而红色。侵晨采花捣熟，以水淘，布袋绞去黄汁又捣，以酸粟米泔清又淘，又绞袋去汁，以青蒿覆一宿，晒干，或捏成薄饼，阴干收之。”

李时珍曰:“番红花出西番，回族地面及天方国，即彼地红蓝花也，元时以入食馔用。按张华《博物志》言：张骞得红蓝花种于西域，则此即一种，或方域地气稍有异耳。”

制燕支之原料曰茜草，曰番红花，曰红蓝花，名虽异，以产地而稍变其形，其实一也。燕支以福建为上，杭州次之，甘肃有燕支，其红尤顽艳，即番红花制也。

（乙）淘治

清王概《芥子园画传》:“调脂，须用福建胭脂，以少许滚水略浸，将两笔管如染坊绞布法，绞出浓汁（原注：亦须澄出木绵之细渣滓）。温水顿干用之。”又曰:“胭脂，须上好双料者，以滚水浸绞，取汁去滓，晒干用之。如天阴需用，则火上炽之，将干取起，不可干枯也。花之得色，惟脂与粉。粉取洁白，为花之形质；脂取鲜明，为花之精神。争娇夺艳，似醉如羞。其妖娆之态，则全在乎脂矣。又如美人双颊，不在深红，但染色不可过重，须轻轻渐次加染，得宜为止。”

清邹一桂《小山画谱》:“双料杭脂，以滚水挤出，盛碟内，文火烘干。将干即取碟离火，多用几张，分作数碟。干后再以温水浮出精华而去其渣滓则更妙。初挤不过一二，再挤颜色略差，烘之以调紫色、牙色，嫩叶、苞蒂等用。至点染花头必用初挤。”

淘治燕支之法，以邹小山所述为最精。初挤色鲜明，用以染花头，视洋红尤佳。惟用燕支须兑轻胶，染后尤须以淡矾水微过，色既凝固，亦可以历久不变。吾国古画，其敷色旷久靡鲜，固由于选料之精，而善用胶矾，以固其色，亦画家所宜知也。

1939 年 12 月 10 日
《新北京报·艺术周刊》第 47 期
署名于非厂

谈赭石

予前既为谈花青一文，知交有谓仍当继之而作者，兹以所为谈赭石录出，缘往岁曾有《丹青淘治录》之作，将陆续付之排印也。

绘画中不能须臾离者，花青、赭石而已，凡着色必不可须臾离。古代绘画用赭石者，取其赤如鸡冠，不合墨。如树身、桥梁之类，其法至清初犹然。晚近赭石竟尚浅，类如橙，杂合墨，极少光彩，去古愈远愈离。足为吾征者惟唐宋以来画耳。兹将赭石之见于载籍者条列于后：

（甲）原料

1.释名

《本草》："赭石又名须丸、血师、土朱、铁朱。"

《矿物辞典》："属氧化物类，矿石类，成分为氧化第二铁Fe_2O_3，含铁70%。其结晶体概为菱状及薄板状。此外又有致密状、板状、放射状、粒状、疏松状、土状、肾状块。其生成有火成、水成二种。由火成者多属接触矿藏，虽有时亦成结晶体，而在迸发岩中。由水成者如硫酸铁及碳酸铁等溶液之沉淀，赤铁矿除炼铁外，多制颜料及墨琢粉。”

代赭石为土状之赤铁矿，伴赤铁矿产出，常含粘土，抚触之成腻感。

泥铁矿土，一名赭土，性硬，为致密状之红色块，常混多量之粘土或砂，成层状而产出。

2.出产

《管子》:“山土有赭，其下有铁。”

《本草别录》曰:“代赭生齐国山谷，赤红色如鸡冠，有泽染爪甲不渝者良。”

苏恭曰:“此石多从代州来，云山中采得。非城门下土，又言生齐代山谷。今齐州亭山出赤石，其色有赤红青者，其赤者，亦如鸡冠，且润泽，土人惟采以丹楹桂，而紫色且暗，此物与代州出者相似。古来用之。今灵州鸣沙县界河北，平地掘深四五尺得者，皮上赤滑，中紫如鸡肝，大胜齐、代所出者。”

苏颂曰:“今河东江东山中亦有之。……《北山经》云：少阳之山，中多美赭。《西山经》云：石脆之山，灌水出焉，中有流赭，以涂牛马无病。……多择取大块，其上文头有如浮区丁者为胜，谓之丁头代赭。”

（乙）淘治

淘治赭石之法，清以前无有著述之者。

清王概《芥子园画传》曰:“先将赭石拣其质坚而色丽者为妙，有一种硬如铁与烂如泥者，暂不入选。以小沙盆水研细如泥，投以极清胶水，宽宽飞之，亦取上层，底下所澄粗而色惨者弃之。”又曰:“赭石须选石色鲜润，其质不刚不柔，于沙盆中细磨，澄去面上白水，并弃脚下粗渣，入胶熬干，作老枝、枯叶、辛夷苞蒂，并用合众色也。”

清邹一桂《小山画谱》：“赭石以黄赤色鲜明者为上，铁色者为下。取其质嫩细可磨者，捣碎乳细，冲以微胶淘出标，用碟内焙干，亦可成墨。”

清迮朗《绘事琐言》：“今画中所用，其质以坚为贵，而坚如铁烂如泥者，不可用；其色以丽者为上，而紫如黑，淡如黄者，不可用。先以铁椎击碎后，入乳钵细研，或竟用整块，于乳钵底磨之，投以轻胶，淘以净水，漂出面上白水，汰去底下粗渣，俟干收好。临用以胶水乳开用之。凡老枝、枯叶、辛夷、苞蒂之类，多用之。树本、石脚、山头、坡上，多用之。或代以朱砂标，或微入藤黄，俱可。”又曰：“调赭不可胶轻，轻则散而不腻；又必手泥，泥则细而成浆，特性如此，不可不知。”

上之所录，其淘治之法，以迮氏为最详。赭石当研淘之前，惟在乎慎选于诸多赭石中，选其鲜丽者，以锤轻轻击之，随击随选，必其硬度不大悬殊者，始可击碎同乳，否则误入一二较硬者，即离于乳细。

予所用赭石皆自选，自为淘治，乳极细，入沸水搅拌，去其上面浮沫，再搅，再去，再入沸水，以上面无所浮为止。既净，亟飞出，其存留者，色暗而粗，另储之，不宜入画。将飞出者，用蹄形磁铁再搅，提其铁，维净。入轻胶，则黄色上浮，土黄色水。则赭而鲜明者俱存，再入轻胶，以指泥之，俟微干，罐储之，封闭，经一年，胶之暴性退，色愈鲜丽。

1939年10月8、22日
《新北京报·艺术周刊》第38、40期
署名于非厂

谈朱砂

朱砂于画，其为用虽不如花青、赭石之不可须臾离，顾于重色画，乃与石青、石绿同珍，至如仙佛释道，尤不可无朱砂也。孟子恶紫之夺朱，朱之为正色，非任何红色所能比。兹分述如后：

（甲）原料

朱砂属硫化物矿物，成分为硫化汞HgS，含汞约86.2%，属六方系偏形四半面冻晶族（轴率1∶1.1453）。常成块状、致密状，或皮壳状，间成板状或柱状，六角偏形四半面像之细小结晶，及透入双晶。光泽似金刚石，色红，往往为褐赤或铅黝。其含有有机物者，为近于黑色，条痕朱红乃至褐红色，辟开依六角柱面不完全。性稍柔软，断口不平，体透明乃至不透明。重屈折强为2.854+0.35，圆扁光甚强，约达石英之十五倍，硬度2~2.5。比重8~8.2。在吹火上能完全挥散，发生毒烟。和Na_2CO_3烧之则发散二氧化硫之臭气。热于闭口管中，发生黑色之升华物，以辰砂粉末用盐酸浸湿后，置于光洁之铜面上摩擦之，铜面遂变为银白色。遇硝酸能溶解。本矿之产出状态其主要如下：

1.或独立之矿藏或矿脉状或矿染物，或成角砾状之集合块，或在岩石中为眼球状之分泌物。同伴者为自然水银、石英、黄铁矿、黄铜矿、辉锑矿、鸡冠石等。产见于各时代之水成岩中（尤以在石灰岩中为多见），在石英斑岩、粗面岩、蛇纹岩中，产量亦不少。

2.附产于其他金属矿脉中者，特多见于菱铁矿脉等中。

3.偶见于河沙中。

辰砂为汞之重要矿石，精制之，可为朱色料。我国辰砂，以产于贵州省者为主，例于该省之省溪县、紫江县、安南县，皆有重要之辰砂矿。次之如四川酉阳县亦有重要之辰砂矿。以上各地之辰砂皆产在石灰岩中（《地质矿物学辞典》）。

上之所举为地质矿物学所述，其在古籍：

《本草》："朱砂，一名丹砂，又名辰砂。"

《本草集解别录》曰："丹砂生符陵山谷，采无时，光色如云母，可拆者良，作末名真朱。"

陶弘景曰："丹砂即今朱砂也。符陵是涪州，接巴郡南。今无复采者。乃出武陵西川诸蛮夷中，皆通属巴地，故谓之巴砂。《仙经》亦用越砂，即出广州临漳者。此二处并好，惟须光明莹澈为佳。如云母片者，谓之云母砂。如樗蒲子、紫石英形者，谓之马齿砂，亦好。如大小豆及大块圆滑者，谓之豆砂。细末碎者，谓之末砂。此二种粗，不入药用，但可画用耳。"

苏恭曰："丹砂大略二种，有土砂、石砂。其土砂，复有块砂、末砂，体并重而色黄黑，不任画。……其石砂有十数品，最上者为光明砂，云一颗别生一石龛内，大者如鸡卵，小者如枣栗，形似芙蓉，破之如云母，光明照澈，在龛中石台上生，得此者，带之辟恶，为上。其次或出石中，或出水内，形块大者如拇指，小者如杏仁，光明无杂，名马牙砂，一名无重砂，入药及画俱善，俗间亦少有之。其磨篓新井、别井、水井、火井、芙蓉、石末、石堆、豆末等砂，形类颇相似，入药及画，当择去其杂土石，便可用矣。”

宋朱辅撰《溪蛮丛笑》：“辰锦辰砂最良。麻阳即古锦州，旧隶辰郡。砂自折二至折十，皆颗块，佳者为箭镞，结不实者为肺砂，碎则有趓趓，末则有药砂。砂出万山之岩为最，犵狫以火攻取。”

宋范成大《桂海虞衡志》：“丹砂,《本草》以辰砂为上，宜砂次之。今宜山人云：出砂处与湖北犬牙山北为辰砂，南为宜砂。地脉不殊，无甚分别。宜砂老者白色，有墙壁白如镜，生白石床上，可入炼，势敌辰砂。《本草·图经》乃云：‘宜砂出土石间，非白石床所生’，即是未识宜砂也。‘别有一种，色红质嫩者，名土坑砂，乃是出土石间者，不生’，即是未识宜砂也。别有一种，色红质嫩者，名土坑砂，乃是出土石间者，不甚耐火。邕州亦有砂，大者数十百两，作块，黑暗少墙壁，嚼之紫黛，不堪入药。彼人惟以烧取水银。《图经》又云：融州亦有砂。今融州元无砂，邕融声相近，盖误云。”

苏颂曰：“今出辰州、宜州、阶州，而辰砂为最。生深山石崖间，土人采之穴地数十丈始见其苗，乃白石，谓之朱砂床。砂生石上，其大块者如鸡子，小者如石榴子，状若芙蓉头、箭镞。连床者紫黯若铁色，而光明莹澈，碎之崭岩若墙壁，又似云母片可拆者，真辰砂也。”

张杲《丹砂要诀》曰：“丹砂者，万灵之主，居之南方。……上品生于辰锦二州石穴，中品生于交桂，下品生于衡邵。名有数种，清浊体异，真伪不同。辰锦上品砂，生白石床上，十二枚为一座，色如未开莲花，光明耀日，亦有九枚为一座，七枚五枚者次之。每座中有大者为主，四围小者为臣，朝护四面。杂砂一二斗抱之。中有芙蓉头成颗者，亦入上品。有如马牙光明者为上品，白光若云母为中品。又有紫灵砂，圆长似笋而红紫，为上品。石片棱角生青光为下品。交桂所出，但是座上及打石得，形似芙蓉头而光明者，亦入上品。颗粒而通明者为中品，片段不明澈者为下品。衡邵所出，虽是紫砂，得之砂石中者亦下品也。"

李时珍曰："丹砂以辰、锦者为最。麻阳即古锦州地。佳者为箭镞砂，结不实者为肺砂，细者为末砂。色紫不染纸者为旧坑砂，为上品。色鲜染纸者为新坑砂，次之。"

上所述朱砂，土砂不能入画，石砂则又有等差，非一概可以入画，但精炼之后，汰其黄与紫即可用耳。

（乙）淘法

清王概《芥子园画传》："朱砂，用箭头者良，次则芙蓉块疋砂，投乳钵中研极细，用极清胶水，同清滚水倾入盏内，少顷将上面黄色者撇一处，曰朱标，着人衣服用。中间红而且细者，是好砂，又撇一处，用画枫叶、栏楯、寺观等项。最下色深而粗者，人物家或用之，山水中无用处也。"又曰："入画之大红，必须朱砂，方不变色。以银朱色久则变也。细研，少加轻胶水，澄去下面重脚，漂去上面浮黄，中间鲜明者晒干加胶，用着山茶、石榴大红花朵，瓣以胭脂分染。在下沉重，只可反衬。"

清邹一桂《小山画谱》："朱砂以镜面砂为上，乳细，取中心用。其标另收，大红花反瓣用。好砂则竟无脚也。"

清沈宗骞《芥舟学画编》曰："朱砂不论块子大小，但要研得极细，分而用之。向有说：'朱砂四两，须人工一日'，愚则以为必须两日。不过研愈多，则黄标亦多耳。研时须用重胶水，工足后用滚汤入大盏搅匀，安半日许，倾出黄标水灰，火上烘干。作人物肉色及调和衣服诸样黄色，以其鲜明愈于赭石多多也。出黄标后，再入清胶水细细搅匀，安一顿饭许，倾出。复候出余黄标水，可作工致小人物衣服，及山水中点用红叶之类。以其最细也。"

清迮朗《绘事琐言》："选砂惟要明净，不净则夹铁不明，恐是方士烧炼之余。亦有一种炒过者，色紫而不鲜，久则变黑。又有取过天硫者，色亦无神，俱不宜用。惟择其鲜红而有光彩者，洗过晒干，碾碎入擂钵，干乳至细，欲栩栩然飞出，则用胶水少许，兼以温河水飞之，飞不下者粗也。再乳再飞，至紫色者，脚也，脚去之。先飞下者为标，浮于标上者，烝也。烝，弃之。先后飞下者，分作三层，大率与青绿同。多者用碗，少者用碟。

"三朱：研细时，入胶水研匀，温水搅开，将上面黄水撇于碗中，皆飞下之朱也。此碗尚有粗脚，以指搅匀，另用一碗撇入黄水为第一碗。所遗沉脚，仍归乳钵，以俟再研。随将第一碗内黄水撇出为第二碗，所留第一碗内红底，谓之三朱。

"二朱：第二碗内黄水，少停一刻撇出为第三碗，所留第二碗内之红底谓之二朱。

"头朱：第三碗内黄水，停半日撇出，为第四碗，所留第三碗内之底，谓之头朱。

"黄标：第四碗内黄水，上有浮烝，以净纸盖水面拖去浮烝后，以碟盛黄水，置于炉上烘干，可染淡红衣服，并代赭石画山水枝叶，其色弥佳也。

“朱分三层，每飞下时，须用滚水出胶。凡水要河水，不宜井水。凡乳砂初下手时如左旋，则始终俱左，右旋则始终俱右，切忌一左一右，以致砂粒成圆，屡研不碎。凡染大红，以二朱为地，用淡脂染六七次，以浓脂细勾，自然鲜艳。盖丹砂钟灵，原有本来真炁，护其华采。一经研洗，去其炁而存其质，岁久必渐淡。惟烘染既足，矾一两次，则绢纸澜后颜色仍鲜，所谓以人力护其天真也。朱砂之外，银朱断不可用，更有以水窟雄黄充丹砂者，研细仍带黄色，又不可不辨。”又曰：“若朱砂内兼用银朱，久必变色，不间杂为是。”又曰：“凡染大红以二朱为正固已。又有于黄标下取其稍有红色者，加入二朱内作地，初觉其有黄色，以洋红染之至六七次，极红而止，然后以脂勾出。若绢本以三朱衬背或用铅粉衬其红，倍觉鲜明。”

按漂朱之法，最要者乃在乎研，研愈细愈佳。既细之后，不必水飞，先用一巨竹筒，留竹节之底，纳朱其中，以清胶水倾入，大约六两朱砂，须倾入四两清胶水，搅极匀，则愈黄色者愈上浮，愈浓紫者愈下沉。然后将此竹筒纳釜中，注釜以水，以文火蒸之，俟筒中朱砂干，取出筒，俟极干，以刃劈筒，朱筒内已凝固，显然分头、二、三朱与黄标紫底矣。此法漂朱最简便，竹筒再用，仅以绳缚固，即可再用。

1940年1月28日—2月18日
《新北京报·艺术周刊》第52—55期
署名于非厂

谈银朱

近时颜料，求上好朱砂，虽价昂，尚可以力致。至于银朱，微论上等之所谓“入漆朱”者，即平常之所谓“土朱”，亦不易得。盖除旧存者外，新出则无有也。银朱在化学上，本为红色之一硫化汞。自科学兴，以一硫化汞为银朱，初用之乃与“入漆朱”相埒，其颓艳或且过之，乃日稍久，其色乃随之而变。真正入漆银朱（以漳州制者为最佳），微特其色久而愈鲜，且其色纯正沉静，以之入画，绝无火气也。唐宋以来，画与朱砂并重，迩后以不善用，遂独用朱砂，非其色之不美也。银朱与朱砂，其色本不相同，朱砂艳丽，银朱沉静，二者显有不同，今将见于我国往籍者，分录如后：

《本草》：“银朱，一名猩红，一名紫粉霜。”

李时珍曰：“昔人谓水银生于丹砂，熔化还复为朱者即此也。名亦由此。”

胡演《丹药秘诀》云:"升炼银朱,用石亭脂二斤,新锅内熔化,次下水银一斤,炒作青砂头,砂不见星。研末罐盛,石板盖住,铁线缚定,盐泥固济,大火煅之,待冷取出,贴罐者为银朱,贴口者为丹砂。今人多以黄丹及矾红杂之,其色黄黯,宜辨之。真者谓之水华朱。每水银一斤,烧朱一十四两八分,次朱三两五钱。"

清王概《芥子园画传》:"银朱,万一无朱砂,当以银朱代之,亦必用标朱,带黄色者,水飞用之,水花不入选。"原注:"近日银朱多掺入小粉,不堪用。"又曰:"如朱砂不佳,反不如银朱鲜明,则以银朱代之,须用标朱细研,漂澄其浮面,沉脚,取中间者加胶用之。"

清迮朗《绘事琐言》:"若朱砂内兼用银朱,久必变色,不间杂为是。"

据上所举,银朱变色之说,予愧不能信。往者所见内阁档案,其中无不用银朱批者,顺康雍乾,迄今皆不变。又予儿时所圈点之书,今历四十余年,皆用以白芨研用,绝不变色。故王安节谓多掺小粉,胡演谓杂以黄丹矾红,如是方变色耳。近时水银既奇昂,又有一硫化汞之法,是以真正之"入漆朱",即胡氏所谓"水华朱",其成本既重,用者亦稀,无人肯再制,因之求上等朱砂较易,求上等银朱反难也。

1940 年 6 月 16 日
《新北京报·艺术周刊》第 70 期
署名于非厂

谈藤黄

藤黄为画家必需品，与花青、赭石为三要色，兹分录见于往籍者如下：

《本草释名》：“树名海藤。”

唐李珣曰：“按郭义恭《广志》云：出岳、鄂等州山崖。树名海藤。花有蕊，散落石上，彼人收之，谓之沙黄。就树采者轻妙，谓之蜡黄，今人讹为铜黄，铜，藤音谬也。此与石泪采之无异，画家及丹灶家时用之。”

李时珍曰：“今画家所用藤黄，皆经煎炼成者，舐之麻人，按周达观《真蜡记》云：国有画黄，乃树脂，番人以刀斫树枝滴下，次年收之。似与郭氏说微不同，不知即一物否也。”

按海藤树所出之胶液有毒。海藤为落叶乔木，高五六丈，以刀斫树皮，浸水中，渗出黄色质料，即为藤黄，海藤树为热带金丝桃科植物，西人用为剧毒及峻下药，我国用治外症，并用为画色。与花青合则成绿色。本有毒，与花青合则解。据闻其制法，系由海藤树皮，采其胶液，以竹筒承之，俟干，中略空，即俗所谓笔管黄也。其用法如后所引。

清王概《芥子园画传》："藤黄当拣一种如笔管者，曰笔管黄最妙。旧人画树，率以藤黄水入墨内，画枝干，便觉苍润。"又曰："藤黄名笔管黄者佳，其色有老、嫩二种：嫩则轻青，老则重浊。合色自宜嫩者，用水浸化，不可近火，近火则凝滞皆滓矣。若着黄色花头，浅者仍以黄染，深则用赭染或脂染。"

清邹一桂《小山画谱》："藤黄不用胶，着水即化，颜色中最省力者。"

清迮朗《绘事琐言》："用藤黄时，水浸俟其自化，不可火烘，烘则色变，嫩者皆老。若着黄色花头，须和粉用之。"又曰："藤黄入淀，淀自有胶，不必更加胶矣。调入粉中，粉亦有胶。若单用藤黄以染花瓣，宜带微胶，上矾时乃不走渗，装潢时亦不落色。盖颜色有胶者，矾能敛之，无胶者矾不能制。故遇燕脂、藤黄二者最要小心，防其见水则化，易于粘涂耳。此用藤黄诀也。又藤黄点腊梅花，色太黄，必微加靛花，使黄中自有绿意，其花乃显，否则白上加黄，色不甚显。亦不可干擦，须立水渍之，其边乃厚。又黄粉花心，不可太浓，浓则老黄，干带黑意。须用厚粉略调，以黄约八分，粉二分。黄以点花蕊，初点似淡，干则黄而嫩。"

黄有老嫩，昔人言之綦详，今则每多忽略。至于藤黄之法，清初以前，无有走渗者。康熙以来，则每多黄晕，尤以与花青合为最显明。此无他故，盖藤黄不可水浸过久，浸久易溶，年久则渗黄汤之晕。吾人用笔管黄，宜以笔蘸水，就黄上以笔毫略拂，黄色即出，不可水浸，若此用法，不特鲜丽，且不渗出也。

1940 年 5 月 26 日
《新北京报·艺术周刊》第 68 期
署名于非厂

谈石黄、雌黄、土黄

藤黄于绘画中，其用甚广，古人于藤黄外，尚有用石黄、雄黄、雌黄、土黄者，兹分别述之。

（甲）石黄（即雄黄）

1.释名及产地

《本草释名》:“黄金石，石黄，熏黄。”

苏恭曰:“出石门者名石黄，亦是雄黄，而通名黄金石，石门者为劣尔，恶者名熏黄。”

唐陈藏器曰:“今人敲取石黄中精明者为雄黄，外黑者为熏黄。雄黄烧之不臭，熏黄烧之则臭，以此分别。”

陶弘景曰:“武都，氐、羌也，是为仇池。宕昌亦有之，小劣。敦煌在凉州西数千里，近来纷扰，昔用石门、始兴石黄之好者耳。凉州黄，好者作鸡冠色，不臭而坚实，其黯黑及虚软者不好也。”

宋掌禹锡曰："《水经注》云：'黄水出零陵县西北，连巫山溪出雄黄。'又《抱朴子》云：'雄黄当得武都山中出者纯而无杂，其赤如鸡冠，光明晔晔者，乃可用。其但纯黄似雌黄无光者，不可用。'"

苏颂曰："今阶州即古武都，山中有之。形块如丹砂，明澈不夹石，其色如鸡冠者真。有青黑而坚者名熏黄。有形色似真而气臭者名臭黄……又阶州接西戎界，出一种水窟雄黄，生于山岩中有水流处。其石名青烟石、白鲜石。雄黄出其中，其块大者如胡桃，小者如栗豆，上有孔窍，其色深红而微紫，体极轻虚而功用更胜，丹灶家尤贵重之。"

李时珍曰："武都水窟雄黄，北人以充丹砂，但研细色带黄耳。《丹房鉴源》云：'雄黄千年化为黄金。武都者上，西番次之，铁色者上，鸡冠次之。'"

雄黄即石黄，其色稍丹者，俗谓之雄黄。暗而赭者谓之土黄，皆有恶臭，实一种也。古人谓之熏黄，正以其含有恶臭而言。

2.淘治

清王概《芥子园画传》："雄黄，拣上好通明鸡冠黄，研细水飞之法，与朱砂同。用画黄叶与人衣，但金上忌用，金笺着雄黄，数月后即烧成惨色矣。"又曰："雄黄选明净者细研漂，如青绿法。加胶水，用着花中金黄之色。但其色日久或变，竟有只用藤黄以朱砂浮标罩之，即成金黄色矣。"

清邹一桂《小山画谱》："雄黄以胶水磨用亦可，若欲多用，亦须淘定。凡石色俱不可掺和用，而雄黄气猛烈，触粉即变。尤宜慎之。"

清迮朗《绘事琐言》："石黄即雄黄也。一名黄金石，一名熏黄，出于石门，故名石黄。"今画家用填水仙花心，取其黄带微赤色，较藤黄和粉为似。漂法：先用水浸蒸六七次，每蒸一次，换水一次。去尽雄黄之气，然后研细水飞，飞不下者脚也，弃之。浮于上者炁也，亦去之，仅留极细者调胶入画。近日闽粤有一种石黄，来自西洋，并无大块，但有细粉，已研细者，嗅之亦无臭气，须加胶力研，水飞，入画颇清，滇南罗伽所产，亦堪入画。

至于稍带赭色之土黄，其淘治之法则有下列：

明陈继儒《妮古录》："画家土黄，用水一碗，以旧席片覆水碗上。置灰用炭火煅，土黄红如火。置地上以碗覆之。待清冷细研，调作松皮色及红叶等用。俗工用胭脂银珠者，陋矣。洛阳镏续云。"

清王概《芥子园画传》："石黄，此种山水中不甚用，古人却亦不废。《妮古录》载：石黄用水一碗，以旧席片覆水碗上，置灰，用炭火煅之，待石黄红如火，取起置地上，以碗覆之，候冷细研，调作松皮及红叶用之。"

（乙）雌黄

《本草释名》："生山之阴，故曰雌黄。"

《本草别录》："雌黄生武都山谷，与雄黄同山生。其阴山有金，金精熏则生雌黄，采无时。"

陶弘景曰："今雌黄出武都仇池者，为之武都仇池黄，色小赤。出扶南林邑者，谓之昆仑黄，色如金，而似云母甲错，画家所重。"

南朝宋雷敩曰："雌黄一块，重四两，拆开得千重，软如烂金者佳。其夹石及黑色如铁者，不可用。"

上之所举，惟雌黄为最难得，宋人以之画鸡心柿、红柑，色天成。惟各黄均忌铅粉，稍触即成黑色，或污斑，不可不知。

1940年6月2日
《新北京报·艺术周刊》第69期
署名于非厂

雕青嵌绿

吾致力于绘画颜料者数十年，凡滇青大绿以至于赭石藤黄，皆曾网罗旧籍，录其所以研漂淘治，刊之本报《艺术周刊》中，并详述自先君子两世之所得。自事变初起，已函滇桂友人探询彼处颜料之状，则其艰得，视京中为尤甚。据云：向之山货铺，以竹篮堆置门首，二三十个钱可以买斤余之石绿者（买时卖者仅随手一抓，视为并不贵重），自民国二十年后，既已不见矣。顷者于友人许，见其于旧家购得石绿、石青数十包，每包重斤许，而其值甚廉，闻为昔某巨室丹楹之余者。友要吾为所漂，吾特告以淘治之方，试之良佳。吾因绘画，自昔即重视颜料。自文人士夫，以其诗书之余，发为水墨之作，后世重其人，因而重其笔墨，于是文人画之一词，遂直斥雕青嵌绿者为院体画耳。实则为之词者，于古代画与画之人，皆未能详考其实，此未免冤屈古贤。至于我，我既不敢自承是文人，则我之弄颜料，以自怡悦，当已。

1941 年 8 月 20 日
《新北京报·非闇漫墨·卷三》
署名于非厂

漫谈设色

画不必设色而始工也，不设色而独具五彩，在国画上乃为最上乘，而画家十三科中，对于设色，且列为雕青嵌绿一科，是设色亦为国画上不可偏废者也。尝考丹青二字，始见于晋书，水墨一词，至唐代而始有，画家而不明颜料之为物，与其淘制之法，而欲求设色之精妙，盖已难矣。予自昔喜研究颜料，自与先师王润暄学写昆虫，实于淘制颜料上费时历三年有余，而天赋于我者，用色漂亮干净，则十几龄时已为师友所推许。往者于本刊连续登载关于颜料之考证，在我苦于书说所见之少，而实已经过相当年月，始克成篇，假令物价非如是之腾贵者，窃愿灾及枣梨，以就正于当代博雅诸君子焉。

设色之妙，非可尽以科学的方法求之也，此其意颇愿与画坛名宿一商榷焉。盖设色至于微妙处，全在天机，偶然拾得，非可以力求，非可强而致。若必执设色者之手，而曰若颜料须几“西西”，掺水须几“西西”，兑胶水须几“西西”，则其色未有不平板无奇者。盖设色之妙，同乎运墨，只在用笔一蘸，运腕一写，奇彩泛出，不同凡响，而所用之墨，亦至有关系焉。今请再以用墨为喻。予好蓄墨，予绝不如当代藏墨家，锦囊檀匣，与珠玉同珍，予所收远仅及启祯（明天启、崇祯）近止于咸同之末。残缺断裂，皆所收存，故所藏虽无近人袁中舟诸家之丰盈，而名贵之品，亦颇有零头半丸。且能举其名而即识其墨之性，盖我每晨起无论是否书画，必先磨墨一池，习之恒，数十年乃如一日，非人磨墨墨磨人，吾惟其日必消磨也，故于墨之性识之特详，习之久，墨之佳否，一磨即能识之，非必墨已磨浓，蘸而书若画方始识也。且墨以砚而发，砚不佳，墨乃不能佳，墨以兑而妙，甲墨磨未及浓以乙墨足之，则浓而色艳。丙墨不须合，因合色反晦，此其妙惟以墨磨人者知之，亦有趣事也。吾于颜料亦然。当予幼时，习见先叔祖先君子之用色，比稍长，从王夫子学画昆虫，王夫子循循然善诱人，先教以养蟋蟀豢络纬，继之则出其颜料为研磨淘治，第一年，画始终未教一笔，而设色制色之法，则早已融会于心矣。予所用重浊之色，如石青石绿朱砂，皆自为淘治，清轻之色如靛花茜红，亦可不假手于人。如是色之性皆能识之，以之设敷纸面，犹运墨也，自易于得诸心而应诸手。故宫藏五代人画《丹枫呦鹿图》，赵松雪《鹤华秋色卷》，是独得设色之妙者。盖设色不难于浓重，而难于寓清轻于浓重之中，是非炉火纯青，不易致之也。

吾设色尚有缺憾，兹不妨述之。一用粉，予所用皆铅粉，必粉为特制，用熏蒸法提取其铅，俾不变黑。惟铅粉皆求之市上，近数年来铅粉因铅之关系，已易为非铅所制者矣，质粗易变而无可如何。一用黄，予所用石黄，皆自淘治而成，极细润有光泽。石黄遇石绿、石青即变色，此予于前刊谈石黄一文中已述及之。乃去年与友写黄莺，用石黄，并未用青绿，今视之，黄竟变为红色，未能考其故。附识于此，以待博识指教。

1941 年 1 月 19 日
《新北京报·艺术周刊》第 97 期
署名于非厂

编后记

本书分为《金石书画》《负暄续录》《颜料淘治》三辑。

《金石书画》将篆刻内容排列于前，无非是作者率先发表研究文章而已，也是以往被研究者忽略的重要部分。“吾往者好谈印，累数万言，今日视之皆糟粕，独吾主气韵之说，窃以八百年来矜为创获。”(《谈印》)语虽谦逊，而其中所论，仍对今人从事书法篆刻有所助益。其中:《治印余谈》是作者习刻治篆的感悟之文，秉承“文贵简而凝，义尚真而切”之主张，言简意赅，时发警句，令人深思。发表时题目或有略为《印谈》，配有于氏兄弟非厂、心厂（魁耀）及崔佩绅（纫盦）篆为印题，读之饶有兴味，可窥作者早期治印一斑。《花萼楼论印》发表于1928年9月16日—1929年6月30日《新晨报副刊·日曜画报》，分27次连载，惜前三期连载之文尚未查见。《印人自用印》与《汉官印选》均为连载释印文字，配有印章钤拓图版，相互佐证。书画部分侧重理论与创作实践之文章。

《负暄续录》，最初是作者应湖社创始人金城之邀为《湖社月刊》所作涉及文房四宝等内容的一组文章，但仅连载四篇后中缀。是编即是辑其日后所写散篇而为之。

《颜料淘治》收录作者有关创作国画时调制颜料的心得体会，具有理论与实用性，承前启后，是从事中国画创作不可或缺的一项基础知识，对继承发扬民族绘画传统具有积极意义，也是作者《中国画颜色的研究》专著之滥觞。

本书中选取的相关历史照片及作者的金石书画作品，意在以图佐文，使读者在阅读文章时通过这些图片能够对历史现场进行联想，加深对文字的理解，既可以看作“读图时代”的趋同，更是对历史文献的保存和传承。这些图片资料主要来自各种印刷出版物和各类网站拍卖会图片、电子数据库文献资料截图等，虽无法达到图文间精准对应，更难于辨析作品真赝，只是作为一种阅读参考而已，借此对各位编著者、收藏者、网络经营者及热心提供资料的友人致以由衷的申谢。

本书得益于杨良志先生热情推荐，文津出版社总编辑高立志先生精心策划，编辑部同志的倾心工作，得以顺利出版，再此一并申致谢忱。鉴于本人学识浅薄，见闻有限，书中如有疏漏不当处，期待读者不吝指正。

出版说明

本书主要整理了于非闇（1889—1959）发表在民国时期报刊中的文章，文章发表时间跨度较长，为尊重先生不同时期的写作习惯、遣词风格，以及语言文字自身发展的变化规律，故在整理出版时对人名、地名、物名、书名等的称呼及异体字的使用不进行硬性统一及现代汉语的规范化处理。由于先生笔名较多，出版时署名遵循最初发表时使用的笔名。对于先生编辑的栏目中无署名的文章，据文辞风格判定为先生所作的，依据最初发表时的状态落款不署名。

特此说明，提请读者注意。

文津出版社

图书在版编目（CIP）数据

吾国之色 / 于非闇著 ；沈宁编注. — 北京 ：文津出版社，2023. 7
ISBN 978-7-80554-830-2

Ⅰ. ①吾… Ⅱ. ①于… ②沈… Ⅲ. ①地方文化—北京—文集 Ⅳ. ①G127.1-53

中国版本图书馆 CIP 数据核字（2022）第 163019 号

策　　划：高立志
统　　筹：王铁英
责任编辑：陈　平
责任营销：猫　娘
责任印制：陈冬梅
装帧设计：吉　辰

吾国之色
WUGUO ZHI SE
于非闇　著　沈宁　编注

出　　版：北京出版集团
　　　　　文津出版社
地　　址：北京北三环中路 6 号
邮　　编：100120
网　　址：www.bph.com.cn
发　　行：北京伦洋图书出版有限公司
印　　刷：北京汇瑞嘉合文化发展有限公司
开　　本：889 毫米 ×1194 毫米　1/32
印　　张：12.875
字　　数：173 千字
版　　次：2023 年 7 月第 1 版
印　　次：2023 年 7 月第 1 次印刷
书　　号：ISBN　978-7-80554-830-2
定　　价：78.00 元